Die 50 schönsten Fahrradziele

— Deutschland —

Inhalt

Übersichtskarten 4-5
Touren 6
GPX-Tracks 206

Tourenübersicht

1	Immer der schönen Elbe entlang	15 km	Seite 6
2	Den Norden spüren	53 km	Seite 10
3	Entlang der alten Salzstraße	26 km	Seite 14
4	Rund um den Plöner See	43 km	Seite 18
5	Zum Jagdschloss Gelbensande	23 km	Seite 22
6	Zum Leuchtturm am Darßer Ort	28 km	Seite 26
7	Kreidekliffs von Königsstuhl	27 km	Seite 30
8	An Usedoms Bernsteinküste	25 km	Seite 34
9	Regierungsprunk in Berlin	20 km	Seite 38
10	Berliner erleben entlang der Spree	29 km	Seite 42
11	Leipzig Sightseeing	20 km	Seite 46
12	Zu den Burgen des Kohrener Landes	25 km	Seite 50
13	Die Seenlandschaft von Hannover	16 km	Seite 54
14	Rund um den Alfsee mit Erlebnispark	27 km	Seite 58
15	Ins Land der Kirschblüten	28 km	Seite 62
16	Schöppingen	53 km	Seite 66
17	Münsters Bauten	26 km	Seite 70
18	Das Venner Moor	28 km	Seite 74
19	Zechen - Deutsche Industrieruinen	30 km	Seite 78
20	Nach Haltern am See	48 km	Seite 82
21	Zu den Wildpferden von Dülmen	30 km	Seite 86
22	Vom Schloss in die Natur: Raesfeld	32 km	Seite 90
23	Terrassenanlagen der Klever Gärten	22 km	Seite 94
24	Zu Besuch beim Bauhaus-Meister	25 km	Seite 98
25	Schlemmer- & Schlössertour	29 km	Seite 102

26	*Der Berg der Jülicher Börde*	*26 km*	Seite 106
27	*Tagebau Live*	*30 km*	Seite 110
28	*Schloss Augustusburg*	*30 km*	Seite 114
29	*Schloss Drachenburg*	*23,5 km*	Seite 118
30	*Volkspark Niddatal*	*24 km*	Seite 122
31	*Durch den Frankfurter Stadtwald*	*16 km*	Seite 126
32	*Auf den Spuren der Kelten*	*30 km*	Seite 130
33	*Zur exotischen Seite Stuttgarts*	*20 km*	Seite 134
34	*Weinberge über Stuttgart*	*21 km*	Seite 138
35	*Auf die Insel Reichenau*	*17 km*	Seite 142
36	*Sipplingens sieben Steinsäulen*	*12 km*	Seite 146
37	*Lindau*	*24 km*	Seite 150
38	*Rund um den Ammersee*	*48 km*	Seite 154
39	*Rund um den Starnberger See*	*50 km*	Seite 158
40	*Zum größten Münchner Biergarten*	*27 km*	Seite 162
41	*Schloss Schleissheim*	*26 km*	Seite 166
42	*Szeneviertel und Schmankerln*	*14 km*	Seite 170
43	*Badetour ab Rosenheim*	*22 km*	Seite 174
44	*Rund um den Simssee*	*21 km*	Seite 178
45	*Chiemgau Panorama*	*23 km*	Seite 182
46	*Entlang der Tiroler Ache*	*37 km*	Seite 186
47	*Zum Chiemsee und Tüttensee*	*27 km*	Seite 190
48	*Der Waginger See*	*26 km*	Seite 194
49	*Stillenachtkapelle, Hallo Salzburger Land*	*52 km*	Seite 198
50	*Der Salzach entlang*	*14 km*	Seite 202

Über die Elbe schweben die größten Schiffe.

1 IMMER DER SCHÖNEN ELBE ENTLANG

Start
ANLEGER ÖVELGÖNNE

Ziel
S-BAHNHOF RISSEN

15 Kilometer
120 Höhenmeter

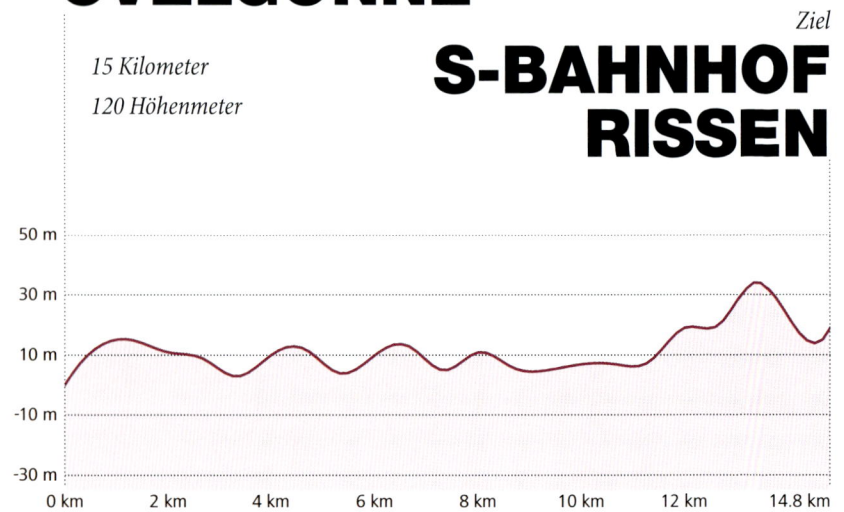

Diese Route braucht keine Beschilderung, denn sie führt immer an der Elbe entlang. Allerdings wird es an schönen Wochenenden voll. Von Övelgönne bis zum Alten Schweden muss geschoben werden. Strandtuch, Badesachen und Sonnencreme nicht vergessen.

Wem die Alster und die auf ihr fahrenden Schiffe zu klein und der Weitblick nicht weit genug sind – der fährt einfach an die Elbe. Oder besser: An ihr entlang, denn immer wieder neue Panorama-Ansichten der vielleicht schönsten Industriekulisse der Welt begleiten diese Tour. Das Allerbeste: Schon nach kurzer Zeit fühlt es sich an, als hätte man die Stadt schon viel länger hinter sich gelassen.

Unsere Fähre erreicht den Anleger Övelgönne. Wir verlassen das wankende Schiff und haben wieder festen Boden unter den Füßen. Wer sich vor der Tour stärken mag, direkt am Anleger gibt es frische Fischbrötchen bei Nuggi's Elbkate (Fähranleger Övelgönne, 22763 Hamburg). Dieter „Nuggi" Nuggmeyer führt die kleine urige Bude seit 1992, nachdem er das Schippern über die Weltmeere aufgegeben hat. Oft laufen lateinamerikanische Klänge, zu denen sich man noch einmal die Muskulatur lockern kann. Wir schieben aber erstmal, denn dieser Abschnitt der Tour ist meist voller Menschen. Und das zu recht, denn es gibt viel zu sehen: Von der Brücke aus zum Beispiel links und rechts die historischen Schiffe im Museumshafen. Wir biegen links ab, wo eine kleine Restaurantmeile zum Anfang des Elbstrandes führt.

Viel Trubel links und rechts des Weges, doch geradeaus öffnet sich ein Blick, der fast bis zum Horizont reicht. Wir gönnen uns einen Augenblick am Elbstrand. Am schönsten ist die Atmosphäre dort morgens, wenn noch wenig los ist oder abends, wenn ein entspannter Strandtag zu Ende geht. Für uns geht es hoch in den kleinen Weg Övelgönne und links in den Weg oberhalb vom Strand, der zwischen grandiosen Gärten und urigen Kapitäns- und Lotsenhäusern hindurchführt. Den Imbiss Strandperle (Övelgönne 60, 22605 Hamburg) dürfte in Hamburg jeder kennen, ein absoluter Klassiker. Allerdings muss man für einen Besuch der kleinen Bude das Rad abstellen und einige Treppen hinabsteigen. Dafür steckt man dann die Füße bei kaltem Bier und kleinem Snack in den Sand. Wir lassen den Blick schweifen und erinnern uns an das in der Vergangenheit geplante Vorhaben, den Elberadweg direkt am Strand entlang verlaufen zu lassen. Die Diskussion ist verstummt. Zum Glück, oder?

Bei Baggerarbeiten zur Fahrrinnenvertiefung wurde im Oktober 1999 in ca. 15 Metern Tiefe ein Findling ungewöhnlichen Ausmaßes gefunden. Die geologische Attraktion wiegt 217 Tonnen und misst einen Umfang von fast 20 Metern. Kein Wunder, dass der erste Bergungsversuch daneben ging. Der Findling riss sich vom Schwimmkran einfach los und versank wieder in der Tiefe. Der zweite Versuch war erfolgreicher und so konnte der vom elstereiszeitlichen Inlandeis transportierte Granit-Findling aus Südwest-Schweden am 6. Juni 2000 auf den Namen Alter Schwede getauft und offiziell eingebürgert werden. Unmittelbar nach Schröders Elbpark findet sich zur Rechten die Brücke 10 im „Strandhaus" (Övelgönner Hohlweg 12, 22605 Hamburg), ein Fischrestaurant in einem Gebäude aus dem Jahr 1925 mit großem

Außenbereich. Weiter westwärts rollen wir entspannt Richtung Hindenburgpark. Auf der anderen Seite erstreckt sich der Jenisch-Park, der allein drei Museen und mehrere Gewächshäuser beherbergt. Durch das Naturschutzgebiet Flottbektal im südlichen Bereich hindurch findet man im nordwestlichen Teil des Parks eine weiße Villa, das Jenisch-Haus, den 1834 erbauten ehemaligen Landsitz eines Senators. Wer von gepflegter Botanik nicht genug bekommen kann, fährt einfach weiter bergauf, denn hinter dem S-Bahnhof Klein Flottbek liegt der nach Loki Schmidt benannte Botanische Garten (Ohnhorststraße, 22609 Hamburg) mit seinen internationalen Themenbereichen, Gewächshäusern und einem Wasserspiel. Es ist nicht leicht, den Blick von der Elbe abzuwenden. Man sollte es aber nicht versäumen, einen Blick zur anderen Seite zu werfen, denn die Hänge sind atemberaubend steil, für norddeutsche Verhältnisse nahezu unglaublich. Wir müssen uns nun auch auf den Verkehr konzentrieren, denn hier trifft die Elbchaussee auf unseren Weg. Wer schon genug hat, kann vom Fähranleger Teufelsbrück einfach zurück in die Stadt fahren. Oder man macht noch einen Abstecher ins Restaurant Engel (Fähranleger Teufelsbrück, 22609 Hamburg), das direkt auf dem Anleger kreativ-nordische Cross-Over Küche serviert. Am anderen Elbufer erstreckt sich das Airbus-Werk. Der Leuchtturm von Blankenese schiebt sich ins Bild, wir nähern uns einem besonderen Stadtteil.

Im Sommer 2001 feierte Blankenese sein 700-jähriges Bestehen. Verhalten, versteht sich. Ein Blankeneser, so heißt es, hat ja in seinem Leben auch nur zweimal in der Zeitung zu stehen: bei der Geburt und beim Tod. Alles andere grenzt an Wichtigtuerei. Aber Blankeneser gelten auch als tolerant, zum Beispiel lassen sie alle Farben zu – solange sie blau sind. Im Ernst: Kein anderer Stadtteil erinnert so sehr an die Favelas in Rio de Janeiro wie das Blankeneser Treppenviertel, das sich mit insgesamt 5 000 Stufen rund um den 72 Meter hohen Süllberg verteilt. Dabei handelt es sich um eine Ansammlung alter Fischerhäuser, die nur zu Fuß erreichbar sind – nicht anders als in den Favelas von Rio. Von hoch oben hat man einen herrlichen Ausblick auf das Wasser und seine Uferlandschaft – ebenfalls ähnlich wie Rio. Einen Unterschied gibt es allerdings: Während an den Berghängen in Rio die Ärmsten der Armen wohnen, ist für den Normalverdiener ein Haus hier nicht bezahlbar.

Der Waseberg in der Parkanlage Bismarckstein ist mit 87 Metern die dritthöchste Erhebung der Stadt. Doch auch wenn der Blick von oben grandios ist, wir sparen uns den 700 Meter langen Aufstieg mit einer fast durchgenenden Steigung von 16 %. Das ist was für Profis. Bei den Cyclassics Hamburg, einem Weltcuprennen, wird die Strecke gleich mehrfach gefahren, obwohl ihr Anstieg unmittelbar nach einer scharfen Rechtskurve beginnt und daher kein Schwung für die Auffahrt vorhanden ist. Das Elbe Camp am Falkensteiner Ufer westlich von Blankenese ist da entspannter, sogar ein kleines Paradies. Kinder spielen im feinen Sand, der den ganzen Campingplatz bedeckt. Die vielen Dauercamper sorgen für ein entspanntes Miteinander. Auf der Terrasse des Cafés lassen wir unsere eindrucksvolle Tour langsam ausklingen, bevor wir uns auf den Weg zum S-Bahnhof Rissen machen, von dem wir Anschluss an das HVV-Netz haben.

TOUR 1 IMMER DER SCHÖNEN ELBE ENTLANG

Von der Elbinsel Rothenburgsort durch die Vier- und Marschlande

2 DEN NORDEN SPÜREN

Start/Ziel

S-BAHNSTATION ROTHENBURGSORT

53 Kilometer

159 Höhenmeter

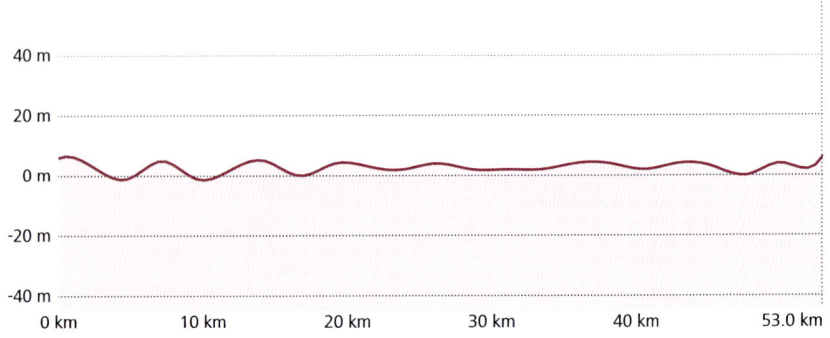

Man kommt durch die durchgängig breiten Wege aus Beton, Asphalt oder Pflaster unterbrechungsfrei voran. Auch für Kinder und Rennradfahrer geeignet.

Diese wunderbare Tour wird uns Ausblicke bieten, die wir eher in Ostfriesland erwarten würden. Fern von Autolärm können wir längere Strecken ohne Anhalten fahren, denn das Gebiet mit seinen Wiesen, dem Obst- und Gemüseanbau und der Blumenzucht ist trotz seiner Nähe zu der Großstadt ländlich geprägt. Perfekt auch für E-Biker geeignet.

Wir starten auf der Elbinsel, dabei dürfte Rothenburgsort auch die unbekannteste der drei Inseln sein. Ein Stadtteil mit vielen Problemen und einfachen Rotklinkerwohnhäusern, aber auch tollen Entwicklungsprojekten. Wir schauen uns das genauer an und rollen vom S-Bahnhof Rothenburgsort nach links den Billhorner Deich hinunter, bis wir den Vierländer Deich erreichen. Dort biegen wir rechts ab und fahren die Hauptstraße Rothenburgsorts bis zum Billhorner Mühlenweg, in den wir links abbiegen und ihm bis zur Straße Billwerder Neuer Deich folgen. Mit einer schnellen links-rechts-Kombination fahren wir durch die kleine Grünanlage und am Alexandra-Stieg über die kleine Brücke in den Entenwerder Elbpark.

Hier halten wir kurz, denn auf der anderen Seite des Oberhafenkanals wächst etwas. Und das so hoch wie kaum irgendwo sonst in Deutschland. 245 Meter hoch soll der Elbtower (Zweibrückenstraße 13 b, 20539 Hamburg) werden. Auf 61 Etagen entsteht eine Nutzungsfläche für Büro- und Geschäftsgebäude, Einzelhandel und Gastronomie von 104 000 Quadratmetern. Darunter auch auf mehreren Etagen das Nobu Hotel von Robert de Niro mit 191 Zimmern und Suiten, einem Restaurant, einer Terrassenbar und einer Lounge mit Blick auf die Elbe. Interessanterweise bewerben die Investoren das Projekt seit Monaten mit erstaunlicher Unverfrorenheit. Der gigantische Turm würde sich wunderbar in die Hamburger Stadtsilhouette einfügen. Dabei kann er sich in gar nichts einfügen, weil es in dieser Höhe in Hamburg gar nichts gibt.

Im Entenwerder Elbpark haben seit der Jahrtausendwende so viele Partys stattgefunden wie in keinem anderen Hamburger Park. Und das immer tagsüber bis in den Sonnenuntergang mit den Elbbrücken als Kulisse. Doch es gibt noch mehr auf der Halbinsel, zum Beispiel das Café Entenwerder 1 (Entenwerder 1, 20539 Hamburg). Ob wir hungrig oder durstig sind oder nicht, ein Stopp hier ist Pflicht, denn was sich die Macher auf dem Steg einfallen lassen haben, ist einfach herrlich. Sollte es jemandem zu hip sein, 400 Meter weiter findet sich jede Menge rustikaler Charme, denn die kleine Gaststätte Entenwerder Fährhaus (Entenwerder Stieg 6-8, 20539 Hamburg) existiert bereits seit 1872.

Wir fahren über den Ausschläger Elbdeich und biegen rechts ab, um über das Sperrwerk Billwerder Bucht auf die 60 Hektar große Halbinsel Kaltehofe zu gelangen. Sie misst von Nordwest nach Südost 1,8 Kilometer und ist im zentralen Bereich 520 Meter breit, um an den Enden spitz zuzulaufen. Von oben sieht sie aus wie ein längliches Schachbrett, denn große, rechteckige Wasserbecken reihen sich aneinander. Von hier aus wurde Hamburg ab 1893 mit sauberem Trinkwasser versorgt. Ist die Insel auch unbewohnt, so gibt es mit der Villa Kaltehofe doch immerhin ein bemerkenswertes Gebäude, das in einem Naturpark liegt und bis 1990 als Hygienisches Institut Hamburgs diente. Heute ist das ehemalige Pumpenhaus von Hamburgs ältestem Wasserwerk ein Industriedenkmal, in dem Norddeutschlands größte Ausstellung zur Wasserver- und Abwasserentsorgung untergebracht ist.

Wir verlassen Kaltehofe und überqueren an der Tatenberger Schleuse die Dove-Elbe. Nun können wir Gas geben, sollten aber auch auf dem Rennrad nicht zu geduckt fahren, denn immer wieder kann sich eins der Schafe von den Deichen auf die Fahrbahn verirren. Übersehen sollten wir auch auf keinen Fall das Zollenspieker Pegelhäuschen (Zollenspieker Hauptdeich 141, 21037 Hamburg), denn es ist angeblich das kleinste Restaurant der Welt. Kein Wunder, maximal vier Gäste finden hier Platz. Es steht gerade mal ein Tisch in dem ursprünglich 1880 oberhalb der Elbe erbauten Häuschen zur Verfügung. Ganz billig ist der Spaß nicht, dafür werden der persönliche Service und das fantastische 4-Gänge-Überraschungsmenü in Erinnerung bleiben. Wem danach eher nach Ruhe als Radeln ist, nebenan bietet das Zollenspieker Fährhaus im Traditionshotel aus dem Jahr 1252 neun Zimmer und im 2012 eröffneten 4-Sterne-Superior-Hotel 53 Zimmer mit Blick auf die Elbe. Gute Nacht.

Wir sollten aber noch fit bleiben, denn es gibt noch einiges zu sehen. So radeln wir den Zollenspieker Hauptdeich weiter, bis es links in den Kirchwerder Mühlendamm geht, der in in den Neuengammer Heerweg und den Jean-Dolidier-Weg übergeht. Jean-Dolidier war ein französischer Gewerkschafter und überlebender Häftling des Konzentrationslagers Neuengamme, das wir nach zwanzig Minuten erreicht haben. Es war von 1938-1945 das größte KZ in Nordwestdeutschland. Mehr als 100 000 Häftlinge aus ganz Europa waren auf das Hauptlager und die 86 Außenlager verteilt. Die heutige Gedenkstätte erinnert an die Gräueltaten des Nationalsozialismus. Wer auf den realen Besuch verzichten möchte, kann dies auf einem virtuellen Rundgang auf der Internet-Seite nachholen. Wir biegen links in den Neuengammer Hausdeich und fahren entlang der Dove-Elbe durch das kleine Dorf Neuengamme.

Immer weiter führt uns unser Weg entlang alter Fachwerkhäuser mit Reetdach und manch prunkvollem Hufnerhaus Richtung Nordwesten, das kleine Flüsschen immer zu unserer Rechten. Gemüsebauern und Blumenzüchter betreiben hier Hofläden, die besonders an den Wochenenden einträglich sind, wenn Ausflügler dort frisches Gemüse kaufen. Bei Allermöhe überqueren wir die Dove-Elbe über die Allermöher Kirchenbrücke und biegen links ab in den Allermöher Deich und kurz darauf wieder links in den Moorfleeter Deich, der entlang des wunderbaren Eichbaumsees führt. Nun ändert sich die Kulturlandschaft beträchtlich. Wir kreuzen die Autobahn bei Moorfleet, biegen dann links in die Andreas-Meyer-Straße und fahren durch das stark industriell geprägte Billbrook, bis wir den Moorfleeter- und den Tiefstackkanal überqueren und über den Vierländer Damm und den Billhorner Deich wieder an der S-Bahn-Station Rothenburgsort ankommen.

TOUR 2 DEN NORDEN SPÜREN

Von Lüneburg nach Lauenburg

3 ENTLANG DER ALTEN SALZSTRASSE

vom
BAHNHOF LÜNEBURG

26 Kilometer
116 Höhenmeter

nach
LAUENBURG

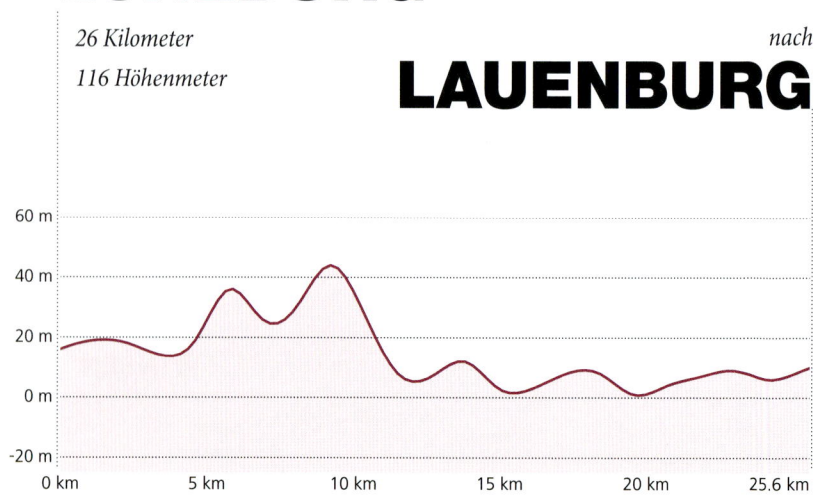

Diese Tour auf überwiegend befestigten Wegen erfordert keine besondere Fitness und ist auch für Kinder geeignet. Viele Einkehrmöglichkeiten in Lüneburg und einige in Lauenburg. E-Bike-Ladestationen: Am Altenbrücker Ziegelhof 18, 21337 Lüneburg und Bahnhofstraße, 21481 Lauenburg/Elbe.

Diese Tour ist eine besonders entspannte. Das zeigt sich schon bei der Ankunft in Lüneburg, dessen historische Architektur in reizvollem Gegensatz zum bunten studentischen Leben der Universitätsstadt steht. Nach einer Runde durch die historische Altstadt begeben wir uns hinaus in die unaufgeregte Landschaft eines Teilstücks der Alten Salzstraße, bis wir an der Elbe bei Lauenburg den Sonnenuntergang genießen.

Mit ihren 70.000 Einwohnern ist sie zweifellos eine der schönsten Städte Norddeutschlands und anders als beispielsweise Lübeck nicht von Touristen überlaufen. Die mehr als 1050 Jahre alte Hansestadt wurde auf Salz erbaut und erlangte durch den Handel mit dem „Weißen Gold" im Mittelalter Reichtum und Ansehen. Ihre mittelalterliche Architektur im Stil der Backsteingotik und die romantischen, historischen Giebel gelten als ihre Markenzeichen. Die wollen wir natürlich sehen, verlassen den Bahnhof Lüneburg links bergab und rechts in die Dahlenburger Straße. Nachdem wir den Lösegraben überquert haben, geht es links in die Schießgrabenstraße und zum Museum Lüneburg, das sich mit der Kulturlandschaft der niedersächsischen Hansestadt und ihrer Umgebung befasst und Exponate der Kulturgeschichte und Archäologie aus dem 15. und 16. Jahrhundert zeigt. Wir fahren weiter, biegen rechts ab, überqueren die Ilmenau und biegen erneut rechts ab. Zur Linken sehen wir den Wasserturm, der heute mit einer Plattform in 56 Metern Höhe als Aussichtsturm dient, und das auffällige Kalandhaus, das seit seiner Erbauung im Jahre 1481 auf eine wechselvolle Geschichte zurückblickt. Mitglieder der 1274 gegründeten Kalandbruderschaft, einer der bedeutendsten wohltätigen Zusammenschlüsse des 15. Jahrhunderts in Lüneburg, konnten nur hochrangige Geistliche, Erzbischöfe und Äbte, Herzoge und wohlhabende Bürger werden. 1943 wurde das Kalandhaus zur Außenstelle des Konzentrationslagers Neuengamme. 150 Häftlinge wurden im Keller unter menschenunwürdigen Bedingungen eingepfercht. Heute ist das Gebäude Teil der Europäischen Route der Backsteingotik genau wie die St. Johanniskirche gegenüber. In der dreischiffigen Kirche aus dem Jahr 1289 sind wertvolle Zeugnisse aus der frühen Neuzeit zu besichtigen.

Nur einen Steinwurf entfernt, finden wir Am Sande, einen der bedeutendsten mittelalterlichen Plätze in ganz Deutschland. Der weitläufige Platz ist umgeben von mittelalterlichen Bürgerhäusern mit geschwungenen barocken Schnecken- und gotischen Treppengiebeln. Ein toller Blick, der leider etwas gestört wird vom Lärm der vielen Busse, die dort fahren. Es wird ein wenig eng, denn in der Altstadt von Lüneburg sind fast alle Straßen Fußgängerzonen, daher schieben wir ein Stück. Über die Neue Straße erreichen wir das Rathaus und den Marktplatz, auf dem mittwochs und samstags von sieben bis dreizehn Uhr der Wochenmarkt stattfindet. Frisches Obst und Gemüse, Blumen, Käse, Fisch und Wurst sowie viele weitere frische Produkte aus der Region werden hier feilgeboten.

Warum trägt die Brausebrücke ihren Namen? Ganz einfach: Wegen dem rauschenden Wasser des Mühlenwehrs. Der Blick von ihr ist genial und deutschlandweit bekannt. Die beeindruckende Hotelanlage am Wasser wurde durch die ARD-Telenovela „Rote Rosen" bekannt. Fast alle Einstellungen zum Vorspann der Serie wurden hier gedreht. Die Fischtreppe, die man in der Ilmenau sieht, ermöglicht es den Fischen, zu ihren Laichplätzen zu kommen. Dieser Ort lädt einfach zum Verweilen ein. Dann entdeckt man auch, dass es wohl nirgends in Lüneburg lebhafter zugeht als hier. Viele junge Leute sitzen auf den Treppen oder einfach auf dem Boden in der Sonne – nicht anders als in Berlin oder Hamburg. Für die, die das Treiben länger genießen möchten, gibt es rundherum eine große Auswahl verschiedenster Restaurants von italienisch bis nepalesisch. Wir wollen aber weiter, verlassen Lüneburg und machen uns über die Erbstorfer Landstraße und die Gemeinde Adendorf auf den Weg in die Samtgemeinde Scharnebeck.

Das ist tatsächlich das Schiffshebewerk Lüneburg-Scharnebeck. Es wurde 1974 als damals weltgrößtes am Fuß des Geestrandes zur Elbmarsch neun Kilometer südlich der Elbe gebaut. Das erste Schiff passierte das Schiffshebewerk mit der Teilfreigabe des Kanals zwischen der Elbe und dem Hafen Lüneburg im Dezember 1975. Durch mehrere Promenaden ist es gut zu besichtigen und in Verbindung mit dem nahen Museum ein beliebtes Ausflugsziel, das etwa eine halbe Million Menschen im Jahr besuchen. Übrigens hat die auf einhundert Meter lange Schiffe begrenzte Nutzlänge dazu geführt, dass es Planungen für den Neubau einer Schleuse mit größerer Länge gibt. 225 Meter soll die Nutzlänge dann betragen. Ein solcher Neubau ist im Bundesverkehrswegeplan 2030 sogar als „Vordringlicher Bedarf" enthalten. Wir überqueren den Elbe-Seiten-Kanal auf der Höhe von Echem, biegen aber gleich links ab und fahren weiter Richtung Norden, bis wir die Bundesstraße 209 erreichen, die wir überqueren. Dann sehen wir die Elbe, die gleichzeitig die Grenze zwischen Niedersachsen und Schleswig-Holstein markiert.

Der Blick von der Elbbrücke ist herrlich, besonders zum Sonnenuntergang, wenn Ruderer und Kajakfahrer über die glitzernde Elbe paddeln und sich im Hintergrund Lauenburg mit seiner historischen Unterstadt und der darüber liegenden Oberstadt auftut. Nur wenige Meter weiter finden wir schon den Bahnhof Lauenburg. Wir müssen nicht unbedingt direkt weiterfahren, denn ein kleiner Spaziergang durch die direkt an der Elbe gelegenen kopfsteingepflasterten Straßen der Altstadt, die von sehr gut erhaltener historischer Bausubstanz gesäumt werden, ist höchst lebendig. Allerdings sind sie nicht angenehm mit dem Fahrrad zu befahren, daher sollten wir unser Rad anschließen. Vom Bahnhof können wir direkt mit dem Regionalexpress 83 zurück nach Lüneburg fahren, weiter nach Lübeck oder über Büchen nach Hamburg.

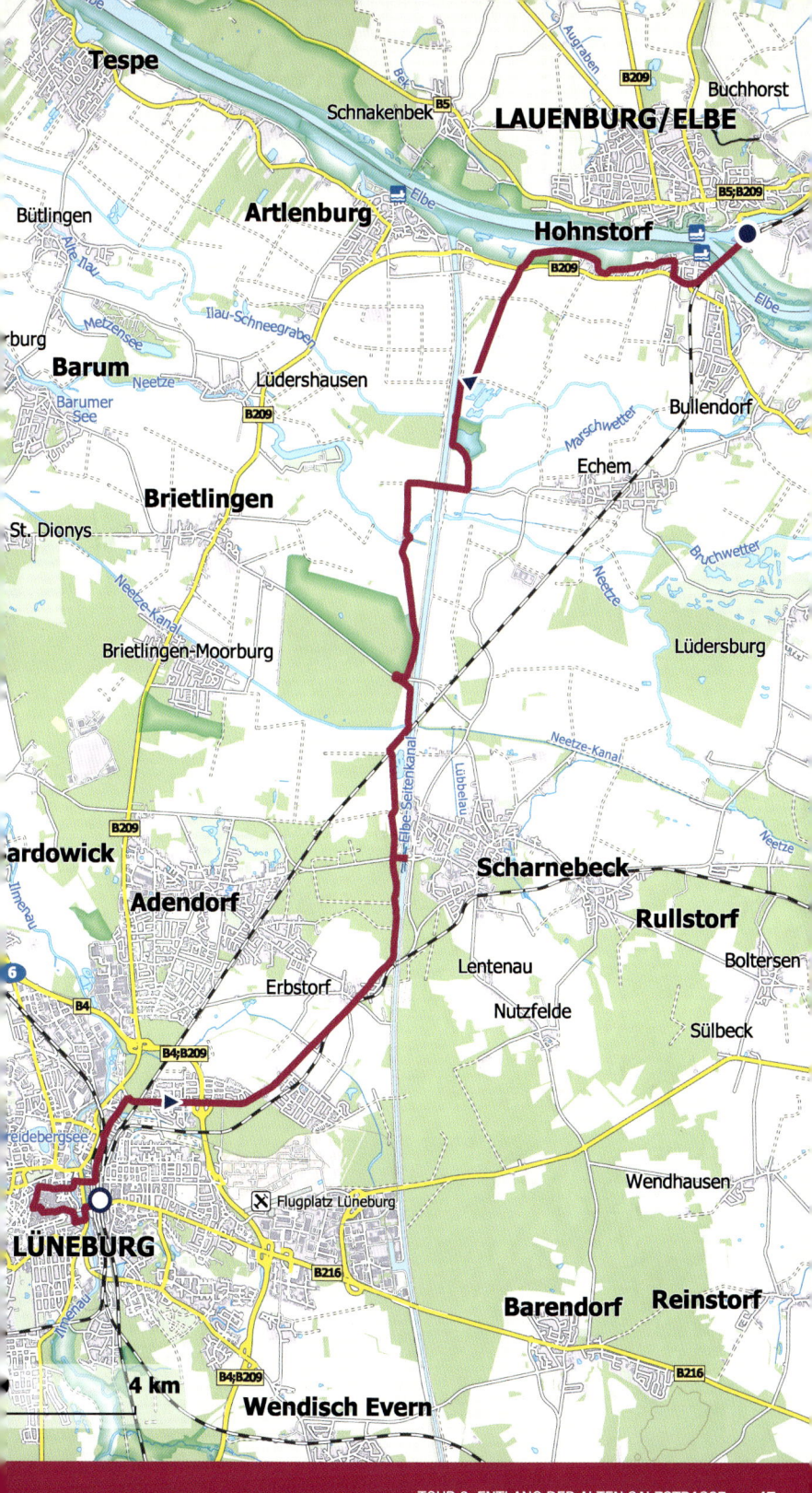

Mit Traumblick vom Pavillon über den Plöner See

4 RUND UM DEN PLÖNER SEE

Start/Ziel

BAHNHOF PLÖN

43 Kilometer
297 Höhenmeter

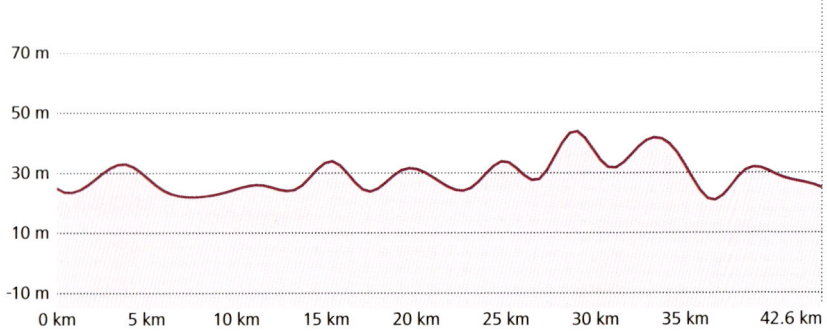

Konditionell wenig anspruchsvolle Strecke auf größtenteils verkehrsarmen Wegen und Straßen. Einige Streckenabschnitte führen über gut befahrbare Waldwege.

Die Tour führt rund um den Großen Plöner See herum durch die traumhafte Landschaft der Holsteinischen Schweiz. Sie startet und endet am Bahnhof Plön und führt zum größten Teil über verkehrsarme Wege und Straßen. Auf der konditionell wenig anspruchsvollen Strecke lernen wir die Natur und Kultur der Region näher kennen.

Wir starten am nordöstlichen Ufer des Großen Plöner Sees in der Residenzstadt Plön, die mehr ein Gewässer als eine Stadt ist, denn Plön besteht nur zu 8,7% aus Landfläche – der Rest sind Seen. Der vollständig im Naturpark Holsteinische Schweiz liegende Große Plöner See ist mit gut 28 Quadratkilometern der größte See in Schleswig-Holstein und gleichzeitig der zehntgrößte See in Deutschland. Die Nordbegrenzung des Sees besteht aus einer Landbrücke zwischen dem Großen und dem Kleinen Plöner See. Letzterer ist nur 239 Hektar groß, aber bis zu 31 Meter tief. An ihren Ufern finden sich zahlreiche Städte und behagliche kleine Ortschaften, die es zu entdecken lohnt.

Von der Eutiner Straße biegen wir rechts ab in den Scharweg und passieren schon nach fünf Minuten linker Hand den Wasserturm von Plön, der im Jahr 1913 nach den Plänen des Bremer Ingenieurs Carl Franke errichtet wurde. Sein Stil ist dem späten Jugendstil bzw. der Reformarchitektur zuzuordnen. Nach seiner Stilllegung 1974 sollte der 42,5 Meter hohe Turm abgerissen werden, wurde dann aber 1977 zu den ersten industriekulturellen bzw. technischen Denkmälern, die in Schleswig-Holstein unter Denkmalschutz gestellt wurden. Entlang der Badestelle Fegetasche, an die sich der Bier- und Cafegarten Fegetascher Strand (Fegetasche 94, 24306 Plön) anschließt, erreichen wir links ab die Bundesstraße 76, auf deren Brücke wir die Schwentine überqueren. Linker Hand befindet sich der Anleger für Rundfahrten auf dem Großen Plöner See und die 5-Seen-Fahrt. Es folgt der Edebergsee, rechts der Edeberg und anschließend die Marine-Schule.

In Richtung Süden führt die Tour nun zwischen dem Großen Plöner See und dem Vierer See hindurch nach Bosau. Als eines der ältesten Dörfer in ganz Schleswig-Holstein beherbergt Bosau neben einigen hübschen reetgedeckten Häusern auch den kleinsten Bischofsdom der Welt. Die St.-Petri-Kirche wurde in den Jahren 1151-1152 von Bischof Vicelin auf der Halbinsel errichtet und gehört heute der evangelisch-lutherischen Kirchengemeinde von Bosau.

Die Stadtbeker Straße hinunter kommen wir ans Südufer des Großen Plöner Sees und zum Hofcafé Brün (Pehmerhörn, 24326 Nehmten), das für ein Café in einem Urlaubsgebiet ein gutes Preis-Leistungs-Verhältnis bietet. Im weiteren Verlauf fahren wir in einem Bogen über Bredenbek nach Norden und streifen auf dem weiteren Streckenverlauf das Gut Nehmten, das schon im 13. Jahrhundert entstand. Das heutige klassizistische Herrenhaus wurde 1820 erbaut und ist leider nicht für die Öffentlichkeit zugänglich. Einer der schönsten Abschnitte unserer Tour führt durch den Nehmtener Forst, wo ebenfalls ein Weg direkt am Seeufer entlangführt. Nach kurzer Zeit wird der anerkannte Luftkurort Dersau erreicht. Die natürliche Badestelle und die Uferpromenade laden zu einer kleinen Verschnaufpause am See ein.

Unser nächster Stopp ist wenig weiter nördlich das Schloss Ascheberg, das als ehemaliger Rittersitz aus dem 13. Jahrhundert im 19. Jahrhundert von einem klassizistischen Bau abgelöst wurde und heute von einem christlichen Jugendhof genutzt wird. Nun geht es zurück Richtung Plön und auf die Prinzeninsel, die im 19. Jahrhundert durch künstliche Absenkung des Wasserspiegels gewonnen wurde. Zuvor ragte über viele Jahrhunderte nur ihre zum Schlossgebiet gehörige Spitze aus dem See hervor. Die Prinzeninsel grenzt praktisch an das Schlossgebiet an.

Auf dem Weg liegt der Alte Apfelgarten mit seinen mehr als einhundert Apfelbäumen, denen 45 verschiedenen Apfelsorten zuzuordnen sind. Ein hübsches Teehaus auf einer kleinen Anhöhe im Gelände lädt zum Verweilen ein. Zur Zeit des dänischen Königs Christian VIII wurde er als Küchengarten genutzt. Es war übrigens König Christian, der dem zuvor roten Schloss den schneeweißen Verputz verpasste. Plön war offizielle Sommerresidenz der Dänen. Nur ein wenig weiter können wir uns im Restaurant Prinzeninsel (Große Insel 1, 24306 Plön) mit guter Holsteiner Küche stärken, behaust in einem typisch niedersächsischen Bauernhaus aus dem Jahr 1690.

Auf dem landwirtschaftlichen Anwesen lernten die Söhne des deutschen Kaisers Wilhelm II. Oft besuchte die Mutter, die damalige Kaiserin Auguste Victoria, ihre Söhne auf der Prinzeninsel, an deren Südspitze sich ein Pavillon befindet, der zum Lieblingsplatz der Kaiserin wurde. Verständlich, denn von der kleinen, grünen Triangel mit Pavillon und Ruhebänken hat man einen traumhaften Blick auf die Seen und die Inseln. Wir fahren zurück Richtung Norden und erreichen Plön mit seinem Schloss.

Es ist eines der größten Schlösser Schleswig-Holsteins und das einzige erhaltene in Höhenlage. Die frühere Residenz der Herzöge von Schleswig-Holstein-Sonderburg-Plön wurde im 17. Jahrhundert während des Dreißigjährigen Krieges errichtet und erlebte seither eine wechselvolle Geschichte, in der das Schloss unter anderem auch als Kadettenschule und Internat fungierte. Wegen einer notwendigen Sanierung, die für das Land Schleswig-Holstein nicht finanzierbar war, wurde es 2002 an die gemeinnützige Fielmann-Akademie verkauft, die dort ein Ausbildungs- und Qualifizierungszentrum für Augenoptiker der Fielmann Akademie einrichtete. Neben den eigentlichen Schulungs- und Studienräumen wurden auch Konferenzzimmer und optische Labore eingerichtet. Nach mehrjährigen Baumaßnahmen wurde das Schloss als bedeutendes Kulturdenkmal in alter Pracht im Oktober 2006 wiedereröffnet. Mittlerweile werden dort jährlich mehr als 6000 Optiker geschult. Für die Beherbergung und Versorgung der Schulungsgäste bietet es 123 Gästezimmer und ein Betriebsrestaurant. Die Fielmann Akademie bietet kostenfreie Führungen durch das Schloss an und öffnet beispielsweise den Rittersaal für Konzerte. Nur noch wenige Meter sind es von hier bis zum Endpunkt unserer Tour am Bahnhof Plön.

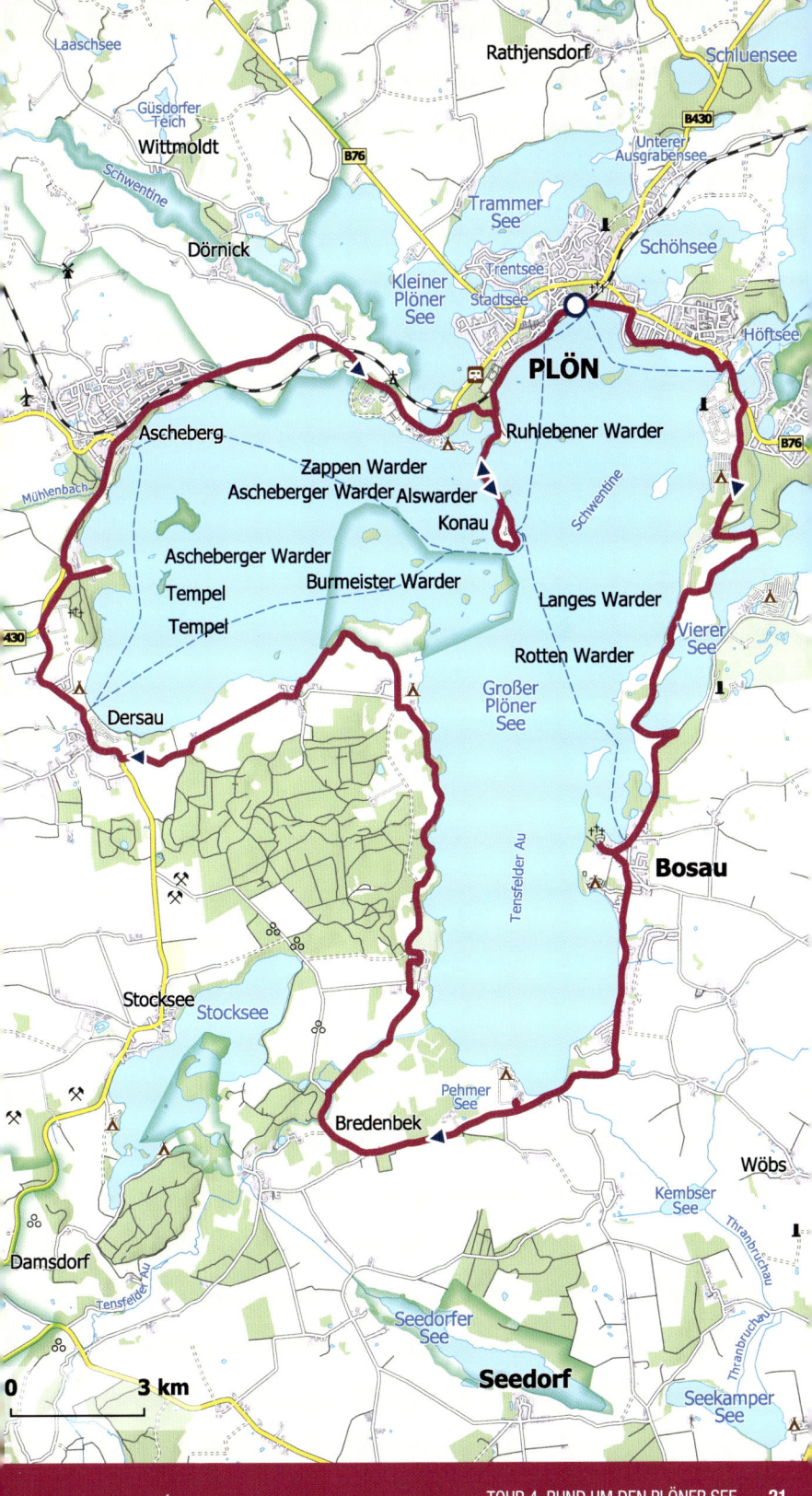

Durch die Rostocker Heide

5 ZUM JAGDSCHLOSS GELBENSANDE

Start/Ziel
BAHNHOF VON GRAAL-MÜRITZ

23 Kilometer

45 Höhenmeter

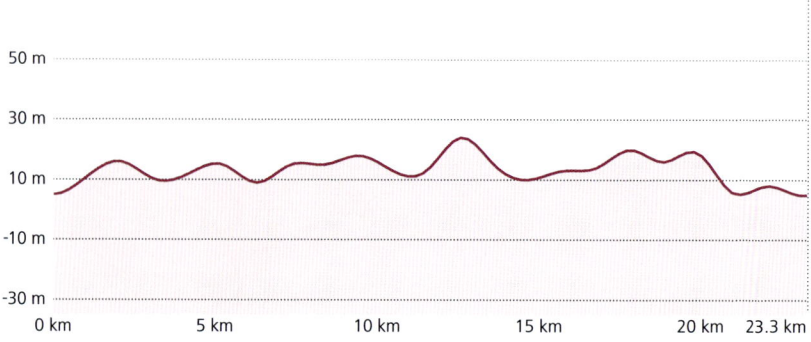

Die Tour verläuft auf Rad-und Waldwegen, wobei einige kurze sandige Passagen zu bewältigen sind.

Wir erkunden das waldreiche Hinterland von Graal-Müritz. In traumhafter Lage pausieren kannst du beim Waldcafé Meyers Hausstelle. Spektakuläre Märchenschloss-Architektur erwartet dich schließlich beim Jagdschloss Gelbensande.

Das Ostseebad Graal-Müritz erstreckt sich fast 5 km entlang der Ostseeküste. Ebenso lang ist der breite, weiße Sandstrand. Nach der Tour erwartet uns also ein Badevergnügen unter besten Voraussetzungen! Auf dem Weg durch den Ort fallen die für viele ehemalige Fischerdörfer charakteristischen schilfgedeckten Häuser ins Auge. Bei diesen historischen Büdner-Häusern handelt es sich um restaurierte Fischerkaten. Wir starten und beenden unsere Route am Bahnhof des Ostseebades. Vom Bahnsteig kommend schwenken wir rechts auf die Lange Straße und radeln dann bei dem links abbiegenden Hauptstraßenverlauf geradewegs auf dem Graaler Landweg weiter. Auch beim Haus Nummer 12 behalten wir diese Richtung bei und fahren so auf dem befestigten Weg geradeaus. Ein Weiser zeigt hier die Destination Gelbensande an. Erst 400 m später schwenkst du beschildert vor einem kleinen Solarpark rechts in Richtung Jagdschloss Gelbensande ein.

Du radelst nun durch schönen, schattigen Mischwald – dichtes Grün und Vogelgezwitscher begleiten dich. Bald schon surren die Pneu wieder über Asphalt. Unser Teerweg mäandriert durch den Wald und nimmt bei einem schönen Rastplatz unter einer großen Kiefer einen weiteren Radweg auf. Nur wenige Pedaltritte weiter bewundern wir die mächtige Kreuzeiche, dann leitet die Route gleich hin zur nicht minder beeindruckenden Jagdeiche. Himmelhoch ragt sie an einer Wegeverzweigung auf. Hier orientiert sich die Tour entsprechend der Beschilderung Gelbensande nach rechts.

Du radelst nun durch das Herz des Nationalen Naturerbes Gelbensander Forst, einem Teil der Rostocker Heide. In diesem Naturschutzgebiet säumen Bruchwälder, Lichtungen, alte Entwässerungsgräben, mächtige Buchen und Eichen deinen Weg. Mit etwas Glück ist auf Freiflächen der Schwarzstorch anzutreffen. Legst du den Kopf in den Nacken, siehst du vielleicht einen Seeadler kreisen. In diesem Bereich der Rostocker Heide war es allerdings nicht immer so friedlich: Als ehemaliger militärischer Standortübungsplatz gelten einige Randbereiche des Gebietes noch immer als munitionsbelastet und dürfen nicht betreten werden. Nach 1990 wurde damit begonnen, militärische Anlagen aufzulassen und das Gebiet zu renaturieren.

Du bleibst nun immer auf dem Asphaltweg und gelangst schließlich zum einsam und idyllisch gelegenen Waldcafé Meyers Hausstelle. Die Gebäude gehören zu einem ehemaligen Forsthof, der bereits Ende des 18. Jahrhunderts errichtet wurde. Der erste namentlich genannte Bewohner war ein dort ansässiger Schlagbaumwärter namens Meyer, der hier seinen Dienst an der Grenze zwischen dem städtischen und dem landesherrschaftlichen Besitz in der Rostocker Heide tat. Erstmals aktenkundig wurde Herr Meyer 1765. Im Garten des Anwesens lässt es sich herrlich im Grünen unterm Sonnenschirm pausieren. Auch der Rückweg wird uns wieder hier vorbeiführen, aber vielleicht hast du ja schon jetzt Lust auf ein Eis und eine gemütliche Rast (Do–Mo 10–18 Uhr, Meyers Hausstelle 1, 18182 Rostock, www.meyers-hausstelle.de). Kinder werden sich besonders über das Ziegengehege und die Modelleisenbahnanlage freuen.

An der Gabelung unweit des Cafés hält sich die Route beschildert links und gelangt so bald ins Örtchen Gelbensande. An der Lindenstraße orientierst du dich links und lässt dich dann von der Beschilderung auf dem Schlossweg zum Jagdschloss Gelbensande leiten, das Residenz der mecklenburgischen Landesfürsten war. Mitten im Wald stehst du dann plötzlich vor dem baumumstandenen Märchenschlösschen mit seinen Erkern und Türmchen. Einst diente es als Sommerresidenz von Friedrich Franz III., der Ende des 19. Jahrhunderts als Großherzog von Mecklenburg-Schwerin amtierte. Das hiesige Reizklima zwischen Wald und Meer machte ihm seine schwere Asthmaerkrankung erträglicher. Die russischen Stilelemente der Fassade gehen auf entsprechende Vorstellungen seiner Gattin, der Großherzogin Anastasia, zurück, die der Zarenfamilie entstammte. Hier kannst du das Rad erst einmal an einen Baum lehnen, rund um das grandiose Bauwerk spazieren und die frische Waldluft genießen – kein Wunder, dass sich Friedrich Franz hier wohlfühlte. Nimm dir ruhig die Zeit für den lohnenden Besuch des Museums. Kinder können sich dort auf eine spannende Mäusesuche begeben. Zudem lädt ein herrlich zu Füßen des Baus gelegenes Café (Am Jagdschloss 1, 18182 Gelbensande, www.restaurant-fasano-jagdschloss.com) zur Einkehr ein.

Schließlich radeln wir wieder zurück in den Ort und zum Waldcafé Meyers Hausstelle. Gleich hinter diesem wendest du dich am Rückweg nun aber links auf den Asphaltweg in Richtung Rövershagen. Nur 250 m weiter biegt die Tour dann rechts in Richtung Graal-Müritz ein. Wir tauchen wieder in das Waldgebiet der Rostocker Heide ein, immerhin der größte zusammenhängende Küstenwald Deutschlands. An einer markanten Gabelung hält sich die Route links, wobei wir für ein kurzes Stück von etwa einem Kilometer mit einigen sandigen Passagen rechnen müssen. Schließlich gelangst du zu einem beschilderten großen Querweg. Hier wendet sich die Tour nach rechts in Richtung Graal-Müritz und verläuft nun schnurgerade durch die schöne Heidelandschaft.

Bei einer Schutzhütte an einer großen Kreuzung kannst du gut noch eine kurze Rast einlegen, bevor du dich am Weiser entsprechend der Destination Graal-Müritz links hältst. Bald werden die Bahnlinie und die Straße überquert. Am fahrbahnbegleitenden Radweg wenden wir uns rechts. Schließlich leitet uns die Beschilderung am Ortsrand von Torfbrücke entlang und wieder zur Straße. Endlich erreichst du Graal-Müritz, wo dich der Straßenverlauf zurück zum Bahnhof bringt. Nun bleibt nur noch ein erfrischendes Bad in den Ostseewellen am breiten Sandstrand des Ortes.

TOUR 5 ZUM JAGDSCHLOSS GELBENSANDE

Durch den Darßwald

6 ZUM LEUCHTTURM AM DARSSER ORT

Start/Ziel
DARSSER ARCHE IN WIECK

28 Kilometer
105 Höhenmeter

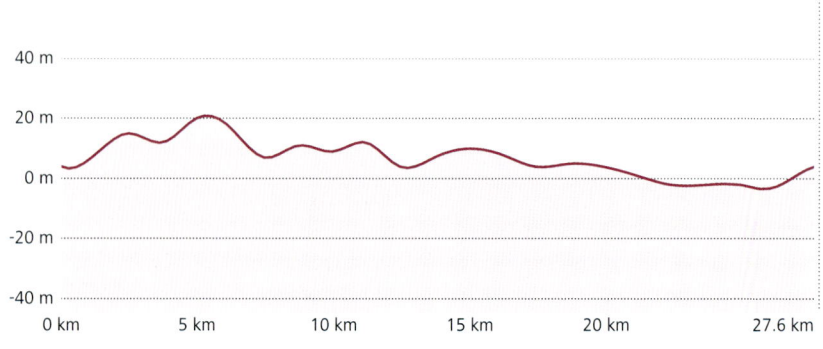

Die Tour verläuft auf Rad- und teilweise recht schmalen Waldwegen. Für Anhänger deshalb ungeeignet. Badesachen einpacken.

Von Wieck radeln wir hinein ins dichte Grün des Darßwaldes. Dort kommen wir am ehemaligen Meeresufer zum Halten, bevor der Leuchtturm am Darßer Ort erklommen wird. Nach einer kurzen Wanderung geht es zurück nach Wieck.

Das kleine Boddendorf Wieck beherbergt mit der Darßer Arche Mecklenburg-Vorpommerns modernstes Nationalparkzentrum. Der Nationalpark Vorpommersche Boddenlandschaft umfasst große Teile der Halbinsel Fischland-Darß-Zingst, sodass du dich mit einem Besuch der spannenden Ausstellung schon einmal wunderbar auf die Radtour einstimmen kannst (Juni–Sept. tgl. 9–17, Mai, Okt. tgl. 10–17, Nov.–März Mo–Fr 8–16, April tgl. 8–16 Uhr, Bliesenrader Weg 2, 18375 Wieck, www.darsser-arche.de). Zu guter Letzt verwöhnt das hauseigene Café Fernblau mit leckeren Kuchen und Torten. Wir schwingen uns aber erst einmal vor dem auch architektonisch sehr eindrucksvollen Gebäude der Darßer Arche aufs Rad und folgen der Hauptstraße lediglich 20 m nach links. Gleich biegt die Route ins Sträßchen Nordseite ein, auf dem sie bis zur verkehrsreichen Bäderstraße verläuft. Diese wird gequert, direkt gegenüber leitet uns die Nordseite in Richtung Weststrand in den Wald, wo sich unsere Tour auf einem recht schmalen Waldweg fortsetzt. Ein Hinweisschild begrüßt uns hier auf dem Gebiet des Nationalparks Vorpommersche Boddenlandschaft. Seine wandernde Küstenlinie und die Bodden, die einzigartigen Lagunen der Ostsee, zeichnen ihn aus. Der Park wurde 1990 gegründet und ist mit einer Fläche von fast 800 km² der drittgrößte in Deutschland. Wasserflächen der Ostsee und ihrer Lagunen machen etwa vier Fünftel seines Territoriums aus, lediglich 8 % werden von Wald bedeckt. In diesen radelst du nun hinein.

Das dämmrige Grün des Darßer Urwaldes hüllt dich ein, während du dich von der Beschilderung Weststrand und Peterskreuz leiten lässt. Die große Kreuzung Peterskreuz ist bald erreicht. An der Kreuzung schwenkt die Route halblinks in Richtung Parkplatz Drei Eichen ein. Besonders in den Morgen- und Abendstunden macht ein vielstimmiges Vogelkonzert das Radeln auch zu einem akustischen Genuss. Der breite, befestigte Weg führt weiter durch den urwüchsigen Wald, dessen Boden oft mannshoch mit Adlerfarn bedeckt ist. An einer beschilderten Kreuzung nach 1,5 km biegt die Tour rechts in Richtung Leuchtturm über Großen Stern ein und nutzt nun den schmalen Radweg neben dem Reitweg. Nicht lange und wir gelangen zum Großen Stern, wo wir uns nach rechts orientieren: Auf dem k-Gestell trittst du jetzt in Richtung Leuchtturm in die Pedale. Gleich passieren wir eine zur Rast verlockende, reetgedeckte Schutzhütte. Warum nicht eine kurze Pause einlegen und sich von der urwüchsigen Natur ringsum beeindrucken lassen? Kaum zur Weiterfahrt gestartet, kommen wir an einer Infotafel zum Halten. Deren Text will erst einmal erfasst werden: Noch vor 6000 Jahren befand sich an dieser Stelle das Meeresufer, hier brandete die tosende Ostsee gegen ein Kliff. Erst vor drei Jahrtausenden begann sich Schwemmsand anzulagern, der den geologisch sehr jungen Neudarß entstehen ließ. Auf diesem jungen Grund radeln wir nun weiter und kommen kurz darauf am Grab des Forstmeisters Ferdinand von Raesfeld vorüber.

Sumpfige Wälder mit dunklen Wasserlachen zwischen knorrigen Baumwurzeln beeindrucken am Wegesrand. Wir orientieren uns stets an der Destination Leuchtturm und biegen entsprechend auf den asphaltierten Leuchtturmweg links ein. Gleich stehen wir am Fuß des hoch aufragenden Leuchtfeuers und legen den Kopf in den Nacken – auf 35 m Höhe kommt das 1848 am hiesigen Darßer Ort errichtete Bauwerk. Bis 1978 war es sogar mit einem Leuchtturmwärter bemannt. Selbst heute noch ist der Turm – mit elektronischer Steuerung – in Betrieb, denn er warnt vor den Untiefen der Darßer Schwelle. Auf keinen Fall solltest du den unvergesslichen Ausblick von oben versäumen! Dieser ist jede einzelne der 134 Stufen wert. Im alten Wärterhaus informiert eine Ausstellung über Flora und Fauna sowie über die Küstendynamik am Darßer Ort, der nordwestlichen Spitze der Halbinsel Fischland-Darß-Zingst. Auch ein gemütliches Café lädt hier zum Verweilen ein (Juni-Aug. 10–18, Mai, Sept., Okt. 10–17, Nov.–April Mi–So 10–16 Uhr).

Eine wunderbare Möglichkeit, dem erst in jüngster Vergangenheit entstandenen Land am Darßer Ort auf die Spur zu kommen, ist eine kleine Wanderung von etwa 75 Minuten Dauer. Du parkst dein Rad beim Leuchtturm, gehst zum nahen Weststrand und hältst dich dort rechts. Bei der Nationalparkabsperrung gelangst du zum Beginn eines Rundwanderweges durch die Kernzone des Schutzgebietes. Hier folgst du einem Bohlenweg durch die von jungen Dünen, Seen, Schilfbereichen und einer erst zaghaft um sich greifenden Vegetation geprägten Landschaft. Einen Überblick – auch über die reiche Vogelwelt – kann man sich von mehreren Aussichtsplattformen verschaffen. Am einzigen Weiser unterwegs gehst du dann rechts zurück zum Leuchtturm.

Anschließend kehren wir dem Turm den Rücken und radeln zurück zum letzten Weiser. Hier geht es nach links, um die Zeltplatzstraße für die Fahrt nach Prerow zu nutzen. Die Beschilderung leitet uns nach Prerow, wo wir bei den ersten Häusern links auf den Weg in Richtung Seebrücke einbiegen. Gleich radeln wir auf einem Deichweg, von dem wir kurz nach der Freilichtbühne einen Abstecher zur Seebrücke und zum Strand unternehmen können. Neben einem erfrischenden Bad in der Ostsee lockt hier auch ein leckeres Eis in einem der Strandcafés.

Zurück am Deichweg folgen wir diesem weiter und biegen erst beim dritten Weiser rechts in Richtung Wieck ein. An der Ampel quert die Tour die Bäderstraße, verläuft auf dem Sträßchen schräg rechts gegenüber und hält sich dort nach wenigen Metern entsprechend der Radwegbeschilderung nach Wieck rechts. Nun radelst du auf einem weiteren besonders schönen Abschnitt der Tour: Oft weidet eine Wasserbüffelherde stoisch am Wegesrand und mehrere Vogelbeobachtungstürme locken mit ihrem reizvollen Panorama. Unter dem weiten Himmel führt uns die Radwegbeschilderung schließlich zurück nach Wieck.

Durch den Nationalpark Jasmund zum Königsstuhl

7 KREIDEKLIFFS VON KÖNIGSSTUHL

vom
MARKT IN SAGARD

27 Kilometer
199 Höhenmeter

nach
SASSNITZ

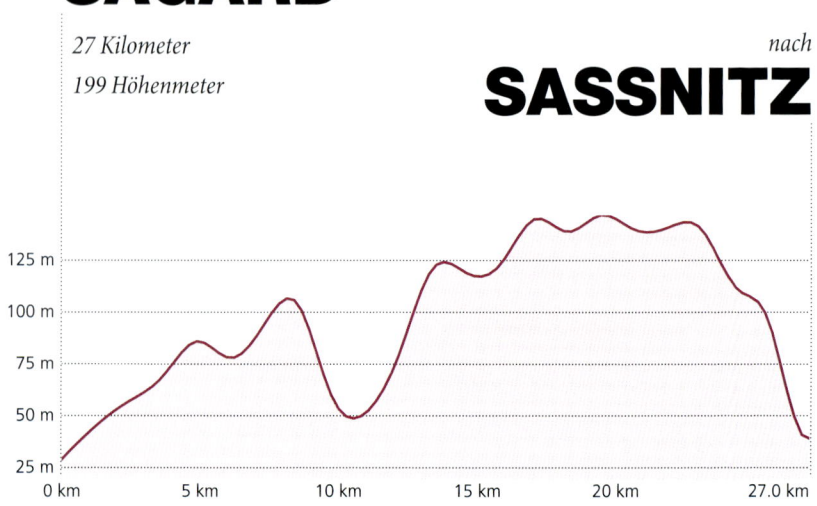

Ein Teil der Tour verläuft auf Radwegen und kleineren Straßen. Im Nationalpark Jasmund radeln wir auf befestigten Waldwegen. Dabei sind einige, teils auch steile, Anstiege und Abfahrten zu bewältigen.

Gleich zu Beginn der Tour geht es steil bergauf – grandios ist dann der Rundblick, der bis nach Kap Arkona reicht. Wir radeln durch den märchenhaften und uralten Buchenwald von Jasmund, bis wir auf den Kreidekliffs von Königsstuhl und Victoriaaussicht stehen.

Deine Tour beginnt und endet am kleinen Markt in Sagard unterhalb der Kirche und folgt der Radwegbeschilderung in Richtung Stubbenkammer auf die August-Bebel-Straße. Die Route senkt sich kurz, um dann gleich wieder anzusteigen. Wir strampeln bergan, passieren den Friedhof und biegen gleich rechts ins Sträßchen nach Neddesitz ein. Zum Glück für uns verläuft neben dem sehr holprigen Pflasterbelag ein Radweg. Geradewegs radelst du nach Neddesitz hinein, wo du schließlich doch noch vom Holperpflaster empfangen wirst. Gleich schwenken wir aber links ins Sträßchen Kranichwinkel ein, nutzen dann die Quoltitzer Straße und überqueren die Vorfahrtstraße. Damit behalten wir die Destination Stubbenkammer bei und die Pneu surren über das schmale Asphaltband. Hecken und Feldraingehölze fassen unseren Weg ein, der nun stärker anzusteigen beginnt. Der Grad der Steigung so dicht an der Küste überrascht uns etwas, umso mehr können wir den rückwärtigen Panoramablick auf den Großen Jasmunder Bodden genießen.

Und dann erst die Aussicht vom 104 m hohen Mühlberg: Von hier zeigt sich selbst das weit ins Meer vorgeschobene Kap Arkona! Noch spektakulärer wird es auf dem nahen und nur 1 m niedrigeren Schlanteberg – die Ostsee taucht das Sichtfeld voraus in schimmernde Blautöne. Zum Glück muss man nach dem Anstieg erst einmal Atem schöpfen: Bei dem Stopp kannst du in aller Ruhe das grandiose Panorama um dich herum genießen! Die durchaus beeindruckenden Geländekuppen sind, genauso wie die ganze Kreideküste, ein Ergebnis der letzten Eiszeit. Gewaltige Inlandgletscher haben damals die Landschaft überprägt und die Erhebungen aufgetürmt.

Bei der folgenden kurzen Schussfahrt pfeift dir der Fahrtwind mächtig um die Ohren, dann biegt die Tour nahe dem Ortseingang von Nardevitz rechts ein. Unser gut ausgebauter Plattenweg schlängelt sich wieder aussichtsreich bergan und erreicht das auf einer Kuppe gelegene Nipmerow. Hier jedoch schwenken wir an der Landstraße links in Richtung Lohme ein. Nur 100 m weiter hältst du dich dann beim Weiser wieder rechts – und musst es dir auf den hiesigen Bänken erst einmal bequem machen: An diesem Meerblick kann man sich schließlich kaum sattsehen!

Der schmale Radweg nach Lohme führt nun steil hinab zum Ortseingang von Lohme. Die Tour hält sich hier rechts. Der Hauptstraßenverlauf bringt dich in den Ort, wo der kurze Abstecher zum Hafen nicht verpasst werden sollte, denn im kleinen Café Niedlich (Mo–So 11.30–18 Uhr, Zum Hafen 8, 18551 Lohme) sitzt es sich wunderbar mit Blick auf das Hafenbecken, das Meer und Kap Arkona.

Schließlich reißen wir uns vom Panorama los, fahren zum Ortsausgang und biegen hier links ins Sträßchen nach Ranzow ein. Dort folgst du dem Weg über den Golfplatz und tauchst dann gleich in den urwüchsigen Nationalpark Jasmund ein. Zwischen knorrigen Buchen radelst du wie durch einen Märchenwald. Die riesigen Bäume bilden über uns ein gewaltiges Blätterdach, die Welt um uns scheint in einen dämmrigen Halbschatten getaucht. Kein Wunder, dass knapp 500 ha der Buchenwälder im Herzen des Nationalparks zum UNESCO-Welterbe erklärt wurden. Der Nationalpark selbst ist übrigens mit 3070 ha der kleinste seiner Art in Deutschland. Die Beschilderung in Richtung Königsstuhl/Stubbenkammer leitet uns zu einer Straße. An dieser entlang gelangst du gleich zum Parkplatz beim berühmtesten Aussichtsfelsen Norddeutschlands.

Der (kostenpflichtige) Panoramagenuss vom 118 m hohen Kreidekliff des Königsstuhls wird durch das ausgesprochen informative Nationalparkzentrum ergänzt. Allein ist man hier allerdings selten. Vom Parkplatz aus kannst du dich zudem auf den (Fuß-)Weg zur nahen Victoriaaussicht machen, die mindestens ebenso eindrucksvoll ist. Selbst das Schieben eines Rades ist hier aber untersagt. Den royalen Namen verdankt die Victoriaaussicht übrigens dem Besuch König Wilhelms I. und seiner Schwiegertochter, Kronprinzessin Victoria von Preußen, die hier 1865 weilten.

Für den Weg nach Sassnitz radeln wir zunächst an der Straße zurück bis zur Einmündung unseres Weges. Lediglich ein kurzes Stück fährst du noch auf dem uns schon bekannten Pfad, dann leitet dich ein gut befestigter Weg in Richtung Sassnitz. Wir bleiben dieser Destination treu, radeln unter ständigem Auf und Ab durch den dichten Wald, genießen das durch die grüne Kathedrale schallende Vogelgezwitscher und kommen an einem schön gelegenen See vorüber – eine Bank lädt hier zur Rast ein. Etwas Ruhe wird sicher nicht schaden, bevor wir uns wieder auf den Weg machen. Wenig später queren wir bei Hagen eine Landstraße und genießen weiterhin das dichte Grün des Nationalparks. Auch auf diesem Abschnitt sammelst du etliche Höhenmeter auf den zahlreichen Steigungs- und Gefällestrecken. Dafür lädt bald eine Sitzgruppe am Wegesrand zum Verschnaufen ein. Wir bleiben stets auf unserem befestigten Weg, der schließlich abwärts führt und bei einem Parkplatz das Waldgebiet verlässt. Hier biegst du rechts in Richtung Sassnitz ein, rollst abwärts, passierst eine so eindrucksvolle wie ungewöhnliche Oldtimer-Sammlung und schwenkst schließlich an einer größeren Radwegkreuzung links in Richtung der Hafenstadt ein. Uriger Buchenwald begleitet dich noch einmal hinab. Auf der Merkelstraße queren wir bald die Bahnlinie. Unmittelbar danach bringt uns der Birkenweg zum Bahnhof von Sassnitz und damit zum Ziel.

Zwischen Bansin und Zinnowitz

8 AN USEDOMS BERNSTEINKÜSTE

vom
BAHNHOF BANSIN

25 Kilometer
114 Höhenmeter

nach
ZINNOWITZ

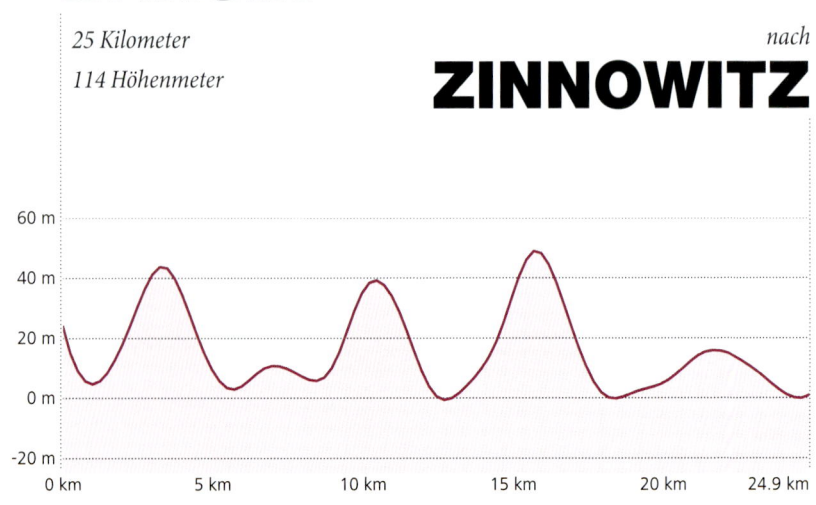

Die Tour verläuft auf Waldwegen und asphaltierten Radwegen. Dabei sind einige kurze steilere Anstiege und Abfahrten zu bewältigen. Badesachen einpacken!

Immer die blitzende Ostsee im Blick, radeln wir meist unter dem rauschenden Blätterdach uralter Buchenwälder. Jede Menge Badestrände und idyllisch gelegene Einkehrmöglichkeiten verleiten zu der einen oder anderen Rast. Und vielleicht entdecken wir ja am Streckelsberg das sagenumwobene Vineta?

Am Bahnhof des Seebads Bansin steigen wir in den Sattel. Wir überqueren an der Ampel die vor allem in der Hauptsaison verkehrsreiche Durchgangsstraße und folgen der Seestraße hinab zur Strandpromenade. Hier verläuft unsere Tour entsprechend der Beschilderung des Ostseeküstenradweges in Richtung Zinnowitz nach links. Verlockend rauschen die Wellen am weißen Sandstrand. Auch wenn du eine Abkühlung auf später verschiebst – einen kurzen Blick solltest du auf jeden Fall auf die historischen Badewägen – oder Badewagen, wie der Einheimische sagt, – direkt neben der Promenade werfen. Nicht ganz so alt ist die hölzerne Konzertmuschel gleich nebenan. Beim Haus des Gastes kommen wir an der knapp 300 m langen Seebrücke vorbei, die sich in Bansin bescheidener als in Ahlbeck und Heringsdorf präsentiert. Aufbauten, wie in den benachbarten Kaiserbädern üblich, fehlen hier. Nur 100 m weiter schwenkt die Route beim Radweiser in eine kleine Gasse aufwärts ein und verläuft gleich auf der Bergstraße aus dem Ort heraus und in herrlichen Buchenwald hinein.

Man kann sich hier kaum satt sehen und hören: Durchs Grün der dicht belaubten Baumkronen blitzt die leuchtend blaue Ostsee. Vogelgezwitscher schallt durch die mächtige Kathedralenhalle aus hoch aufragenden Buchen. Zwischen den gewaltigen Stämmen verliert sich der Nachhall des trubeligen Ostseebades schnell. Bei der Weiterfahrt sollte die Radwegmarkierung im Auge behalten werden. Ein Naturcamping und zahlreiche Strandaufgänge kündigen schließlich das Seebad Ückeritz an. Noch vor dem Ort verleitet die einladende Live Cooking-Schauküche Strandoase zu einer ersten Rast. Nicht nur an heißen Tagen läuft einem angesichts der Smoothies und Milchshakes das Wasser im Munde zusammen. Hier kann man den Wellen lauschen und nebenbei die Fingerfertigkeit des Kochs in der offenen Küche bewundern (April–Okt. täglich 12–21 Uhr, Strandoase Ückeritz, Campingplatz-Strandstraße, 17459 Ückeritz, www.strandoase-ueckeritz.de). Auch Lektüre für eine Radelpause am Strand gibt es im angeschlossenen Buchladen gleich nebenan. Ückeritz ist dem Achterwasser zugewandt, weshalb unsere Route den Ort lediglich tangiert. Der Ostseeküstenradweg verläuft nun in stetem Auf und Ab durch dichten Wald, wo erneut gewaltige Buchen im Wind rauschen. Gefällestrecken bis 16 % erwarten uns auf diesem Abschnitt – Kribbeln im Bauch inklusive. Nach der zweiten Steilabfahrt lockt ein Kurzabstecher zum Strand bei Ückeritz, der sich hier etwas weniger frequentiert zeigt. – Warum also nicht kurz in die Wellen tauchen? Wieder im Sattel bleiben die wenigen Häuser von Stubbenfelde rasch zurück. Dafür radeln wir nun am malerischen Kölpinsee entlang. Die Landenge zwischen Meer und See wird als Teufelsberg bezeichnet. Dass mit dem düsteren Namen eine ebensolche Legende verbunden ist, kann nicht überraschen: Ein Schuster habe hier einst dem Teufel seine Seele verschrieben und sei schließlich unter zuckenden Blitzen und grollendem Donner von diesem geholt worden. Grund genug für uns, dem Ort des diabolischen Geschehens den Rücken zu kehren und die Pneu surren zu lassen.

Im Seebad Kölpinsee müssen zahlreiche Stufen auf unserem Radweg beschildert (und etwas großräumig) umgangen werden. Mitten im Wald taucht wenig später ein langgestreckter Treppenstrandabgang auf, von dem du einen schönen Blick über Steilküste, Strand und Meer genießen kannst. Auch die erstaunliche Höhe des hiesigen Uferabschnitts ist so gut auszumachen. Ein Spaziergang am Strand lohnt sich in jedem Falle, gilt der Abschnitt zwischen Zempin und Ückeritz doch als Bernsteinküste Usedoms. Allerdings ist die Chance, das fossile Harz zu entdecken, im stürmischen Winterhalbjahr am größten. Auf dem Ostseeküstenradweg treten wir wieder in die Pedale und passieren den „Gipfel" des nahen Streckelsberges, der auch erklommen werden kann. Mit immerhin 60 m Höhe zählt er zu den bedeutendsten Erhebungen Usedoms, dessen Hang zur Ostsee hin eine eindrucksvolle Steilküste formt. Vor dieser soll sich einst die legendär reiche nordische Handelsmetropole Vineta befunden haben, bis sie von den tobenden Wassermassen der Ostsee verschlungen wurde. Allerdings nehmen noch eine ganze Reihe weiterer deutscher und polnischer Küstenorte für sich in Anspruch, den Ort der Katastrophe vor ihren Toren verorten zu dürfen. Wenig später hast du die Seebrücke von Koserow erreicht, die bereits die dritte an dieser Stelle ist, nachdem die Vorgängerinnen Sturm und Wetter nicht gewachsen waren. Auch die neue, wellenförmige Brücke ist ein toller Ort für eine Rast. Obwohl die ersten Badegäste hier bereits Mitte des 19. Jahrhunderts Abkühlung in den Wellen suchten, ist die Atmosphäre beschaulich geblieben. Gleich nebenan sind seit eh und je die urigen Salzhütten zu finden. Sie dienten einst der Lagerung von Salz. Außerdem wurden sie während der Heringsfangsaison zum Salzen und Verpacken des begehrten Fisches genutzt, wobei staatliche Stellen ihr wachsames Auge auf die Prozesse richten konnten. Heute wird hier ein Fischrestaurant mit eigener Räucherei betrieben (Mi–So 12–20.30 Uhr, Koserower Salzhütte, An der Seebrücke, 17459 Koserow, www.koserower-salzhuette.de)

Auf Asphalt surren die Räder nun weiter in Richtung Zempin. Als eines der ersten Häuser des Ortes lädt der witzigalternativ ausgestattete Kiosk Surfbox zur Rast. Hier kannst du bei Kaffee und Kuchen oder einem Bier die Beine von umfunktionierten Ölfässern baumeln lassen oder auch gleich einen Surfkurs buchen. Die Dachterrasse garantiert einen unverstellten Blick auf die Ostsee – legendär schön in der abendlichen blauen Stunde (Surfbox 2.0, Möwenweg 18, 17459 Zempin, www.surfboxusedom.de). Lediglich 3 km sind nun noch durch dichten Wald bis Zinnowitz zurückzulegen. Hier erwartet uns mondäne Bäderarchitektur und an der Seebrücke eine Tauchglocke, mit der die Ostseeunterwasserwelt erkundet werden kann – Vineta ist dabei allerdings noch nicht gesichtet worden. Nach einem Bad in den Ostseewellen bleibt uns nur noch der Weg auf der Neuen Strandstraße zum Bahnhof des Seebads.

Städtische Wasserwege

9 REGIERUNGSPRUNK IN BERLIN

Start/Ziel
BERLINER HAUPTBAHNHOF

20 Kilometer
20 Höhenmeter

Zahlreiche Stopps laden zur Besichtigung ein – Zeit einplanen! Mix aus Asphalt und gut fahrbaren Naturwegen mit etwas Kopfsteinpflaster. Inkludiert eine Treppe, die aber umfahren werden kann. Viel Schatten und an Gewässern entlang, daher perfekt für warme Tage in der Stadt mit Bademöglichkeit am Plötzensee.

Eine Stadtrundfahrt wie du sie noch nicht gemacht hast! Wir fahren zwischen modernen Beton- und prunkvollen Barockgebäuden entlang der zahlreichen Berliner Grünflächen und Gewässer, allen voran die berühmte Spree – perfekt auch an heißen Tagen!

Unsere Tour startet im Herzen Berlins am imposanten Berliner Hauptbahnhof (Washingtonplatz 2, 10557 Berlin). Glas, Stahl und Beton dominieren nicht nur hier, sondern auch im Neubauviertel südlich der Spree. Herzlich Willkommen im modernen Berliner Regierungsviertel mit Bundestag, Bundeskanzleramt sowie zahlreichen weiteren Regierungsgebäuden! Und wir rollen mit den Fahrrädern mitten hindurch! Vom Bahnhof aus links folgen wir dem Radweg am Kapelle-Ufer, der uns direkt ins Herz der deutschen Regierung bringt: Am Nordufer der Spree am Schiffbauerdamm hat man einen großartigen Blick auf das gegenüberliegende Bundestagsgebäude. Dorthin radeln wir über die Marshallbrücke und gelangen so erneut über die Spree. Hier lässt sich etwas Zeit verbringen, die Architektur zwischen Moderne und Historie bestaunen oder gar einen Rundgang durch die erstaunliche Glaskuppel des Reichstags machen (nach Res., Platz der Republik 1, 11011 Berlin, bundestag.de).

Wir rollen weiter über die John-Foster-Dulles-Allee nach Westen und vorbei am ungewöhnlichen Bau des Hauses der Kulturen der Welt (John-Foster-Dulles-Allee 10, 10557 Berlin). Das Kongress- und Veranstaltungsgebäude ist ein reizvolles Fotomotiv. Bevor wir es richtig gemerkt haben, sind wir schon mittendrin im Berliner Tiergarten! Das grüne Herz der Stadt erstreckt sich auf knapp 3 km vom Brandenburger Tor bis zum Zoologischen Garten, in der Länge geteilt von der mehrspurigen Straße des 17. Juni. Im schattigen Grün der Kastanienallee atmen wir durch und entspannen uns vom touristischen Treiben des Regierungsviertels. Wir kreuzen die Bellevueallee, die ihren Namen nicht von ungefähr hat.

Schließlich gelangen wir zur Straße des 17. Juni und zum Großen Stern, in dessen Mittelpunkt ein weiteres Berliner Wahrzeichen thront: die Siegessäule, die u. a. an den preußischen Sieg im Deutsch-Dänischen-Krieg 1864 erinnert (April–Okt., Mo–Fr 9:30–18:30, Sa–So bis 19, Nov.–März bis 17:30 Uhr, Eintritt: 3,50/3,00 €, Großer Stern, 10557 Berlin, www.sehenswuerdigkeiten/3560160-3558930-siegessaeule.html).

Sobald wir wieder auf dem Rad sitzen, gönnen wir uns noch ein wenig grüne Entspannung und radeln über den Bremer Weg parallel zur Straße des 17. Juni. Aufmerksame Augen können hier auch zu allen Tageszeiten zahlreiche Tiere beobachten. Neben den üblichen Verdächtigen wie Stockenten und allerlei Singvögeln, wohnen auch viele Eichhörnchen und Kaninchen im Tiergarten. Andere Bewohner wie

Waschbären, Füchse und Fledermäuse lassen sich allerdings nur mit viel Ruhe und am Ehesten in der Dämmerung entdecken. Also Augen auf!

Wir biegen nach links ab und queren über zwei Schleusenbrücken den Landwehrkanal. Direkt an der Tiergartenschleuse lädt der Schleusenkrug (Sommer, tgl. 10–00:30 Uhr, ab Nov. Mi–Fr 10–18, Sa–So bis 19 Uhr, schleusenkrug.de) bereits seit Mitte der 60er Jahre zu einer Pause ein. Heute können wir uns vom Frühstück bis zum Abendessen dort im Biergarten oder den Innenräumen mit allerlei Leckereien verwöhnen. Direkt links daneben liegt auch der Zoo Berlin. Wer also mehr Zeit mitbringt, kann einen Abstecher machen und Tiere verschiedenster Art bestaunen.

Für uns geht es nun nordwestlich weiter entlang des Landwehrkanals, der bald wieder auf die Spree trifft, der wir weiter folgen. Es liegen ein paar herrliche Kilometer Uferweg vor uns, auf denen es immer wieder schöne Ausblicke, Brücken und Gebäude zu entdecken gibt, wie zum Beispiel die stählerne Fußgängerbrücke Siemenssteg. Über das Charlottenburger Ufer nähern wir uns nun architektonisch einem großen Kontrast zum Start unserer Tour. Links des Kanals liegt der traumhafte Schlosspark Charlottenburg (Spandauer Damm 10–22, 14059 Berlin, spsg.de) und das Schloss selbst.

Der Uferweg ist zum Radfahren freigegeben, doch es lohnt hier, auch mal abzusteigen und ein paar Meter durch die eindrucksvolle Barockanlage zu schlendern. Wir folgen dem Uferweg bis zu den Bahngleisen der Ringbahn und überqueren die Spree über die schmale Fußgängerbrücke. Auf der anderen Seite gibt es leider nur eine Treppe. Wer diese vermeiden möchte, radelt den Uferweg wieder zurück bis zur Schlossbrücke und überquert dort die Spree. Auf der anderen Seite am Tegeler Weg gibt es einen straßenparallelen Radweg, der wieder auf unsere Route führt.

Auf dem Radweg fahren wir nach Norden über den Siemensdamm und ein kurzes Stück parallel zur A 111. Um die rauschende Autobahn zu vermeiden, biegen wir ab und radeln durch eine Kleingartenkolonie auf der Straße 70 bis zum Berlin-Spandauer Schifffahrtskanal. Der Uferweg ist Teil der Eurovelo 7 Route und führt uns wieder in Richtung Innenstadt. Dabei kommen wir am Plötzensee vorbei, wo im Sommer ein Strandbad Erfrischung ermöglicht. Nachdem wir die Seestraße überquert haben, bietet sich nun vom Uferweg aus ein guter Blick auf die größte Hafenanlage Berlins: der Westhafen (Westhafenstraße, 13353 Berlin).

Für uns geht es nun immer weiter am Schifffahrtskanal nach Süden. Spannend ist es auch hier wieder, die abwechslungsreiche Architektur zu beobachten, die zwischen modernen Neu- und historischen Altbauten die Stadt gestaltet. Wir radeln ein Stück über einen der ältesten Berliner Friedhöfe, den Invalidenfriedhof und können ein paar Meter weiter auf der anderen Uferseite den alten Hamburger Bahnhof ausmachen. Geschafft, denn wir sind am Ausgangspunkt unserer Tour durch Berlin angekommen und befinden uns wieder am Berliner Hauptbahnhof. Eine vielfältige Runde zwischen Historie und Moderne liegt hinter uns, wie du sie in Berlin sicherlich so noch nie gemacht hast!

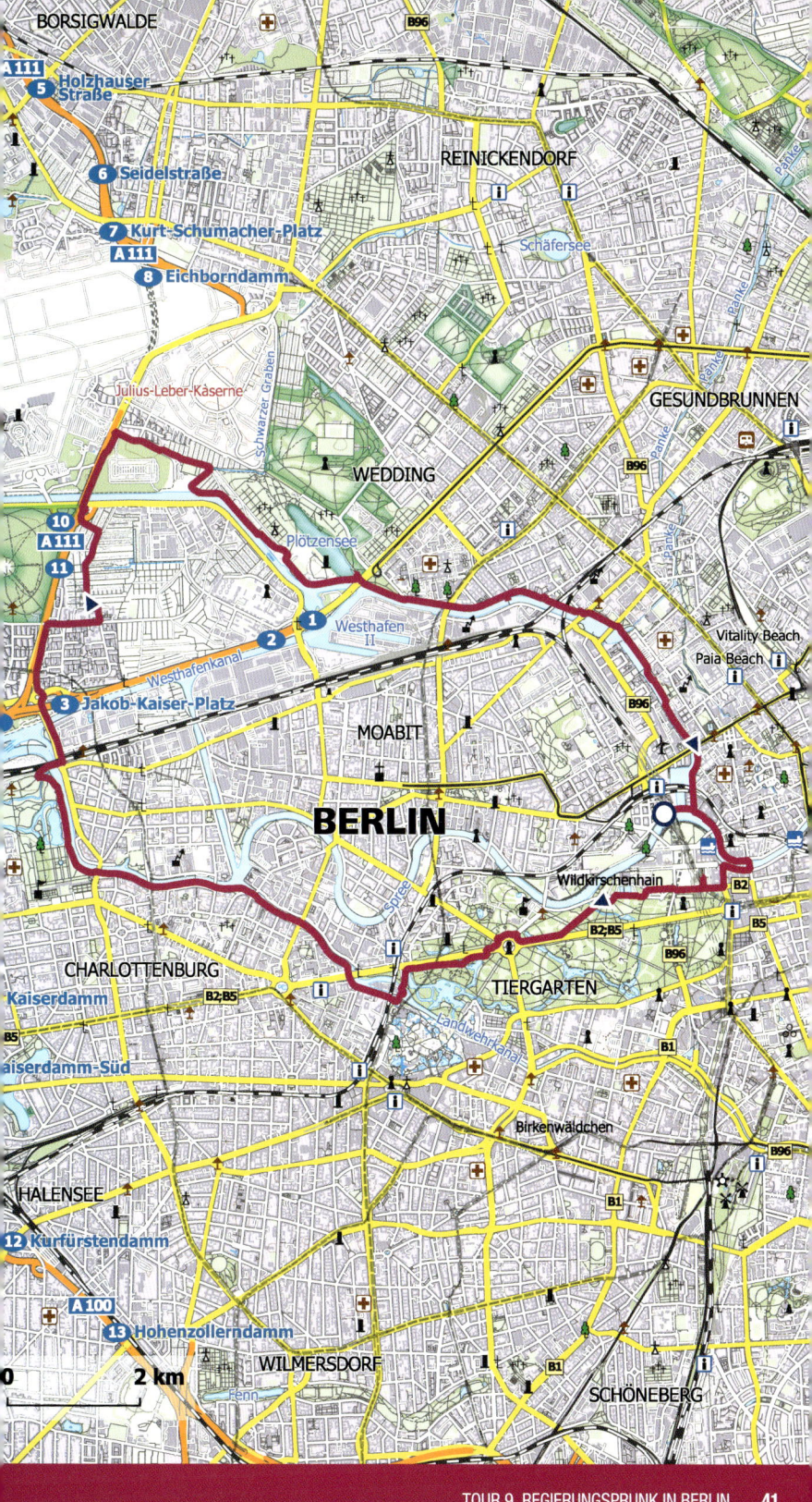

Zwischen Industriekultur und grünen Lungen

10 BERLINER ERLEBEN ENTLANG DER SPREE

Start/Ziel

S-BAHNHOF TREPTOWER PARK

29 Kilometer

20 Höhenmeter

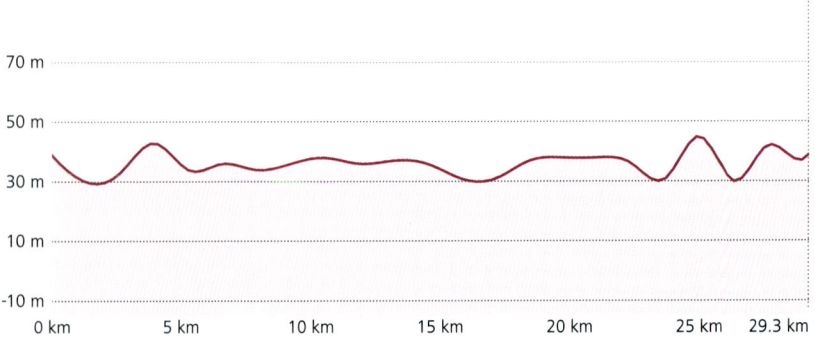

Flach und wenig anspruchsvoll, größtenteils asphaltiert mit einigen naturbelassenen Parkwegen, für Familien gut geeignet. Eventuell Sportsachen mitnehmen!

Die abwechslungsreiche Runde mitten in der Stadt führt uns vom Wasser der Spree durch alte Berliner Industrieorte hinein in die schönsten Parks des Südostens. Wir entdecken Berlin und Brandenburg in ganz klein, neue Kultur in alten Hallen und immer wieder Orte zum gemütlichen Verweilen.

Los geht's am S-Bahnhof Treptower Park, direkt an der gleichnamigen grünen Oase mitten in der Stadt. Wir radeln über den Rad- und Gehweg der Parkwegbrücke parallel zu den S-Bahngleisen und der Elsenbrücke. Auf Ersterer genießen wir die Aussicht auf die Spree und den Treptower Park, auf Letzterer kam man einen herrlichen Blick stadteinwärts auf die Oberbaumbrücke und den Fernsehturm erhaschen – ein echtes Highlight zum Sonnenuntergang! Es geht weiter nach Nordosten über die Halbinsel Stralau in die Rummelsburger Bucht und entlang des idyllischen Rummelsburger Sees.

Direkt am Ufer der Spree in einer alten Industriehalle befindet sich die Boulderhalle Ostbloc (Mo–Fr 10–23, Sa–So 9–23 Uhr, Hauptstraße 13, 10317 Berlin, ostbloc.de). Wer Lust am Klettern hat, sollte die sicherungslose, einstiegsfreundliche Variante in „Fallhöhe" unbedingt ausprobieren. Auch Kinder kommen hier voll auf ihre Kosten. Wir radeln an der Boulderhalle und links um die Ecke weiter am kleinen Hafen vorbei und mitten rein in das Rummelsburger Industriegebiet.

Auf dem Radweg geht es parallel zur Köpenicker Chaussee weiter Richtung Süden. Auf der rechten Seite kurz nach der Tankstelle liegt das ehemalige DDR-Rundfunkstudio, das Funkhaus Berlin (Nalepastr. 18, 12459 Berlin). Auch heute befinden sich noch Aufnahmestudios in den historischen Gebäuden. Eine Pizzeria und die Milchbar laden zum Verweilen ein. Wer sich lieber sportlich auf dem Wasser betätigen mag, wird etwas weiter südlich fündig. Dort sitzt eine Filiale des StandUp Clubs Berlin (Öffnungszeiten jahreszeitlich, standupclub.de/sup-station-funkhaus). Man kann hier SUPs leihen und direkt auf der Spree damit paddeln – Urlaubsfeeling mitten in der Stadt!

Für uns geht es nun aber auf zwei Rädern rein ins Grüne und unter schattige Bäume. Nachdem wir die geschäftige Treskowallee überquert haben, befinden wir uns bereits im überwiegend aus Laubwald bestehenden Wald- und Volkspark Wuhlheide (Eichgestell 4, 12459 Berlin, wuhlheide-erleben.de). Dieser lädt schon seit Anfang des 20. Jahrhunderts zur stadtnahen Erholung ein. Wir fahren über den asphaltierten Parkweg der Kastanienallee an Wiesenflächen vorbei tiefer in die Wuhlheide hinein.

Der Ort, den wir dann passieren, ist ein Highlight für die ganze Familie. Wann hat man denn je die Gelegenheit, über 80 sehenswerte Gebäude und architektonische Besonderheiten aus ganz Berlin und Brandenburg an einem Tag zu bestaunen? Im Modellpark Berlin-Brandenburg geht das ganz einfach (April–Sept. 10–18, Okt. bis 17 Uhr, An der Wuhlheide 81, 12459 Berlin, modellparkberlin.de).

Schließlich rollen wir über eine schöne Eichenallee auf das FEZ zu und verlassen die Wuhlheide in Richtung Südosten. Es geht einmal über die Straße an der Wuhlheide und rein ins Wohn- und Industriegebiet Oberschöneweide.

In der Wilhelminenhofstraße befinden sich in den ehemaligen Hallen der AEG und des Transformatorenwerks Oberschöneweide heute nicht nur eine Hochschule, sondern auch eine lebhafte Kultur- und Atelierszene hinter alten Backsteinmauern. Mittendrin lädt das kleine Café Schöneweile mit Kuchen, Kaffee und allerlei Leckereien zum Pausieren ein (Mo–Fr 10–18, Sa–So 13–18 Uhr, Reinbeckstraße 9, 12459 Berlin, www.cafe-schoeneweile.eatbu.com). Auf Palettenmöbeln und an Holztischen aus alten Kabeltrommeln schalten wir zwischen den großen Industriehallen ein bisschen vom Alltag ab. Unter der Kranbahn geht es dann weiter zur historisch basierten Schrägseilbrücke Kaisersteg. Die Fußgänger- und Radwegbrücke führt uns über die Spree weiter nach Süden.

Wir folgen der Hasselwerderstraße, fahren vorbei am S-Bahnhof Schöneweide und gelangen nach ca. 1 km entlang des Radwegs des Groß-Berliner-Damms nach rechts auf das ehemalige Flugfeld Landschaftspark Johannisthal. Die große Freifläche war der erste deutsche Motorflughafen und ist heute ein vielfältiges Erholungsgebiet inklusive einem 26 ha großen Naturschutzgebiet. Wir nehmen uns Zeit, lesen einige der Schautafeln und lernen so mehr über den Park und die schützenswerte Tier- und Pflanzenwelt.

Über Nebenstraßen rollen wir langsam wieder gen Norden und auf einen Wald zu. Die Königsheide war früher Teil eines weitaus größeren Waldgebiets, zu dem auch die Wuhlheide und die Köllnische Heide gehörten. Besonders im Herbst, wenn das Laub sich bunt färbt und die tiefstehende Sonne zwischen dem Blätterdach hindurch blinzelt, wirkt alles etwas entrückt und märchenhaft. Traumhaft! Wir radeln hier auf weichem Waldboden, der ab und an von ein paar Wurzeln durchzogen ist. Wir verlassen den Park im Nordosten an der Südostallee und biegen kurz darauf nach rechts ab, um dem asphaltierten Weg entlang des Heidekampgrabens zu folgen, der auch Teil des Berliner Mauerweges ist. Hier rollt es sich hervorragend gen Ziel unserer Runde! Wir biegen nun noch einmal rechts ab und fahren über den Dammweg auf das letzte zusammenhängende Parkgebiet unserer Tour zu.

Direkt vor uns liegt der wunderschöne Plänterwald, der noch immer die Überbleibsel des alten Freizeitparks „Spreepark" beherbergt, welcher sich seit der Schließung 2001 zu einem der berühmtesten Lost Places Berlins gemausert hat. Von da geht es zurück zum Startpunkt unsere Tour, dem Treptower Park, der auch einiges zu bieten hat. Im Südteil befinden sich der große Karpfenteich und u. a. das größte Denkmal für die gefallenen Soldaten der Roten Armee in Deutschland, das Sowjetische Ehrenmal, sowie die Archenhold-Sternwarte mit dem größten beweglichen Fernrohr der Welt. Im Nordteil kann man den Tag herrlich auf den Wiesen direkt am Ufer der Spree ausklingen lassen – ein entspannter Tourenabschluss.

Vom Völkerschlachtdenkmal zum Wackelturm

11 LEIPZIG SIGHTSEEING

Start

S-BHF. VÖLKERSCHLACHT-DENKMAL

20 Kilometer
50 Höhenmeter

Die Tour führt an einer ganzen Reihe der Leipziger Sehenswürdigkeiten vorbei und verläuft in Parks, auf Radwegen und Straßen.

Eine Sightseeingroute quer durch die Innenstadt mit dem Rad? Eigentlich eine Tour, die man so nie machen würde. Durch Leipzig radeln wir aber zumeist durch Parkanlagen und an Flussradwegen. Ein paar Straßenkilometer sind allerdings letztlich doch dabei.

Beim S-Bahnhof Völkerschlachtdenkmal steigen wir in den Sattel und queren auf der Prager Straße die Straßenbrücke in stadtauswärtiger Richtung. Gleich schwenkt die Route rechts auf dem Friedhofsweg in den kleinen Park ein, biegt an der nächsten Kreuzung links und gelangt nach wenigen Metern zum Völkerschlachtdenkmal. 100 Jahre nach der Niederlage Napoleons 1813 wurde der Koloss eingeweiht. Zurück im Park radeln wir nun nicht in den Friedhofsweg, sondern geradeaus über die Fußgängerbrücke ins Alte Messegelände. Gleich rechts fällt der Blick auf das berühmte Messe-Logo – ein Doppel-M –, dann geht es am unübersehbaren Sowjetischen Pavillon vorbei, heute der Sitz des Stadtarchivs. Du rollst geradewegs am Eingang vorbei und unterquerst das Alte Messe Gebäude 7.11 zum Deutschen Platz hin. Hier beeindruckt uns die wuchtige Fassade der Deutschen Nationalbibliothek. An der Semmelweissstraße orientieren wir uns rechts zur prunkvollen Russischen Gedächtniskirche hin, die an die 22.000 gefallenen russischen Soldaten der Völkerschlacht erinnert. Vor deren Hauptportal hältst du dich links und querst den Friedenspark auf dessen Längsachse. Der breite Weg führt am gegenüberliegenden Parkende am Duft- und Apothekergarten vorbei. Das schmiedeeiserne Tor entlässt dich aus der Grünanlage, du biegst gleich links und gelangst zur Johannisallee. Gegenüber folgst du der Liebigstraße durch das Gelände des Universitätsklinikums und erreichst dann auf der Nürnberger Straße nach wenigen Pedaltritten den Bayrischen Platz. Hier kannst du im Biergarten des 1844 eingeweihten Bayrischen Bahnhofs die berühmte Leipziger Gose – ein obergäriges Weizenbier – probieren. Danach geht es auf dem Radweg neben der Windmühlenstraße in Richtung Innenstadt weiter, wobei wir an der Ampel nicht (!) der Grünewaldstraße, sondern der Windmühlenstraße geradeaus folgen. Bald wird der verkehrsreiche Innenstadtring beim Wilhelm-Leuschner-Platz an der Fußgängerampel zum Neuen Rathaus hin überschritten. Vorbei an der repräsentativen Sandsteinfassade der Deutschen Bank fährst du zum Burgplatz hinter dem 1897 errichteten Rathaus mit seinem 115 m hohen Turm. Auf der Burgstraße rollst du nun vorbei am Denkmal für Johann Sebastian Bach zum Leipziger Markt mit dem Alten Rathaus, in dem sich das Stadtgeschichtliche Museum befindet. Hier heißt es nun: Rad abstellen, und die Fußgängerzone mit der Alten Börse, der Nikolaikirche und den zahlreichen traditionsreichen Messehöfen per pedes erkunden!

Später rollen wir vom Haupteingang der Thomaskirche auf der Großen Fleischergasse zum Richard-Wagner-Platz. Du nutzt hier die Fußgängerampel über den Tröndlinring, überquerst auch die Pfaffendorfer Straße, nutzt für nur 200 m den Radweg neben dem Ranstädter Steinweg und biegst rechts in die Jacobstraße ein. Wir lassen uns nun von der

Radwegbeschilderung Richtung Gohlis leiten, schwenken deshalb links in die Gustav-Adolf-Straße ein und halten uns bald rechts in die Tschaikowskistraße. Das Waldstraßenviertel ist eines der größten geschlossen erhaltenen Gründerzeitviertel in Europa – Erker, Türmchen und Skulpturenschmuck, wohin das Auge blickt. Am Ende der Tschaikowskistraße überbrückst du den Elstermühlgraben, nutzt die Ampel und gelangst ins Rosental. Sogar August der Starke wollte sich hier einst ein Schlösschen bauen lassen, was von den Leipziger Ratsherren trickreich verhindert wurde. Die großzügig angelegten Wiesen werden rege zum Bräunen und Flanieren genutzt. Die Weiser geben uns hier die Destination Gohliser Schlösschen vor. Zuvor unternehmen wir noch den kurzen Abstecher zum Zooschaufenster am westlichen Wiesenrand und wähnen uns angesichts der weidenden Zebras und Giraffen für einen Moment in Afrikas Savanne. Vom Weiser radelst du dann auf asphaltiertem Untergrund in den schütteren Wald. Der Leibnizweg leitet dich geradeaus zur kleinen Brücke über die Parthe, wo du unbedingt einen Blick auf das nahe Gohliser Schlösschen werfen solltest. Diese Perle spätbarocker Architektur liegt inmitten eines Gartens, in dem du deinen duftenden Kaffee in traumhaften Ambiente genießen kannst.

Wir rollen zurück zur Parthebrücke, wo uns die Beschilderung nun den Weg in Richtung Auensee weist. Die Route verläuft nahe des linken Flussufers, überschreitet die Waldstraße an der Fußgängerampel und führt geradeaus auf dem Radweg weiter, während die Parthe rechts in den Wald schwenkt. Nur ein paarmal treten wir in die Pedale, dann biegen auch wir beschildert entsprechend der Destination Rosentalhügel/Aussichtsturm rechts ein. Schon nach 500 m kommst du am Fuß des Hügels zum Halten. Der Blick vom Rosentalturm – von den Leipzigern auch liebevoll als Wackelturm bezeichnet – über den Auwald ist grandios. Besonders spannend ist der Aufstieg bei Wind – dann wiegt sich der Bau sacht hin und her. Am Fuß der Erhebung hältst du dich (mit Blick auf den Turm) rechts hin zur knapp 100 m entfernten Parthebrücke und radelst auf der anderen Seite auf der Herloßsohnstraße weiter. An deren Ende schwenkst du links auf die Möckernsche Straße ein, die in die Kirschbergstraße übergeht. Nahe des S-Bahnhofs Möckern biegt die Tour bei Haus Nr. 51 links in den Heuweg. Dieser bringt uns entlang der Gleise ins weite Elsterflutbecken. Hier unterquerst du die Bahnstrecke, bleibst auf dem Deichweg links des Flutbeckens und passierst bald das Luppe- und das Elsterwehr. Danach geht es über die Hans-Driesch-Straße gerade hinweg und an der Red Bull Arena – der Spielstätte von Leipzigs Fußball-Primus RB – vorbei. Wenige Pedaltritte weiter kannst du am Kiosk ZierlichManierlich in chilliger Atmosphäre pausieren – der leckere Kuchen ist selbst gebacken und der Kaffee frisch aus der Rösterei! Geradewegs kommen wir nun noch am historischen Palmengartenwehr vorbei, kreuzen die Käthe-Kollwitz-Straße und orientieren uns bei der verkehrsberuhigten Sachsenbrücke nach links in Richtung Zentrum. Am Kreisverkehr biegen wir in die Beethovenstraße ein, bestaunen die kolossalen Fassaden der Universitätsbibliothek Albertina und des Bundesverwaltungsgerichts im einstigen Reichsgericht und streben dann dem S-Bahnhof Wilhelm-Leuschner-Platz zu.

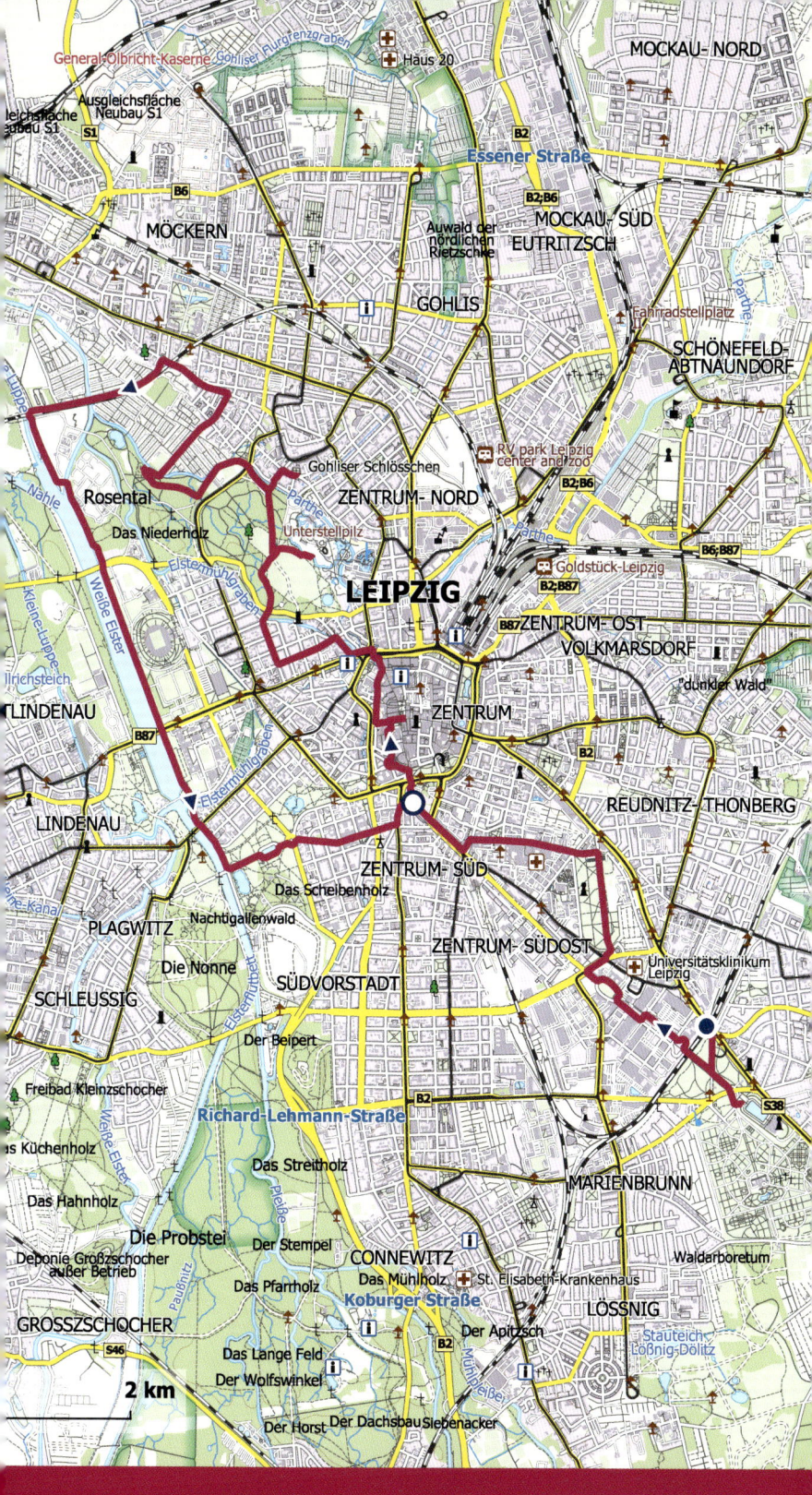

Vom Altenburger Land

12 ZU DEN BURGEN DES KOHRENER LANDES

vom
BAHNHOF ALTENBURG

25 Kilometer
90 Höhenmeter

nach
FROHBURG

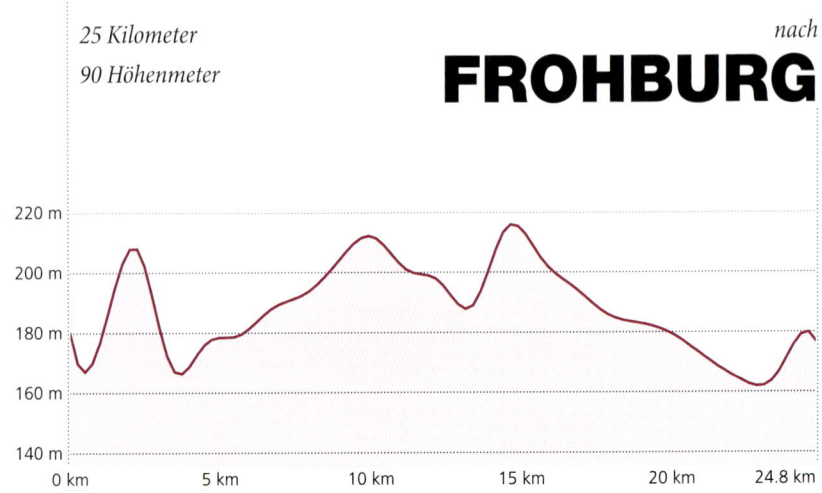

Wir radeln auf zumeist wenig befahrenen Landsträßchen und befestigten Waldwegen. Vor Kohren-Sahlis wartet eine steile Abfahrt (Vorsicht mit Kindern)! Badesachen nicht vergessen.

Vom Altenburger Schlosspark mit seinen Museen radeln wir durchs größte Waldgebiet des Altenburger Landes – den Leinawald. Im Kohrener Land erwartet uns mit der Burg Gnandstein eine Perle mittelalterlicher Architektur.

Beim Bahnhof der Skatstadt Altenburg treten wir in die Pedale und folgen dem Radweg neben der Wettiner Straße stadteinwärts. Vor dem beeindruckenden Gebäude des Lindenau-Museums im Schlosspark biegst du dann links auf die Leipziger Straße ein. Hier solltest du dir die Gelegenheit nicht entgehen lassen, die Parkanlage per Spaziergang zu erkunden. Sie verbindet die bedeutenden Museen der Stadt. Dazu gehören neben dem nach Bernhard von Lindenau benannten Kunstmuseum auch das Mauritianum mit Exponaten zur Naturkunde sowie das Residenzschloss, das vor allem für seine Spielkartensammlung bekannt ist. Von den verschlungenen Wegen des Landschaftsparks kannst du dich zudem zur Orangerie und zum Marstall führen lassen. Vielleicht magst du ja auch eine der Ausstellungen besuchen oder ganz entspannt die Atmosphäre der Anlage noch eine Weile auskosten? Schließlich schwingen wir uns wieder aufs Rad, lassen uns von der Leipziger Straße leiten und biegen schon nach kurzer Zeit bei der traditionsreichen Spielkartenfabrik rechts in Richtung Kohren-Sahlis in die Beethovenstraße ein. Die Radweiser leiten uns aus der Stadt hinaus. Auf der Brunnenstraße strampelst du schließlich bergan und erreichst das Ortsausgangsschild.

Wir sausen nun talwärts, lassen uns den Fahrtwind um die Nase wehen und genießen dabei das weite Panorama über das Altenburger Land. An einer Stoppstraße radelst du geradewegs weiter und gelangst ins kleine Örtchen Wilchwitz. Die Destination Kohren-Sahlis führt dich schnurstracks durch das Dorf. Bald schon rollen wir auf einem befestigten Weg zwischen ausgedehnten Feldern und vorbei an einer Solaranlage am Rande des Flughafens Altenburgs hinein in das dichte, wuchernde Grün des Leinawalds, einem Naturschutzgebiet. In der größten Forstfläche des Altenburger Landes begleiten vor allem Hainbuchen, Erlen und Eichen unseren Weg. Das stellenweise sumpfige Gebiet ist ein Habitat für Kröten, Frösche und den sonst seltenen Fischotter. Wir orientieren uns auf unserer gut beschilderten Route an den Radweisern nach Kohren-Sahlis. Eine Bank inmitten des Leinawalds lädt schließlich zum Verweilen und Ruhe tanken ein. Unsere Tour schlängelt sich durch den Forst und erreicht endlich den Waldrand, wo wir aus dem thüringischen Altenburger Land unmerklich hinüberwechseln ins sächsische Kohrener Land. Letzteres breitet sich auch gleich als Panorameteppich vor uns aus – unübersehbar dominiert der Bergfried der Burg Gnandstein den Horizont, zu der wir noch gelangen werden. Ein guter Zeitpunkt für eine Rast, um den weiten Blick noch eine Weile auf sich wirken zu lassen.

Dann rollen wir hinein nach Dolsenhain und radeln das kurze Stück bis Gnandstein auf einem Landsträßchen mit mäßigem Verkehr. In Gnandstein bringt uns die Bauerngasse direkt ins Zentrum. Wir halten uns zum Fuß des Burgbergs hin, wo sich kleine Radler sicher für den schönen Märchengarten auf der anderen Straßenseite interessieren werden. Rotkäppchen und Co. freuen sich jedenfalls über Besuch! Dann strampeln wir auf dem Pflaster der Burgstraße recht steil bergan bis zum Tor der mächtigen Feste. Die Burg Gnandstein gehört zu den besterhaltenen romanischen Wehranlagen in Sachsen. Bergfried, Zwinger und Zinnen – das Gemäuer lässt die Herzen nicht nur von Mittelalterfreunden höherschlagen. Da überrascht es wenig, dass ein noch ungehobener Schatz in den uralten Mauern schlummern soll. Auch wenn dieser vielleicht nicht oben auf dem Bergfried zu finden ist – der Aufstieg dorthin belohnt dich mit einem grandiosen Rundblick. Zurück auf sicherem Grund, lädt das Burgrestaurant zu einer zünftigen und verdienten Rast ein (www.gnandstein.de). Schließlich schwingen wir uns wieder aufs Rad und folgen dem Sträßchen gegenüber des Burgeingangs. Die Tour erreicht die Landstraße und führt auf dieser noch einige Höhenmeter bergan. Doch dann sausen wir sehr steil (!) und kurvenreich hinab in das für sein Töpferhandwerk bekannte Kohren-Sahlis. Im Ort leitet uns – gleich beim Parkplatz – ein Radweiser in Richtung Streitwald und damit hin zu den Turmruinen der einstigen Burg Kohren. Die beiden Türme prägen bis heute die Stadtsilhouette und erinnern an die hier einst bestehende Feste, die allerdings ab dem 15. Jahrhundert nach und nach aufgegeben wurde.

Vom Fuß der Ruine unternehmen wir noch einen kurzen Abstecher ins Zentrum und rollen auf der Töpferstraße – vorbei an einigen Töpfereien und am Töpfermuseum – zum Markt mit dem (wie sollte er anders heißen) Töpferbrunnen. Gleich bei dem schönen vom sächsischen Keramikkünstler Kurt Feuerriegel geschaffenen Brunnen lockt das Café Elisenhof mit einem verführerischen Eisangebot (www.hotelelisenhof.de). Du orientierst dich dann wieder zum Weiser unterhalb der Burgruine hin und radelst nun in Richtung Streitwald weiter. Dabei nutzen wir den oberen (linken) der beiden Wege und kommen an einer Sommerrodelbahn vorbei. Auf befestigtem Untergrund verläuft die Tour nun durch den dichten Streitwald, dessen Name tatsächlich auf Besitzstreitigkeiten im 10. und 11. Jahrhundert zurückzuführen ist. An einer großen Wiese passiert die Route eine Schutzhütte, und verläuft nun noch ca. 2 km durch das dichte Grün. Dann radeln wir bei den Häusern des Dörfchens Streitwald geradewegs über einen Parkplatz. Die Beschilderung führt uns auf einen Feldrainweg, der die Bundesstraße quert und sich dann aussichtsreich durch Wiesen und Weiden schlängelt. Wir gelangen nach Frohburg, schwenken vor dem Gelände des Naturbades links auf das Sträßchen Am Stadtbad ein und kommen am Eingang des Bades (www.frohburg.de) vorbei. Lust auf eine Abkühlung? Dann bist du hier genau richtig. Das am Ort eines ehemaligen Steinbruchs entstandene Bad liegt eingebettet inmitten von Wald, Wiesen und Porphyrfelsen. An der verkehrsreichen Brückenstraße schwenkt die Route links und quert gleich den Frohburger Markt mit dem Centaurenbrunnen von 1899 zur Bahnhofstraße hin. Der Radweg neben dieser führt uns nun zum Bahnhof.

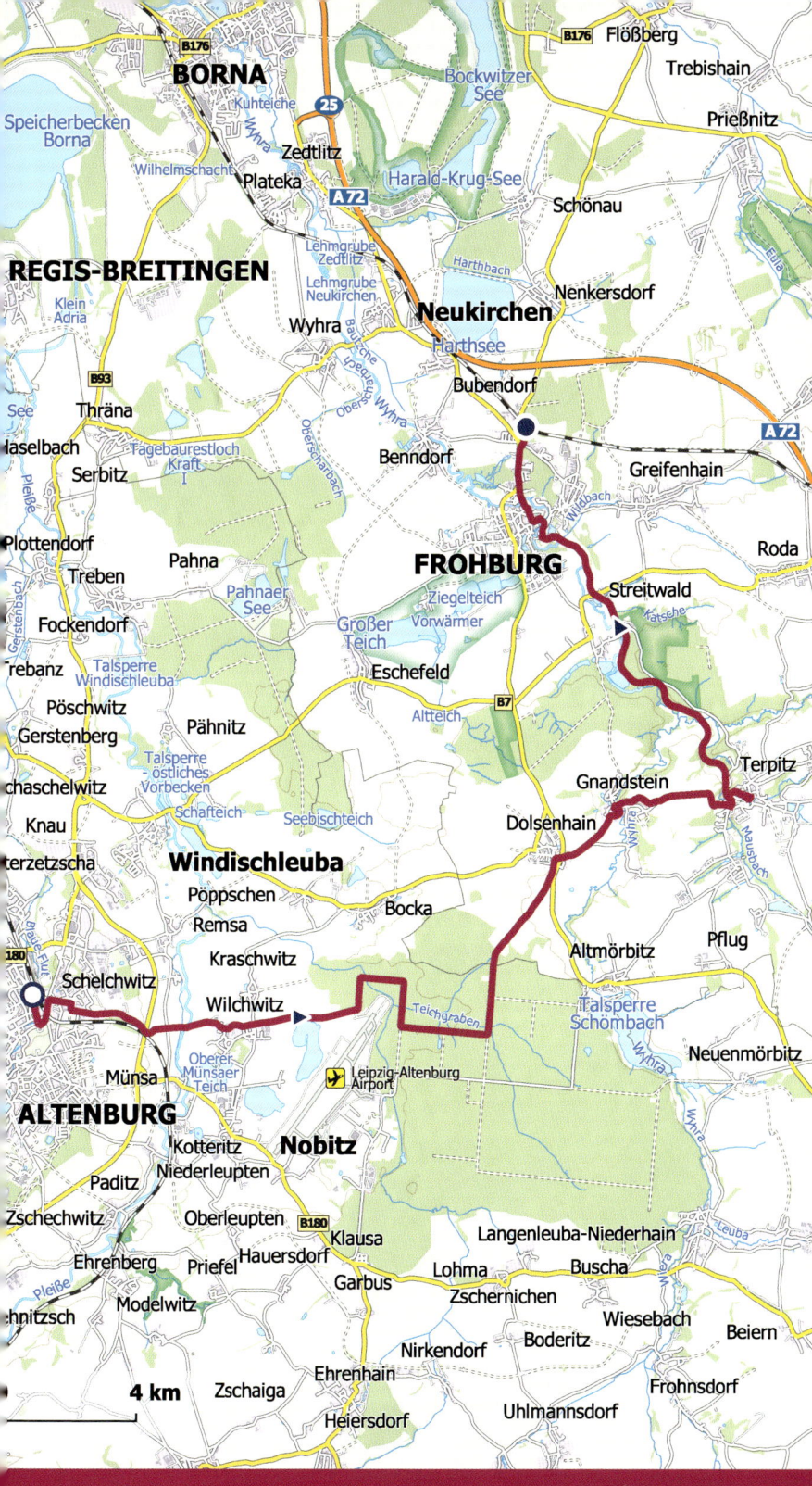

TOUR 12 ZU DEN BURGEN DES KOHRENER LANDES

Aus der City nach Laatzen

13 DIE SEENLANDSCHAFT VON HANNOVER

Start
HANNOVER STEINTOR

16 Kilometer
80 Höhenmeter

Start
PAGODE VIÉN GIÁC

Wir fahren vorsichtig durch den Fußgängerbereich Georgenstraße und Georgenplatz und sodann auf separaten Radwegen ans Maschsee-Südufer. Auf guten Feldwegen radeln wir durch die Seenlandschaft der Leineaue und gelangen auf Ortsstraßen zum geringen Teil mit regem Verkehr ans Messegelände. Alles flach und erholsam.

Vom Steintor aus, dem Tor zur Fußgängerzone, geht's durch die City mit ihren vielfältigen historischen Bauten an den Maschsee. An der Seenlandschaft mit dem Großen Hemminger Teich legen wir eine Pause ein und hören dann das Rauschen der Leine am Leinewehr in Döhren. Vor Laatzen kommen wir am Teichhüs vorbei und besichtigen anschließend das Luftfahrtmuseum Laatzen. Mit der Stadtbahn geht's retour.

Steintor, Kröpcke-Uhr und Opernhaus. Das sind die ersten Stationen auf unserer Radtour durch die Leinemarsch zum Luftfahrtmuseum an der Hannovermesse. Am Steintor, der Name stammt vom Tor in der ehemaligen Stadtbefestigung der Stadt, starten wir zur Radtour, ist sozusagen das Tor zur City und zum Bratwurst-Glöckle. Ein Imbiss mit sagenhafter Currywurst. Anschließend kommen wir zum Drachentöterhaus. Wir schauen die Fassade hinauf und sehen, woher der Name kommt. Auf 12 Uhr erscheint dann die Kröpcke-Uhr mitten auf dem zentralen Kröpcke-Platz. Sie gehört zu den Wahrzeichen der niedersächsischen Landeshauptstadt. 1885 markierte sie als Wettersäule den Eingang zum Café Kröpcke, dem Treffpunkt in Hannover überhaupt. Seit einigen Jahren wird die Uhr nun vom Verein Kulturraum Region Hannover betreut und seitdem für wechselnde Ausstellungen und Kunstaktionen verschiedener Künstler genutzt.

Rechts kommen wir zum Opernplatz mit Opernhaus der Staatsoper Hannover. Ein imposantes historisches Gebäude, in dem Opern, Konzerte und Ballette aufgeführt werden. Die Georgstraße hinunter sehen wir eine Reihe von Statuen, die von Louis Strohmeyer, Karl Karmarsch, Heinrich Marschner und die von Gottfried Wilhelm Leibniz. Der überlebensgroße Bronzekopf am südlichen Ende des Opernplatzes ist eine Hommage an den bedeutenden Philosophen und Universalgelehrten Gottfried Wilhelm Leibniz. Darauf steht sein Leitgedanke geschrieben: „Einheit in der Vielheit". Die andere Seite zeigt das binäre Zahlensystem.

Hier biegen wir in die Baringstraße ein und stoßen auf die Osterstraße. Links fahren wir auf die Aegidienkirche zu. Eine Kirchruine mit hoch aufragendem Turm und Mahnmal. So belassen, wie sie im Zweiten Weltkrieg zerstört wurde. Wir erreichen den Friedrichswall und das Neue Rathaus am Maschteich umgeben vom Maschpark. Drinnen sind vier Modelle von Hannover von unterschiedlichen Epochen zu sehen. An der Willy-Brandt-Allee steht das elegante Haus des Landesmuseums Hannover im Neorenaissancestil mit sieben Jahrhunderten Kunst und Geschichte sowie einer Reise durch drei Welten.

Schon sehen wir das Glitzern der Wasserfläche vom Maschsee, dem maritimen Paradies mitten in Hannover. Am Nordufer biegen wir auf den Radweg längs des Rudolf-von-Bennigse-Ufers ein. Links das Sprengel Museum, rechts die Anlegestelle der Maschseeschifffahrt. Gegenüber schießt die große Wasserfontäne aus dem Wasser, bis 22 Uhr und in verschiedenen Farbfacetten. Schnurgerade geht's nun an der Löwenbastion vorbei zu den Sonnenanbetern im Strandbad Maschsee Südufer. Vor der Bahnbrücke biegen wir rechts auf den Karl-Thiele-Weg ein und fahren dann am Ende des Strandbades links durch die Unterführung ans Ufer der Leine. Gegenüber fahren wir ein Stück am Südschnellweg entlang und erreichen den Großen Ricklinger Teich. Dort folgen wir dem Wasserfehdeweg links unter dem Südschnellweg hindurch und biegen dann auf den Osterbrückenweg rechts ab aufs „Festland".

Dort stoßen wir auf den Hemminger Kirchweg und biegen links zum Strandbad Hemmingen ab. In der Shinebar legen wir einen Stopp ein. Im Seecafé gibt's frische Cocktails, leckere Snacks und immer ein Lächeln. Wenige Meter weiter am Sportplatz gibt's noch das Restaurant Zum Storchennest. Unser Weg führt aber gleich links zum Ufer des Großen Hemminger Teichs und wir halten uns am Südufer links zur Döhrener Straße. Wir queren sie zum Weg am Parkplatz. Hinterm Parkplatz geht's gleich links, das ist der Johann-Duve-Weg, und wir erreichen die Leine an der Leineinsel in Döhren. Gleich rechts am „Balkon" beim Leinewehr „stürzt" sich das Wasser der Leine in die Leine.

Gegenüber wenden wir uns nach rechts und folgen zunächst dem idyllischen Ufer unter herrlichen Bäumen bis zur Brücke. Hier geht's dann links und gleich am Abzweig rechts auf dem Wülfeler Marschweg zur Wilkenburger Straße. Kurz vor der Straße sehen wir die Radrennbahn Hannover linker Hand. Jetzt machen wir einen Abstecher zum Restaurant Teichhüs. Kurz die Wilkenburger Straße nach rechts fahren und dann links zum Restaurant im modernen Landhausstil. Wir satteln wieder auf und fahren auf der Wilkenburger Straße nach rechts und biegen hinterm Parkplatz der Hannoverschen Sportschützen rechts ein.

Unser Weg, breit und schön, führt uns erst rechts, dann links über grüne Wiesen an blühenden Bäumen entlang nach Laatzen. Am Ortsanfang passieren wir ein Hotel und radeln auf der Steinbrink zur Talstraße. Links biegen wir ein und fahren auf Kirche und Schule zu. Wir sind an der Alten Rathausstraße, biegen links ein und kommen am ältesten Gebäude von Laatzen vorbei, der Alten Kapelle aus roten Backsteinen.

An der Neuen Straße schwenken wir ein und queren die breite Hildesheimer Straße. Vor uns liegt der Bahnhof Hannover Messe/ Laatzen. Von der Bahnbrücke zweigt die Stuttgarter Straße links ab. Ihr folgen wir zum Luftfahrtmuseum Laatzen an der Ecke zur Ulmer Straße. Es handelt sich dabei um ein großes Museum mit mehr als 4.500 Luftfahrtexponaten und historischen Flugzeugen.

Beflügelt geht's dem Ziel entgegen. Die Ulmer Straße führt uns an die Karlsruher Straße. Links biegen wir ein und folgen ihr in der Rechtskurve der großen Straße nach links zur Pagode Vién Giác mit einem imposanten Turm am vietnamesischen Glaubenszentrum. Noch geht's geradeaus bis zur Straße Am Mittelfeld. Rechts biegen wir ein und erreichen auf ihr die Haltestelle Am Mittelfeld der Stadtbahnlinie 8. Sie bringt uns zurück nach Hannover Hauptbahnhof. Ziel erreicht.

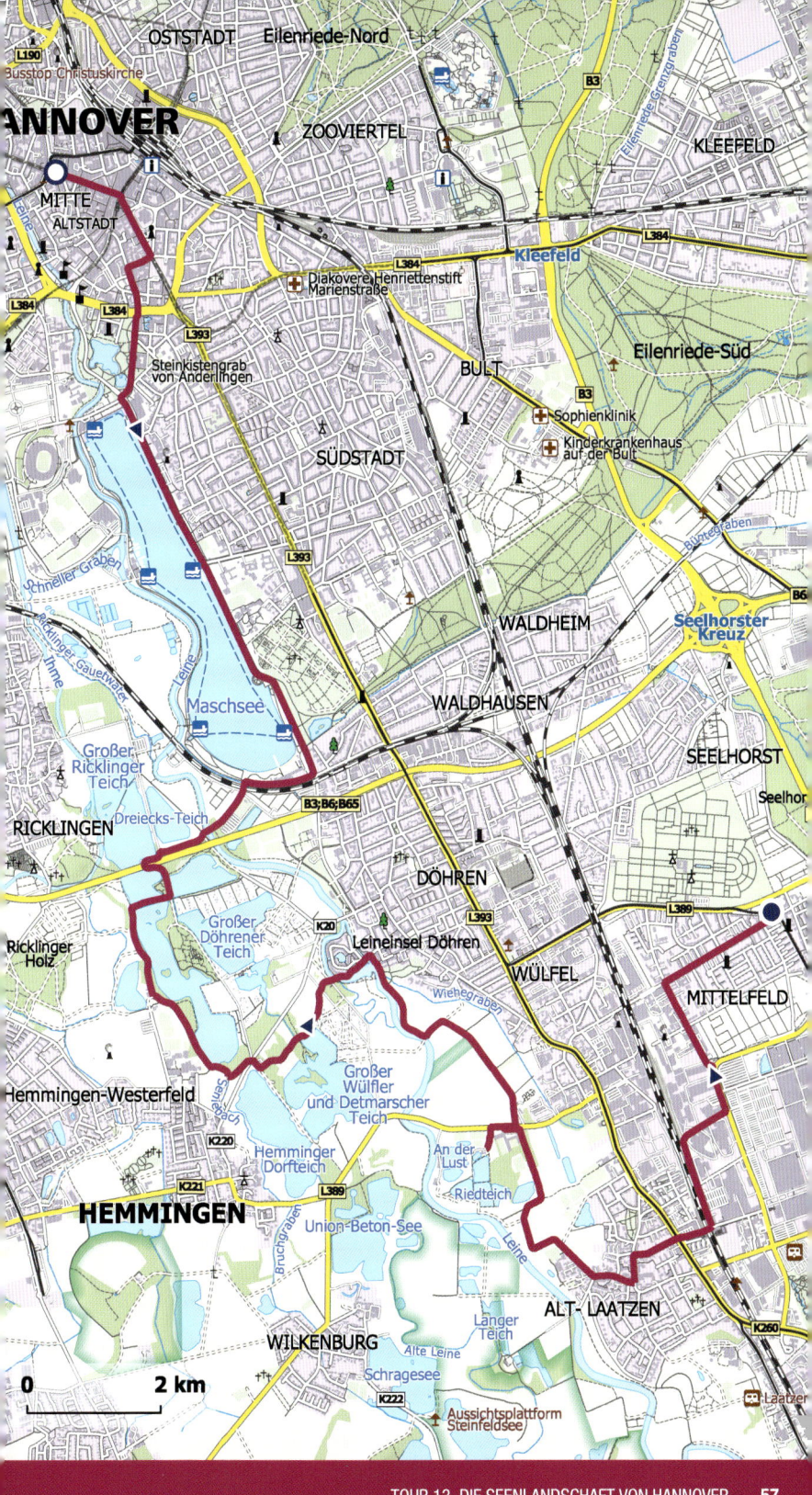

TOUR 13 DIE SEENLANDSCHAFT VON HANNOVER

Familienfreundliche Tour um den Alfsee

14 RUND UM DEN ALFSEE MIT ERLEBNISPARK

Start/Ziel

BAHNHOF RIESTE

27 Kilometer

95 Höhenmeter

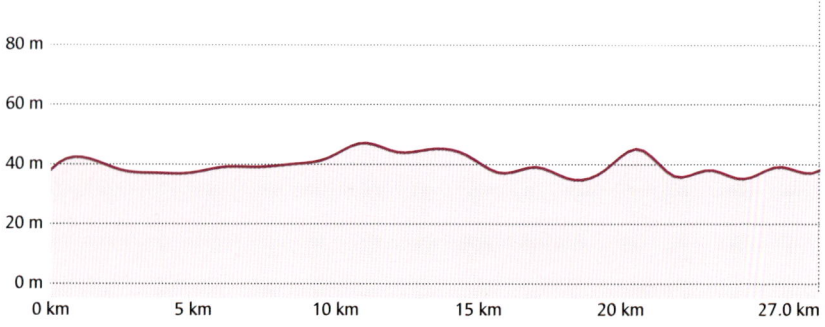

Keine Steigungen, kaum Autos, diese Tour ist ausgesprochen familienfreundlich. Sie beitet im größten Teil zwar keine Sensationen für Kinder, sondern eher die Natur, aber dafür kommt dann im Freizeitpark ein furioses Finale.

Die 27 km dieser Rundtour lassen sich leicht bewältigen, keine Steigungen, bis auf einen Abschnitt nur befestigte, verkehrsfreie oder -arme Wege. Höchstens könnte Wind uns mal stören. Die Strecke kann an einigen Stellen abgekürzt oder auf Wunsch auch verlängert werden. Wir radeln durch eine grüne Landschaft, mal am See, doch meist durch Felder, durch den Ort Alfhausen und an einem malerischen Abschnitt entlang der Hase. Doch zu guter Letzt kommt nach dem Fahrvergnügen das ausgelassene Freizeitvergnügen im Erlebnispark Alfsee (www.alfsee.de). Als Familie mit Kindern bietet sich diese eigentlich kurze Tour damit auch als Ganztagesunternehmung an.

Am Bahnhof Rieste startet unsere Runde eher unspektakulär entlang der Sögelner Straße, vorbei an der kleinen Emmauskirche und dem Gut Varendorf, einer Beauty- und Wellnessfarm (in der man aber nicht mal soeben absteigen kann). Wir fahren nun westlich über die Dorfstaße, die am Bahnübergang zu einem kleinen Pfad mutiert, zu zwei ungewöhnlichen Highlights.

Der Irrgarten Alfsee ist eine kreisförmige Anlage mit beachtlich hohen Hecken, in den Gängen kann man sich prächtig verlaufen. Es soll sich hier um den größten Irrgarten Deutschlands handeln. Eine Brücke über das Chaos gibt einem schließlich einen Überblick über das verwirrende Durcheinander. Auf dem Gelände sind etliche weitere Freizeitangebote zu finden (www.erlebnisland-alfsee.de, Bootshafenstr.2, Rieste).

Genau gegenüber dem Irrgarten, in der Anlage der Arche Alfsee haben Haustiere ihr Zuhause, die auf Bauernhöfen heutzutage keine Rolle mehr spielen und deshalb vom Aussterben bedroht sind. Sie werden in diesem Archepark gehalten und, in Zusammenarbeit mit anderen Archeparks, erhalten. So bekommt man ungewöhnliche Esel, Schweine, Ziegen und Federvieh zu Gesicht. Besichtigungsmöglichkeiten erfährt man über www.arche-alfsee.de (Bootshafenstr. 1, Rieste). Nach nur 1,5 km sind wir dann am Alfsee, einem künstlich angelegten, eingedeichten Becken, das in erster Linie dem Hochwasserschutz dient, sich zudem aber zu einem besonderen Naturgebiet entwickelt hat. In einem Teilbereich neben dem Alfsee ist ein großes Freizeitzentrum, das wir am Ende unserer Tour erreichen.

Auf einer kleinen Halbinsel liegt das Naturschutz- und Bildungszentrum Alfsee sowie ein Café und ein Vogelbeobachtungspunkt. Öffnungszeiten checkt man am besten vorher über www.nbz-alfsee.de. Wir radeln durch die grüne Natur mal unten, mal oben auf dem Deich. Schon bald erreichen wir den Überlaufdamm, der das Absetzbecken vom Hauptbecken trennt. Wir folgen noch kurz dem Ufer und überqueren dann den „Zuleiter", einen künstlichen Arm der Hase zum Alfsee. Die vielbefahrene B 68 lassen wir zum Glück schnell hinter uns. Entspannt ist es, den Thiener Damm entlangzuradeln.

Nach wenigen Kilometern biegen wir kurz links ab zum Café Deko Diele. Auf einem großen modernen Bauernhof mit einem schönen alten Giebel lässt einen die Außengastronomie kaum erahnen, welch liebevoll dekoriertes Café einen im Inneren erwartet. Klassisches wie auch neuzeitliche Dekorationen machen einen Aufenthalt zu einem Erlebnis. Allerdings ist das Café nur sonntags und nach Absprache geöffnet. Deshalb informiert man sich besser telefonisch unter 05439-1226 (Thiener Dorf 15, Alfhausen). Alfhausen ist, außer Rieste, das einzige Dorf auf der Tour. Neben dem hübschen Ortskern mit der Johanniskirche bietet der Ort noch die komplett eingerichtete Alte Schmiede und das Heimathaus, ein über 200 Jahre altes Fachwerk-Heuerhaus, beide an der Thiener Straße. Auch Einkehrmöglichkeiten und Supermärkte finden sich, falls wir eine Stärkung nötig haben.

Wir kommen zum Abzweig zur Biologischen Station Haseniederung. Wer tiefer eindringen will in die Natur der Region, der sollte über Bahnhofstraße und Riester Straße den zusätzlichen Kilometer unter die Räder nehmen. Über www.haseniederung.de erfährt man, wann welche Aktivitäten angeboten werden.

Richtung Osten verlassen wir Alfhausen, kommen am Bahnhof vorbei, an dem leider kein Zug hält, und lassen uns bald an einer Rufschranke den Weg über die Schienen öffnen. Einige wenig aufregende, aber schöne Kilometer liegen vor uns, bis wir an die Hase kommen, genauer an die Tiefe Hase. Eine traumschöne Partie führt uns durch hohen Baumbestand am Flüsschen vorbei, alles Natur pur. Beeindruckend, wie sich mutige Bäume über das Gewässer wagen. Gleich am Beginn eines Wäldchens zweigt rechts ein unbefestigter Pfad ab, ein Geheimtipp, ist er doch auf keiner Karte verzeichnet. Herrlich führt er durch eine schmale Allee, nach längerem Regen kann der Pfad aber etwas matschig werden. (Dann fährt man einfach etwas weiter geradeaus.) Nach 800 m sind wir dann am Reservebecken des Alfsees. Dieses ist äußerst selten geflutet, so ist ein interessantes Feuchtbiotop entstanden, das viele Vögel gerne annehmen.

Nur 2,5 km trennen uns noch vom Erlebnispark Alfsee. Da haben wir zunächst der Kartbahn für Jung und Alt, daneben das Kinder-Autoland. Auf dem nahen Dubbelausee mit Aquapark und Strandarena ziehen auf einer langen Strecke vom Seil gezogene Wasserski-Begeisterte an uns vorbei. Eine Runde Minigolf können wir einbauen. In der zentralen Anlage sind ein Hotel und ein Restaurant, nebenan machen Familien gerne einen Ausflug ins Germanenland, Erwachsene wählen vielleicht eher das Alfensaunaland. Und dann schließen sich noch zwei Campingplätze sowie drei Ferienhauskomplexe an, also Angebote satt. Auf dem knapp zwei km langen Rückweg zum Bahnhof Rieste kommen wir auch noch an den Bullermeck Spielscheunen vorbei, ein Kletter- und Rutscherlebnis für die Kinder, gerade auch bei schlechtem Wetter.

Wer die Tour noch um ein oder zwei Highlights verlängern möchte, bitteschön: 2 km nordöstlich von Rieste liegt die eindrucksvolle Klosteranlage Lage. Und acht km nordwestlich von Alfhausen entfernt können wir noch Ankum besuchen mit dem attraktiven Ambiente rund um den großartigen Artländer Dom.

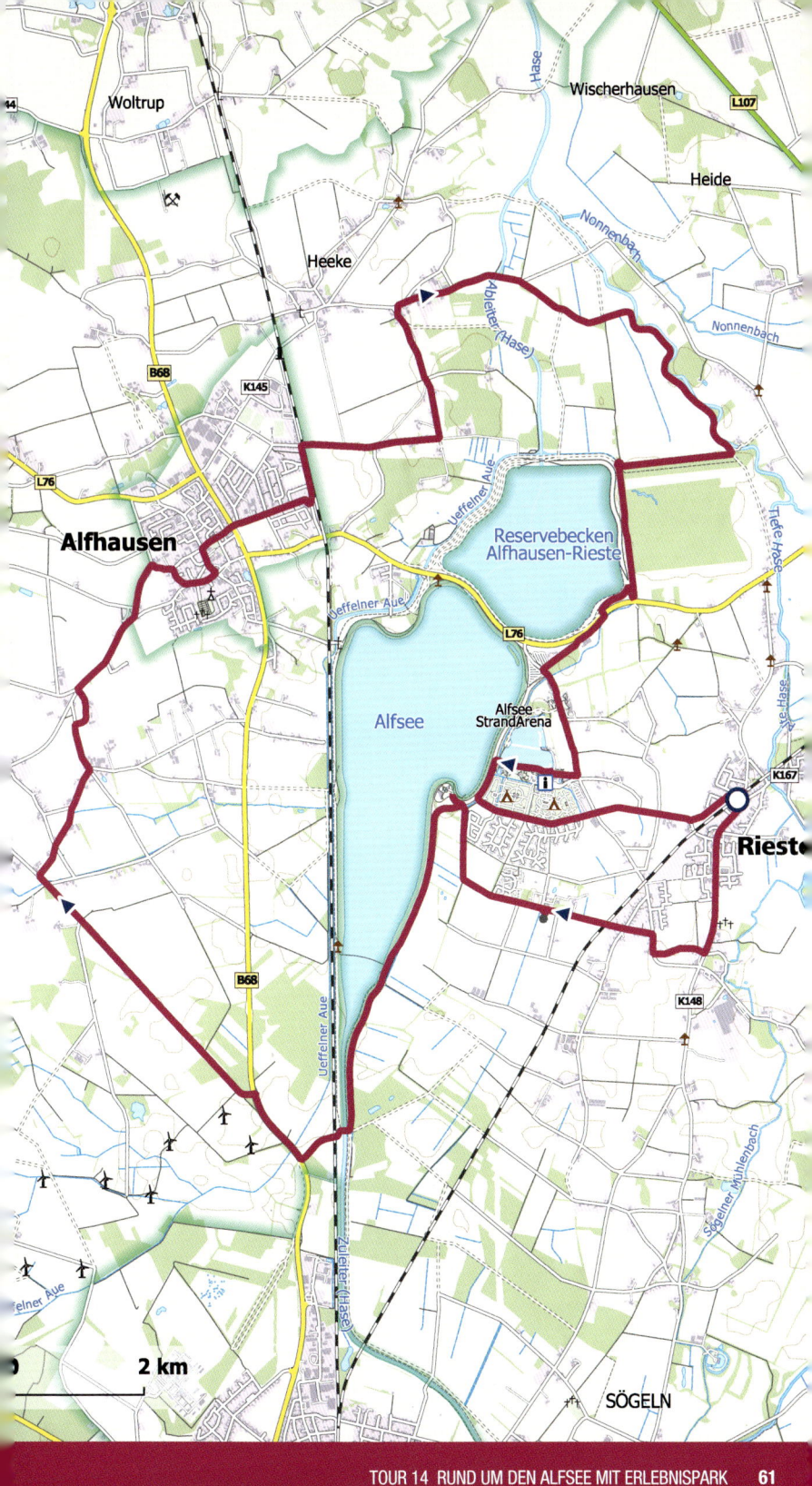

TOUR 14 RUND UM DEN ALFSEE MIT ERLEBNISPARK

Rund um Hagen a.T.W.

15 INS LAND DER KIRSCHBLÜTEN

Start/Ziel

RATHAUS HAGEN

28 Kilometer

410 Höhenmeter

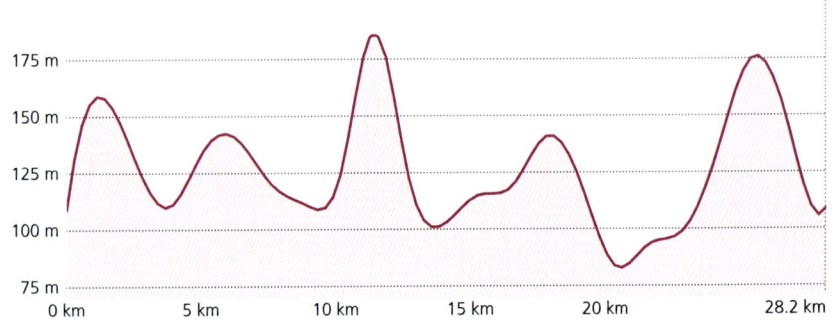

Der 30-km-Rundkurs ist ausnahmslos asphaltiert. Meist radeln wir auf recht ruhigen Nebenstraßen, die aber nicht ganz frei von Autos sind. Mit über 400 Höhenmetern ist die Tour anspruchsvoll, ein E-Bike ist ideal.

Die ausgeschilderte Kirsch-Radroute (Symbol: eine Doppelkirsche und ein Fahrrad) um Hagen ist ein echtes Vergnügen: schöne Ausblicke, etliche Steigungen, eine recht zersiedelte Landschaft, die mit unglaublich vielen verschiedenen Eindrücken begeistern kann. Immer wieder spürt man, wir sind in den Bergen. Darum heißt es auch: Hagen am Teutoburger Wald (a.T.W.).

Am Rathaus Hagen (Schulstr.7) starten wir an der ersten „Kirsche". Gleich nebenan thront die ehrwürdige „Ehemalige Kirche" auf einem großen Platz, die neue St. Martinuskirche liegt gleich gegenüber. Das Pfarrhaus beherbergt ein Töpfereimuseum (Martinistr.9). Die Anreise: Mit dem Auto parkt man am besten am Waldfriedhof (Zum Jägerberg 19), für Wohnmobile ist etwas weiter ein Stellplatz. Vom Bahnhof Natrup-Hagen liegt die Tour etwa 1,5 km östlich. Von Osnabrück aus erreichen wir die Tour per Fahrrad über Sutthausen nach etwa acht Kilometern an der Liedstraße.

Die Kirsche hat eine lange Tradition in Hagen. So wundert es nicht, dass der Ort dieses Obst zu seinem Markenzeichen gemacht hat. Nach kurzer heftiger Steigung, zum Teil schon begleitet von Kirschbäumen, kommen wir zum Kirschlehrpfad mit einer großen Fläche voller Bäume mit ungeahnter Sortenvielfalt. Natürlich ist eine Rundtour hier zur Zeit der Kirschblüte ab Ende April am schönsten. Denn immer wieder werden wir auf der Rundtour auch große Kirschbäume erblicken.

„Zur Hüggelschlucht" heißt unsere hübsch geschwungene Straße, der Blick nach links geht die Hänge des Hüggel hoch, rechts liegt Hagen. Danach müssen wir leider ein wenig der Hauptstraße nach Osnabrück entlangfahren, doch ab der Gärtnerei Otten wird es wieder schön: Durch die hohe Gasse (Liedstraße) rollen wir abwärts, aber Vorsicht, hier fahren auch Autos! Richtig hoch geht's dann die Heggestraße hinauf, kurz vor der Kurve oben, wir schnaufen noch, bitte stoppen und nach hinten sehen, welch ein Panorama! In Bögen umfahren wir den Ellenberg und gelangen, vorbei am Restaurant „Zum Wiesental" (Wiesentalweg 11), an den Rand der Wohnsiedlung Mentrup-Hagen. Doch dann enden die ruhigen Wege nahe der Iburger Straße. Wozu dient der kleine Staudamm hier? – Es ist eine Hochwasserschutzanlage des Dillbaches, die wir galant umkurven. Gleich erwartet uns eine kleine feine Picknickstelle. Von der stark befahrenen Straße nach Iburg hält uns meist ein schöner Radweg in größtenteils sehr angenehmem Abstand.

Von hinten passieren wir bald die große renommierte Hotel- und Gaststättenanlage „Buller" (www.landhotel-buller.de, Iburger Str.35). Schon lange vermissen wir Steigungen. Jetzt, „Am Heidhorn", ist es endlich wieder so weit, wir erreichen für norddeutsche Verhältnisse sagenhafte 183 m Höhe. Und wie gerufen wartet bald eine Bank am Wegesrand auf uns immer noch etwas schwer atmende Radritter und bietet ein herrliches Panorama. Einfach schön bleibt die Landschaft auf den nächsten Kilometern. Wir passieren die Forellenzucht Kasselmann (Forellental 12) und das Restaurant „Zum Forellental" (Forellental 7). An Gründen, diese Radtour durch Einkehr zu unterbrechen, fehlt es also auf unseren Wegen wahrlich nicht.

Wir kommen der Iburger Straße und dem Ort Hagen nochmals recht nahe, halten uns aber links auf „Am Borgberg". Wir passieren ein großes Reitgelände, eine Reithalle und viele weitere Gebäude. Hagen a.T.W. ist auch bekannt für den Pferdesport. Jährlich im April veranstaltet der Hof Kasselmann (Am Borgberg 3, www.hof-kasselmann.de) das internationale Event „Horses and Dreams", das Tausende Besucher anzieht. Die Straße zum sehr abgelegenen Ortsteil Sudenfeld erfordert wieder einiges an Muskelkraft (oder Akku-Leistung), doch die Landschaft entschädigt. Am Hang gelegene Wiesen können doch ästhetisch so schön sein. Von Sudenfeld Richtung Süden ist man bald in den westfälischen Nachbarorten Lienen und Lengerich. Besonders attraktiv ist das Radeln durch das hier beginnende wunderschöne lang gezogene Holperdorper Tal nach Bad Iburg. Aber wir folgen der ausgeschilderten Kirsch-Radroute nach Gellenbeck, leider hat die Straße auch hier anfangs keinen Radweg. Wir durchfahren Teile des Hagener Ortsteiles Gellenbeck. Ruhig und eben sind die folgenden Kilometer Richtung Hasbergen.

Bevor es auf dem letzten Abschnitt wieder bergauf zum Jägerberg geht, erstaunt uns noch die klitzekleine Kapelle „Sieben Schmerzen Mariens". Hundert Meter weiter links befindet sich die Töpferei Niehenke (www.niehenke.eu, Am Plessen 51, Hasbergen). Etliche Kulturevents werden hier veranstaltet. Zudem ist es auch der Geburtsort so mancher Hüggelzwerge. Sogleich wechselt die Landschaft wieder zu lieblich-wellig. Oben bietet der Jägerberg einen tollen Weitblick. Links zweigt eine Straße ab zum gleichnamigen Gasthof Jägerberg (www.jaegerberg.de, Zum Jägerberg 40). Hier beginnt eine Wandermöglichkeit zum Silbersee, die man einbauen sollte. Der Mangel an Wasser wird wettgemacht durch die pittoreske Lage und die Geschichten, die sich um ihn ranken. Es geht um Erzabbau, um versunkene Panzer und tiefe Einblicke in die Erdgeschichte. Ein recht langer unterirdischer Stollen ist begehbar (Anmeldung über www.geopark-terravita.de). Noch zweieinhalb Kilometer, fast nur bergab, trennen uns noch vom Zentrum Hagens. Mit diesem uns schon bekannten Wegstück gelangen wir in den Ortskern, der, falls uns danach ist, alles für Einkehr und Einkauf bietet.

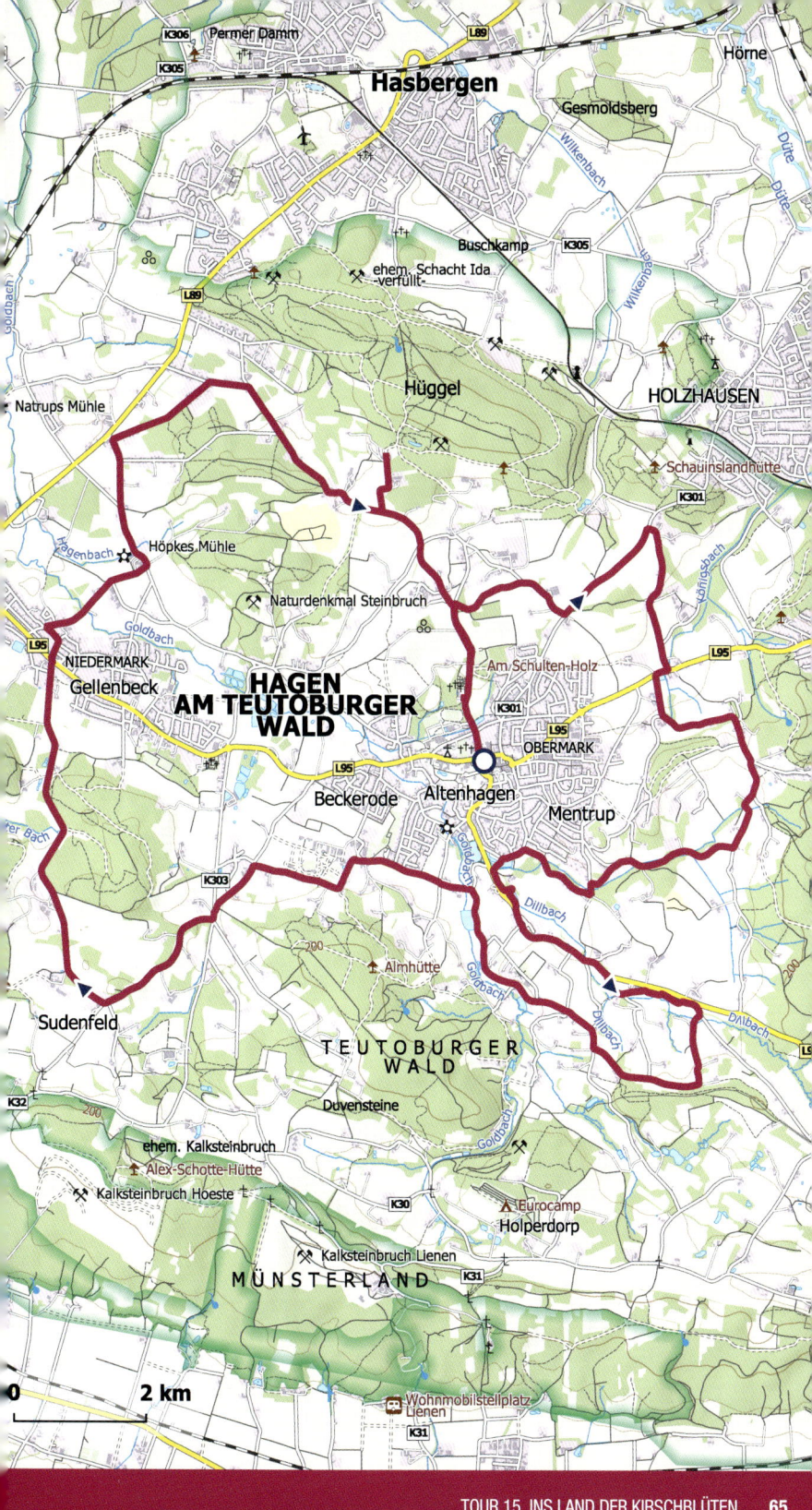

TOUR 15 INS LAND DER KIRSCHBLÜTEN

Viel historisches Gemäuer zwischen Legden und Nienborg

16 SCHÖPPINGEN

Start/Ziel
BAHNHOF LEGDEN

53 Kilometer
115 Höhenmeter

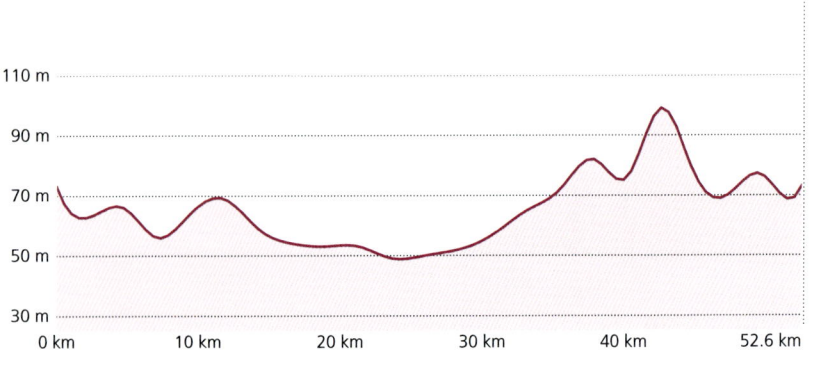

Weitgehend flaches Profil. Wir bewegen uns meist autofrei bzw. mit nur geringem Anliegerverkehr auf in der Regel asphaltierten Wegen. Kürzere Passagen fahren wir auf straßenbegleitenden Radwegen.

Von wegen, im flachen Westmünsterland ist nichts los! Eine ganze Menge ist hier los. Hervorstechend ist dabei sicherlich der Düstermühlenmarkt, einmal im Jahr das bäuerliche Event in der Region und darüber hinaus. Und dazu vielleicht ein bisschen als Kontrapunkt: das Künstlerdorf Schöppingen.

Wir starten am schön im Grünen liegenden Bahnhof in Legden und lassen das Dorf erst einmal links liegen. Am Ende unserer Tour werden wir uns hier genauer umschauen. Wir fahren nach rechts, überqueren die Bahntrasse und sind schon bald beim Haus Egelborg. Das privat bewohnte Wasserschloss – ein typisch münsterländischer, auf zwei Inseln angelegter Adelssitz – hat seine Anfänge um 1400. Das Schloss liegt idyllisch in einem kleinen Wald und beeindruckt durch seine rot-weiß-rote Backsteingliederung. Wir unterqueren die Autobahn 31, auch Ostfriesenspieß genannt. Sie beginnt im Ruhrgebiet bei Bottrop und führt bis nach Emden und damit bis zur Nordsee. Nur am Beginn und Ende der Urlaubssaison herrscht hier reger Autoverkehr, ansonsten hat der Automobilist viel Straße für sich. An der folgenden Wegekreuzung halten wir uns rechts und kommen zum Knotenpunkt 50, an dem wir geradeaus fahren. Später biegen wir nach rechts ab auf den Gescherdamm, halten uns am Kreisverkehr geradeaus (Schumacherring), überqueren die Bahnlinie und fahren nach rechts auf die Tegelstegge, in der Fortsetzung den Düstermühlenweg. An der folgenden T-Kreuzung halten wir uns nach links und folgen den Knotenpunkten 2, 92 und später 95. Wir erreichen die Düstermühle. Schon seit dem 12. Jahrhundert wird die Wasserkraft der Dinkel genutzt, um Korn zu mahlen und Öl zu pressen. Diese Mühle gehört zu den ältesten in der Region. Die Ursprünge des hier stattfindenden – und weit über die Region hinaus bekannten – Düstermühlenmarkts liegen ebenfalls tief in der Vergangenheit. Alljährlich entfaltet der traditionelle Pferde-, Kram- und Kleintiermarkt ein buntes Treiben kaum glaublichen Ausmaßes. Der Kauf eines Pferds (oder einer Ziege oder eines Kaninchens oder …) wird, wie von Alters her, per Handschlag besiegelt. Um den Durst der vielen Besuchenden einigermaßen stillen zu können, haben an diesem Tag – und nur an diesem Tag – drei angrenzende Bauernhöfe zusätzlich zur Düstermühlen-Kneipe Schankrecht; das ist ein jahrhundertealtes Sonderrecht, ehemals in weiser Einschätzung des unbedingt Notwendigen erteilt und bis heute gerne genutzt. Wir freuen uns, dass das Gasthaus „Düstermühle" ein dauerhaftes Schankrecht besitzt. So brauchen wir bei unserer Pause im schönen Biergarten nicht zu verdursten (und Hunger leiden müssen wir auch nicht).

Wir fahren weiter in Richtung Knotenpunkt 95 und kommen ins Naturschutzgebiet Oldemölls Venneken. Venneken ist ein kleines Venn, eine sumpfige Niederung also. Oldemöll heißt alte Mühle – die es hier, benannt nach dem gleichnamigen Hof, vor 600 Jahren gegeben hat. Wir erreichen Heek und fahren dort bis Knotenpunkt 63. Auf der anderen Straßenseite liegt die Pfarrkirche St. Ludgerus. Sie stammt im Kern aus dem 13. Jahrhundert, Chor und Turm sind aber wesentlich jünger. Bei der Innenausstattung sticht das romanische Taufbecken besonders hervor. Wir fahren nun über Ludgeristraße und Bahnhofstraße zu Knotenpunkt 1 und haben dort Nienborg erreicht. 1198 ließ der münstersche Bischof hier zur Sicherung seines Territoriums und des Handelswegs von Münster nach Deventer eine Burg – die neue Burg, Nienborg – errichten. Burgmänner, die mit Familie und Gesinde in benachbarten Burgmannshöfen lebten, hatten dafür zu sorgen, dass Feinde von Nienborg ferngehalten wurden. Aus dieser alten Zeit stammen noch das Hohe Haus, das Lange Haus und Haus Keppelborg – drei von ehemals 30 Burgmannshöfen. Eine Legende aus jenen Zeiten erzählt vom Wilden Bernd. Die Fortsetzung unserer Route verläuft über die Knotenpunkte 45, 8 und 9 bis nach Schöppingen. Vorher kommen wir am Baggersee Strönfeld sowie beim Naturschutzgebiet Samberg vorbei. Ab Knotenpunkt 9 fahren wir in Richtung Knotenpunkt 10, schwenken aber schon vorher nach rechts auf den Radweg an der Steinfurter Straße, passieren den Kreisverkehr geradeaus und fahren im Ort nach links auf die Hauptstraße und dann nach rechts auf die Feuerstiege. Die rechter Hand der Straße liegenden denkmalgeschützten Bauernhöfe, gebaut aus hellem Baumberger Sandstein, gehören zum Künstlerdorf Schöppingen. Hier leben und arbeiten in der ruhigen – und vielleicht auch anregenden – münsterländisch-dörflichen Atmosphäre etwa 40 Literatinnen, Bildende Künstler und Musikerinnen aus aller Welt, für ein Jahr durch ein Stipendium ihrer ökonomischen Sorgen entledigt. Das Künstlerdorf – ein echter Gewinn für Schöppingen, mit einem Hauch von Weltläufigkeit.

Vom Künstlerdorf aus fahren wir über die Amtsstraße und die Von-Galen-Straße in Richtung der Knotenpunkte 91, 90, dann 89. Durch die Bauerschaften Ramsberg und Frettholt kommen wir auf ruhigen Wegen nach Asbeck. Hier stellen wir am besten unsere Räder an der Kirche ab und durchstreifen das schmucke Örtchen zu Fuß. Asbecks Historie ist untrennbar mit dem hier im 12. Jahrhundert gegründeten Kloster und Damenstift verbunden. Durch diverse Schenkungen kam das Kloster schon früh zu beträchtlichem Reichtum, wovon Bauten aus jener Zeit zeugen. Am auffälligsten darunter ist sicherlich das Dormitorium Asbeck, das ehemalige Schlafhaus der adeligen Stiftsfräulein. Um 1200 wurde das romanische Gebäude mit der zweistöckigen Arkadengalerie des Kreuzgangs errichtet. Die Hunnenporte – der frühere Eingang zum Stiftsbezirk –, die Stiftsmühle, das frühere Äbtissinnenhaus und weitere Gebäude geben Zeugnis von der früheren Blüte Asbecks als Stiftsdorf. Nicht zu verachten ist auch die unter Linden und im Schatten der Kirche liegende Gastwirtschaft, die uns zu einer Pause einlädt. Anschließend fahren wir Richtung Knotenpunkt 88 und kommen in den historischen Ortskern von Legden. Auch hier stellen wir unser Rad am besten wieder an der Kirche ab und erkunden das historische Häusergeknubbel am Busshook zu Fuß. In dem benachbarten Sträßchen Hahnenhook können wir über das denkmalgeschützte Kopfsteinpflaster (sogenannte Kattenköppe) aus früheren Jahrhunderten laufen. Am Nordrand des Kirchplatzes ist noch gut sichtbar, wie früher eine Kirchhofsburg, ein Schutzring um die Kirche, angelegt wurde. Wir verlassen den Dorfkern in westliche Richtung und kommen zum Ziel unserer Tour, dem Bahnhof in Legden.

Unterwegs in Münsters Westen

17 MÜNSTERS BAUTEN

Start/Ziel

PROMENADE/ECKE AEGIDIISTRASSE

26 Kilometer

90 Höhenmeter

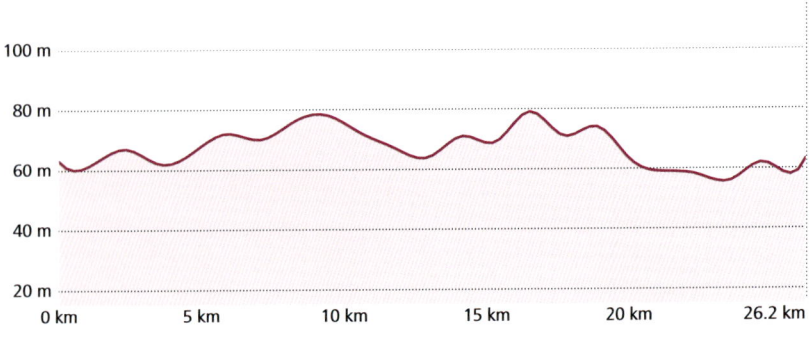

Rundtour mit schönem Mix aus eindrucksvollen Sehenswürdigkeiten, toller Landschaftskulisse und Stopps mit Aussicht, durchgängig auf guten Wegen locker zu radeln! Einladende Einkehrmöglichkeiten nach 2/3 der Tour und in großer Vielfalt zurück in Münster. E-Bike-Ladestation auf Burg Hülshoff.

Entspannt-kompakte Tour durch die schöne Stadt(Um)landschaft in Münsters Westen, bei der man im Vorbeifahren Bekanntschaft mit einer der bedeutendsten deutschen Dichterinnen macht und in den Genuss grandioser Baukultur kommt! Einladende Stopps unterwegs und wieder in Münster.

Mit Blick auf den Aasee starten wir am grünen Innenstadtring Promenade/Ecke Aegidiistraße und atmen akademisch-urbanes Flair bei der Fahrt durch den „Unisektor" – viele Gebäude der Universität Münster, mit ca. 60.000 Studierenden einer der größten in Deutschland, liegen im westlichen Innenstadtbereich. An der Gerichtsstraße gelangen wir rechts wieder auf die Promenade. Hier lässt uns der Panoramablick auf Schloss Münster mit seiner leuchtenden Fassade aus dem hellem Sandstein der nahegelegenen Baumberge und rotem Backstein anhalten. Von 1767 bis 1787 vom bedeutendsten Baumeister des Westfälischen Barocks Johann Conrad Schlaun erbaut, war es bis Anfang des 19. Jh. Residenzschloss des Fürstbischofs und ist seit den 1950er Jahren Sitz der Hochschulverwaltung. Der idyllische Botanische Garten im Schlosspark (Mo–So 8–19 Uhr) ist nicht nur für Biologiestudierende einen Besuch wert, denn hier gibt es den Taschentuchbaum und tausende andere faszinierende Pflanzen aus aller Welt zu entdecken. Über Neutor und Steinfurter Straße radeln wir zur Gasselstiege, die uns auf den nächsten Kilometern bald ins Grüne führt. Links ab auf die gleichnamige Straße kommen wir zum Wasserschloss Wilkinghege mit Ursprüngen als Wasserburg im 14. Jh. (Steinfurter Straße 374, 48159 Münster). In dem ehemaligen Landgut befindet sich ein Hotel. Den Abstecher belohnt der schöne Anblick des Schlosses über die Gräfte.

Nach Überquerung der Steinfurter Straße sind wir nun endgültig in der Münsterländer Parklandschaft angekommen und können die Weite aus Feldern, Wiesen und Wäldern genießen. Wir radeln über schmale Pättkes und halten uns rechts auf den Horstmarer Landweg, der hier doch deutlich ruhiger ist als nahe der Studierendenwohnheime in Innenstadtnähe. Am Gievenbach geht's links und bald wieder rechts ab über die A 1. Dahinter liegt das von viel Grün umgebene wunderschöne Haus Rüschhaus. Auch hier war Schlaun am Werk, der das frühere Lehngut von 1745 bis 1749 im Stil des Spätbarocks und inspiriert sowohl von Münsterländer Gräftenhöfen als auch dem französischen Landhausstil zu einem Sommersitz umbaute und selbst nutzte. Von 1826 bis 1846 lebte hier Annette von Droste-Hülshoff (1797–1848), die zu den wichtigsten deutschsprachigen Poetinnen und Poeten nicht nur des 19. Jh. zählt und für die regionale Literaturgeschichte bedeutend ist. Im Schreibzimmer auf Haus Rüschhaus, dem „Schneckenhäuschen", schrieb sie die berühmte Judenbuche und weitere

Werke mit Bezug zu Natur und ihrer westfälischen Heimat. Ein Rundweg an der Gräfte führt rund um das Haus mit dem malerischen Nutz- und Ziergarten dahinter. Er lädt ein, diesen besonderen historischen Ort von allen Seiten zu bestaunen.

Wir befinden uns übrigens am östlichsten Punkt des 2021 als Freiluft-Kulturerlebnis auf den Spuren Droste-Hülshoffs eröffneten Droste-Landschaft: Lyrikwegs (www.lyrikweg.net), den wir auf den nächsten Kilometern begleiten. Dieses „Outdoor-Museum" vermittelt auf der von der Dichterin oft gelaufenen Strecke zwischen Haus Rüschhaus und Burg Hülshoff an thematischen Stationen viele Informationen und inszeniert historische Texte, zeitgenössische Literatur und Audiostücke. Vieles davon erlebt man direkt an den Infostationen am Weg, die Hör-Infos über die zugehörige App. Wir biegen also am Haus Hürländer vom Rüschhausweg in den Twerenfeldweg. Vorbei an Pferdewiesen erreichen wir dann rechts auf der gleichnamigen Straße die früher viertürmige Wasserburg Haus Vögeding, die in der heutigen Form im 16. Jh. erbaut wurde. Der schöne Blick übers Wasser auf das imposante lang gestreckte Bauernhaus mit Rundturm und Bauerngarten davor lohnt den Stopp! Auch dieses Haus gehörte der Familie von Droste-Hülshoff, auf ihren Wegen soll Annette hier regelmäßig eingekehrt sein, um sich im Turmzimmer mit einer Buttermilch zu stärken.

Ein Stück weiter an der Hülshoffstraße haben wir eine großartige Aussicht in die sattgrüne Natur der Flussaue entlang der Münsterschen Aa. Nach Überquerung der Hohenholter Straße folgen wir weiter dem Lyrikweg und radeln über die geschotterte Allee Schonebeck direkt auf Burg Hülshoff zu. Hier, wo Annette geboren und aufgewachsen ist, gibt es nicht nur das wundervolle Renaissance-Wasserschloss zu entdecken, das in der heutigen Form zwischen 1540–1545 erbaut wurde, sondern auch super Picknickmöglichkeiten im Schlosspark! Im Droste-Museum erhält man Einblicke in das Leben der Dichterin und ihrer adligen Zeitgenossen. Wir folgen der Havixbecker Straße und gelangen bald zu einer einladenden Möglichkeit für eine Einkehr in Roxel. Dazu halten wir im schönen Ortskern Ausschau nach dem St.-Pantaleon-Kirchturm und steuern den „gemeinsamen" Biergarten an: In der Gaststätte Kortmann kannst du thematisch passend zur Tour herausfinden, was sich hinter dem „Drosteteller" verbirgt. Auch direkt nebenan beim Restaurant Brintrup zeigt der Blick auf die Speisekarte eine schöne Auswahl saisonaler Spezialitäten der westfälischen Küche. Schon mal ein Krüstchen probiert? Natürlich gibt's in beiden Lokalen auch Vegetarisches.

Über die Dorffeldstraße und am Rohrbusch vorbei geht's nach einem Stück am Meckelbach bald auf die Altenroxeler Straße und dann rechts in den Mecklenbecker Landschaftspark. Über die Mecklenbecker Straße erreichen wir den Aasee, ein zentrales und äußerst beliebtes Freizeitgebiet in Münster. Kurz vorm Ziel steigen wir am Ende der Bismarckallee vom Rad und finden an der berühmten Claes-Oldenburg-Skulptur „Aasee Kugeln" einen perfekten Platz für den Sonnenuntergang!

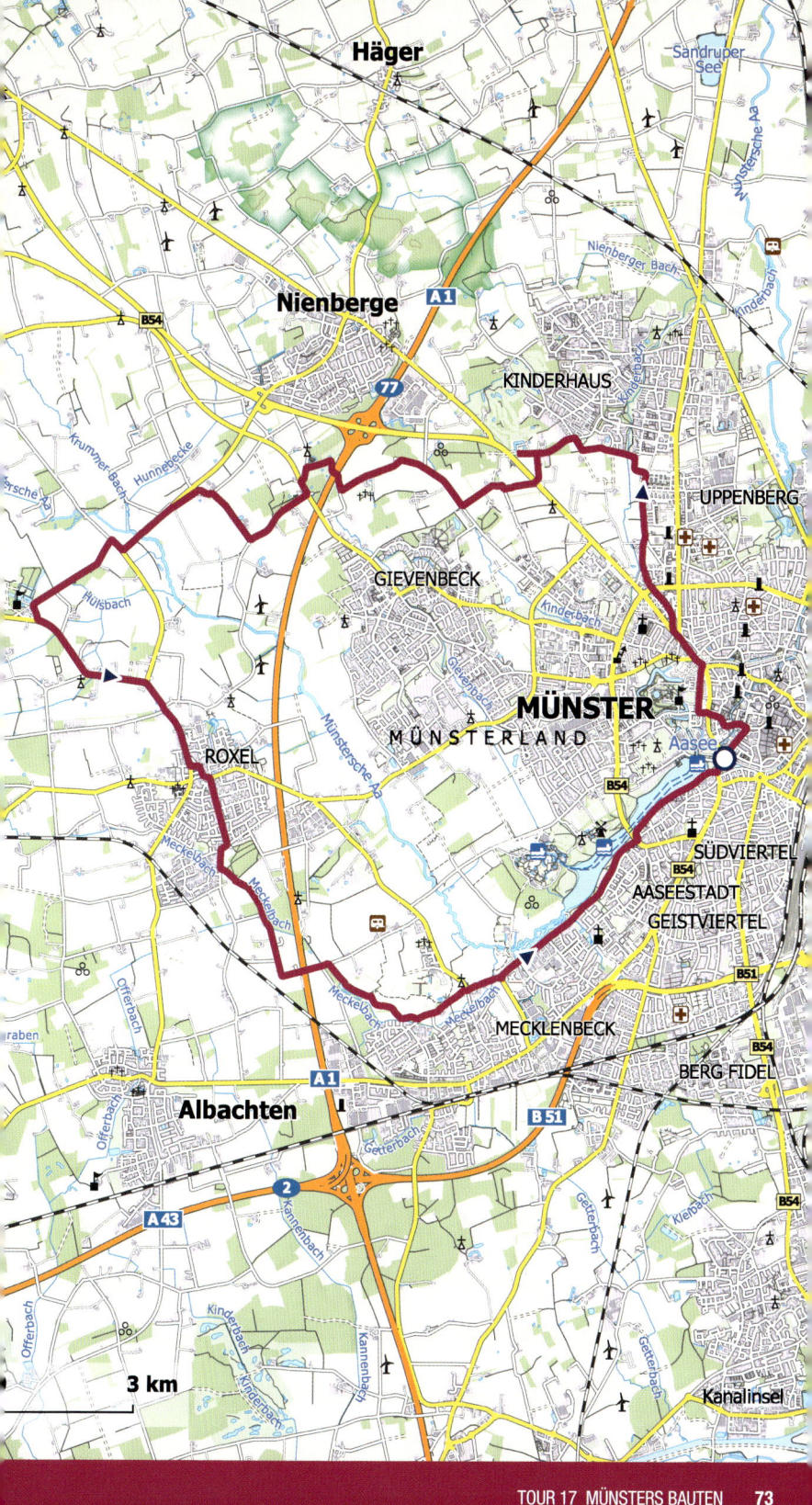

Südlich von Münster durch Hohe Ward, Davert und

18 DAS VENNER MOOR

Start/Ziel

HOTEL KRAUTKRÄMER

28 Kilometer

95 Höhenmeter

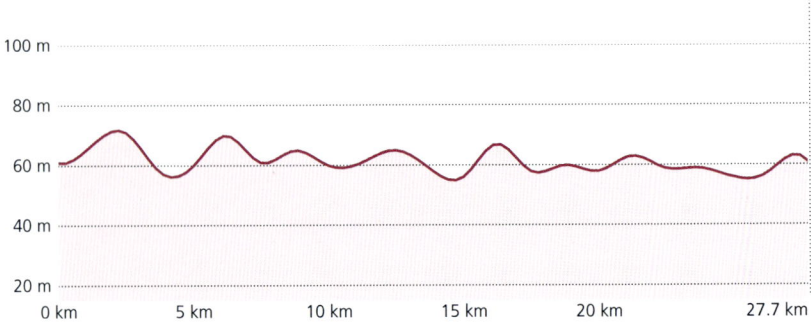

Die Tour verläuft auf (hin und wieder auch schmalen) Waldwegen, asphaltierten Bauerschafts- und Radwegen, auf einer mäßig befahrenen Kreisstraße sowie auf dem Uferweg des Dortmund-Ems-Kanals. Das Streckenprofil ist weitestgehend flach.

Wald, Wasser und Spökenkiekerei – das ist der fürs Münsterland nicht ganz untypische Mix, den wir bei dieser Tour auf uns wirken lassen. Wir staunen nicht schlecht, wenn wir mit unserer Leeze – so heißt das Fahrrad hier – das viele Grün durchstreifen, das sich im Grenzbereich zwischen der Stadt Münster und den Kreisen Warendorf und Coesfeld befindet.

Am Parkplatz des Hotels Krautkrämer (www.krautkraemer.de) beginnen wir unsere Tour – und sollten gleich innehalten, um uns an eine zwar weit zurückliegende, aber immer noch ans Herz gehende Geschichte zu erinnern: Als 1974 die deutsche Fußballnationalmannschaft durch ein 2:1 im Finale gegen die Niederlande Weltmeister wurde, hatten die holländischen Fußballer ihr Quartier hier im Hotel Krautkrämer. Und mittlerweile weiß man auch, warum „Oranje", seinerzeit hoher Favorit auf den Titel, mit seinem Superstar Johan Cruyff im Finale gegen die Beckenbauer-Elf eher schwach aufspielte: Die lebenslustigen Oranje-Fußballer hatten einige hübsche Hiltruper Mädels zu Gast und in Krautkrämers Hotelpool gab es eine feuchtfröhliche und textilarme rauschende Party. Das führte zu unerwünschten Komplikationen, zum Beispiel bei Johan Cruyff: Frisch verheiratet, musste er durch nächtelange Telefonate mit seiner Ehefrau verhindern, dass sie sich auf der Stelle von ihm scheiden lassen würde; so kriegte Johan kaum Schlaf … Das führte zu seinem schwachen Auftritt beim Finale und dann wurde Deutschland Fußballweltmeister.

Wir fahren über das Waldpättken (Radwegweisung > Amelsbüren) entlang des westlichen Ufers des Hiltruper Sees, queren den durch die Hohe Ward führenden Hauptweg und dann die Bundesstraße 54. Schon nach wenigen Metern biegen wir auf den eher unscheinbaren Waldweg nach links ab zum Haus Heidhorn. In dem ehemaligen Gutshof, dessen Ursprung bis ins 13. Jh. zurückreicht, befindet sich heute die NABU-Naturschutzstation Münsterland. Vielleicht haben wir Lust, unser Rad für eine Weile an die Seite zu stellen, uns hier auf den Natur-Erlebnispfad zu begeben und auf diese Weise unseren Sinnen etwas Gutes zu tun. Später setzen wir unsere Fahrt in südliche Richtung fort, halten uns an der T-Kreuzung des Waldweges nach rechts und kommen bald auf die Straße Nottebrock, der wir für gut 2 km bis zur Davertstraße folgen. Wir biegen nach links ab und wiederum nach gut 2 km nach rechts (> Ottmarsbocholt). Bald sind wir am Zugang zu der linker Hand befindlichen NABU-Beobachtungsplattform im Naturschutzgebiet Davert. Von hier haben wir einen guten Blick auf die hier weitgehend wild lebenden Konikpferde und die aueroxhsähnlichen Heckrinder. Mit der Wiederansiedlung der urtümlich wirkenden Tiere wurde hier ein Zustand wiederhergestellt, wie er bis vor 200 Jahren natürlich zur Landschaft gehört hatte. Wir radeln weiter in westliche Richtung, fahren nach 350 m nach links (> Ottmarsbocholt) und überqueren anschließend im Rechtsbogen die Autobahn Hansalinie. Unmittelbar nach der Brücke biegen wir nach rechts ab und folgen dem Weg Kreuzbauerschaft. Unterwegs können wir uns rechterhand an Saalmanns See – sagen wir besser: an Saalmanns Seechen – ein wenig ausruhen und unsere Füße kühlen. Wir wenden uns nach 500 m nach rechts (> Venne) und kommen nun in einen Bereich der Davert, in dem wir uns gut vorstellen können, dass wir in der Abenddämmerung oder frühmorgens, wenn der Nebel noch im Gehölze steht, der Spinnlenor begegnen könnten. Das alte verhärmte Hutzelweib sitzt einsam auf einem Baumstumpf und muss ohne Unterlass Tag und Nacht Laken aus Leinen nähen als Strafe dafür, dass sie früher zu kleine Haspeln benutzt und so die Leute betrogen hat. Und wenn wir ganz konzentriert hinhören, vernehmen wir ihr Wehklagen: „Huhu, huhu … kurte Haspel, schmall Laken, huhu, huhu, huhu!" So ist das mit der Spökenkiekerei, mit dem Spintisieren … Vielleicht erinnern sich die Älteren unter uns noch an ihre Schulzeit und an die Spinnlenor in der Ballade „Der Knabe im Moor" von Annette von Droste-Hülshoff. Sie, die Münsterländerin, kannte die Spukgeschichten sehr gut. Nach gut 1 km halten wir uns links und sind bald am Kirchlein St. Johannes Baptist in Venne. Dieses Kirchlein, eine Kneipe, ein paar Höfe rundherum und viel mehr nicht – das ist Venne. Wir sollten einen Blick ins Innere der fast 800 Jahre alten Kapelle werfen. Die aus dem 16. Jh. stammende ornamental bemalte Holzdecke ist einzigartig in Westfalen. Auf der anderen Seite der Straße können wir im Biergarten des Gasthofes „Venner Moor" entspannt sitzen und unseren körperlichen Flüssigkeitshaushalt neu justieren.

Wir fahren auf der Venner Straße ca. 500 m in südliche Richtung und biegen dann nach rechts ab auf die Straße Dorfbauerschaft; nach 1 km wenden wir uns nach dem Linksknick der Straße nach rechts und einem weiteren Kilometer wieder nach rechts (> Bohlenweg Venner Moor). Nach 500 m sind wir am Dortmund-Ems-Kanal. Wir halten uns rechts auf dem Kanal-Uferweg und kommen nach ca. 1,3 km an die Stelle, an der rechts ein Weg ins Venner Moor führt. Diesem sandigen Waldweg folgen wir für ca. 150 m und stehen dann inmitten der Moorflächen. Wir sehen ein ehemaliges Hochmoor, früher wurde hier Torf gewonnen. Seit den 1950er Jahren ist das Venner Moor Naturschutzgebiet, einige bedrohte Tier- und Pflanzenarten sind hier heimisch, wie zum Beispiel der Brombeerzipfelfalter, der Baumfalke oder das Knabenkraut. Und als die Macher des Münster-Tatorts – das ist der Krimi mit Professor Boerne und Kommissar Thiel – für einen ihrer TV-Filme die geeignete Stelle für eine Moorleiche suchten, fanden sie hier den richtigen Platz. Wir begeben uns zurück zum Kanaluferweg und fahren weiter in nordöstliche Richtung (> Amelsbüren). Nach Unterquerung der Autobahn sehen wir auf der anderen Seite des Kanals das Areal des Hansa-Business-Parks. Hier ist die Forschungsfabrik Batterie (FFB) im Entstehen, ein von Bund und Land NRW mit insgesamt 700 Millionen EUR gefördertes Innovationsprojekt, mit dem die massentaugliche Produktion von Batteriezellen erforscht und befördert werden soll. Wir erreichen Amelsbüren, den südlichsten Stadtteil Münsters. Nach weiteren 3,5 km stehen wir wieder vor dem Hotel Krautkrämer. Wem nach Abkühlung ist, kann die Tour im gleich nebenan liegenden Freibad Hiltrup ausklingen lassen.

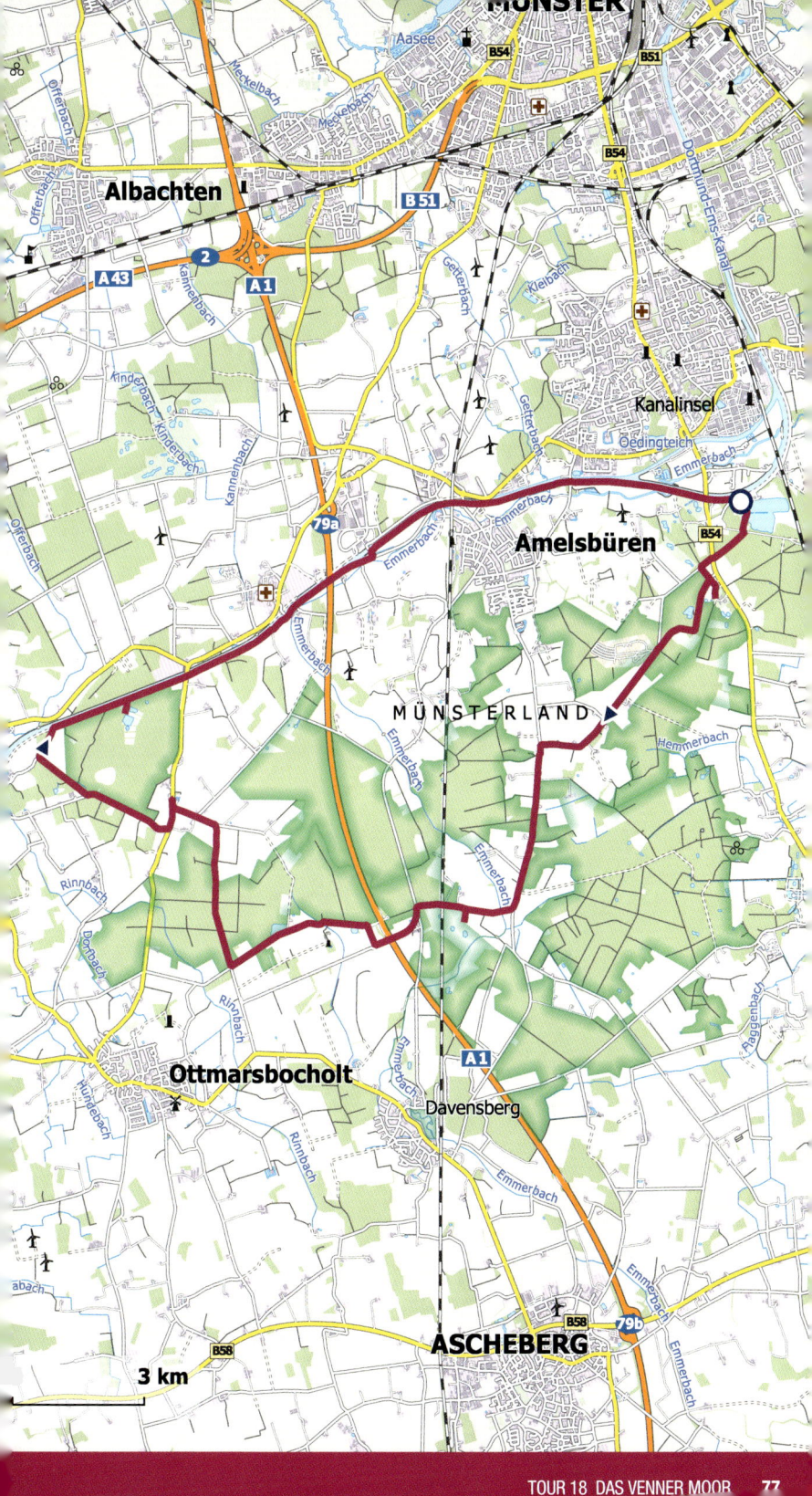

Ganz am südlichen Rand des Münsterlandes

19 ZECHEN – DEUTSCHE INDUSTRIERUINEN

Start/Ziel

PARKBAD AHLEN

30 Kilometer

65 Höhenmeter

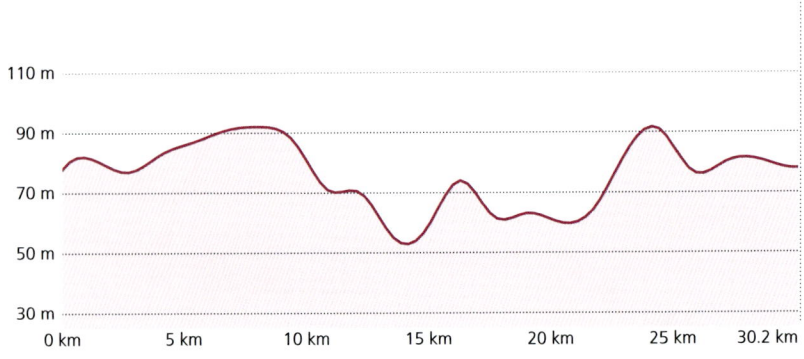

Diese Rundtour ist überwiegend flach; lediglich zwei Abschnitte weisen eine längere leichte Steigung auf. Wir fahren auf durchweg verkehrsarmen oder Kfz-freien Wegen; die sind durchgängig gut zu befahren: Wir rollen entweder auf Asphalt oder auf komfortabler naturbelassener Oberfläche. Der Radverkehr auf der Strecke ist überwiegend sehr ruhig, auch an Wochenenden (mit Ausnahme der Partie beim Schloss Oberwerries).

Steinkohlezechen im Münsterland? Ja, sie gab es, und zwar ganz im Norden in Ibbenbüren und ganz im Süden, in Ahlen und in Hamm-Heessen, wo wir vorbeikommen. Die Förderung dieses fossilen Energieträgers ist heute Geschichte. Nur die Halden und Teile der früheren Über-Tage-Bauten erinnern daran, dass der Steinkohlebergbau einstmals ein wichtiger Wirtschaftsfaktor gewesen ist.

Wir starten am Parkbad in Ahlen und verabschieden uns vom farbenfrohen Riesen-Zauberwürfel, der vor dem Bad steht. Auch den beiden bunten Mammutfiguren winken wir zu. Die wollen uns daran erinnern, dass im Jahr 1910 bei Grabungen in Ahlen ein 18.000 Jahre altes Skelett eines Wollmammuts gefunden wurde. Das Knochengerüst dieses imposanten Tiers kann man im Heimatmuseum (Wilhelmstraße 12, www.ahlen.de) bestaunen. Man hat beim Stadtmarketing diesen archäologischen Sensationsfund aus dem frühen 20. Jh. zum Anlass genommen, eine Vielzahl von kleinen Mammutfiguren im ganzen Stadtgebiet verstreut aufzustellen. Das Parkbad-Gelände verlassen wir in westliche Richtung und sind sofort an der Werse, der wir nach links folgen. Nach Unterqueren der Bahnlinie biegen wir links ab (> Hamm), dann gleich nach rechts (> Ahlen Mitte). Nach links fahren wir in die Friedrich-Ebert-Straße, queren die Hammer Straße und kommen auf der Bachstraße zum Richterbach, an dessen Ufer wir nun für ein ganzes Stück nach Süden fahren. Bald befinden wir uns auf einer schönen Weidenallee, den Bahndamm zu unserer Linken und Pferdekoppeln und Kopfweiden auf der rechten Seite. Sie gehören zur Bauerschaft Oestrich. Im Linksbogen fahren wir durch den Oestricher Holt; hier können wir im „Alten Forsthaus Frielick" ein hübsches Päuschen im Grünen einlegen. Weiter geht es vorbei am militärischen Standortübungsgelände – das Bummern der Übungsschießen kann man manchmal hören – und schließlich erreichen wir Hamm-Heessen. Kurz vor der Bahnunterführung biegen wir vom Frielicker Weg nach rechts ab auf den Weg Im Landwehrwinkel, dem wir im Linksknick folgen; bald haben wir die Alfred-Fischer-Halle erreicht.

Was heute Alfred-Fischer-Halle heißt, war früher die Maschinenhalle der von 1912 bis 1976 betriebenen ehemaligen Zeche Sachsen. Der Name „Sachsen" nimmt Bezug auf die Herkunft der Betreiber-Gewerkschaft, die ihren Stammsitz bei Gründung der Anlage in Sachsen-Anhalt hatte. Die nüchtern-elegante Backsteinarchitektur der Gebäude nimmt klassizistische Stilelemente auf und wirkt eher bescheiden-funktional. Ein interessanter industriegeschichtlicher Pfad führt über das frühere Zechengelände und die heute bewachsenen Halden. Wenn wir den Geschichtspfad gehen, können wir zum Beispiel erfahren, dass ganze Scharen der früher hier beschäftigten Bergarbeiter den Weg von zu Hause zur Zeche (und nach Schichtende wieder zurück) mit dem Fahrrad absolvierten. Ihre Leeze konnten die Kumpel in einem zecheneigenen Fahrradparkhaus wettergeschützt unterstellen und Reparaturen wurden gleich in der dazugehörigen Werkstatt erledigt. Heute wird das Gelände durch verschiedene kommunale und Landeseinrichtungen sowie von Unternehmen genutzt; darunter ist auch eine kleine Rösterei, deren Kaffee wir in der benachbarten Eisdiele genießen können. Wenn wir uns die Zeit nehmen und auf die Halde steigen, werden wir mit einem sehr schönen Panoramablick belohnt. Anschließend fahren wir zurück, biegen nach rechts ab auf den Dasbecker Weg, überqueren die Bahnlinie, kreuzen die Ahlener Straße und fahren auf der Amtsstraße bis zu deren Ende. Wir queren die Dolberger Straße und kommen über die Fährstraße (> Hamm Zentrum) bis zur Lippe. Der Fluss bildet die Grenze zwischen dem Münsterland im Norden und dem Ruhrgebiet im Süden bzw. dessen Fortsetzung Soester Börde. Der Radwegweisung Schloss Heessen und Schloss Oberwerries folgend sind wir nun in den Lippeauen. Eben waren wir noch dort, wo der Bergmann einstmals seiner schweren Arbeit nachging, nun stehen wir vor dem ersten Schloss in malerischer Umgebung: Haus Heessen, dessen Ursprünge bis ins 12. Jh. zurückreichen, beherbergt heute ein Privatgymnasium. Wenig später sehen wir, wie sich das Schloss Oberwerries träumerisch im Wasser seiner Gräfte spiegelt. Vielleicht erinnern wir uns des Turner-Wahlspruchs „frisch – fromm – fröhlich – frei" und machen uns unter diesem Motto auf das letzte Drittel unserer Tour.

Wir folgen der Radwegweisung Lippefähre. Mit der Kraft unserer Armmuskeln schippern wir auf der kleinen Handfähre über die Lippe ans südliche Ufer. LUPIA heißt das grüne Wasserfahrzeug, das ist das lateinische Wort für Lippe. Das benutzten die in Germanien als Besatzer weilenden Römer, wenn sie, wahrscheinlich von Haltern aus, auf dem Lippe-Fluss in Richtung Soester Börde unterwegs waren. Wir fahren weiter Richtung Lippborg durch die Oberwerrieser Mersch und schwenken dann am Haarener Weg nach links über die Brücke. An der Heessener Straße geht es nach rechts bis in den Ort Dolberg. Wir biegen nach rechts ab in die Combrinkstraße, der wir im Linksknick folgen. Im Weiteren fahren wir Richtung Ahlen und stoßen bald auf die Zechenbahntrasse mit ihrem ganzen Komfort: Kein Autoverkehr, der Wegebelag glatt wie ein Babypopo, und voraus grüßt der Gipfel der Osthalde der ehemaligen Zeche Westfalen. Auf den früher auf der Trasse vorhandenen Eisenbahnschienen fuhren seinerzeit die Zechenzüge, die die geförderte Steinkohle zum Lippehafen brachten. Am Fuß der Osthalde treffen wir auf den Werseradweg, den wir nun, nach links fahrend, nutzen. Nach 250 m machen wir dann noch einen Abstecher nach rechts in den Zechenpark Ahlen. Von 1913 bis 2000 wurde hier – aus ziemlich großer Tiefe – Steinkohle gefördert. Heute wird das Areal als Gewerbefläche für kleinere und mittlere Betriebe sowie als Veranstaltungs- und Event-Meile genutzt. Die Fördertürme stehen noch, die kann man im Rahmen einer Führung sogar besteigen. Auch gastronomische Einrichtungen tragen dazu bei, dass sich der Zechenpark zunehmender Beliebtheit erfreut. Zurück am Werseradweg radeln wir das noch verbleibende kurze Stück, immer entlang der Werse, bis zum Parkbad Ahlen. Wir haben unser Ziel erreicht.

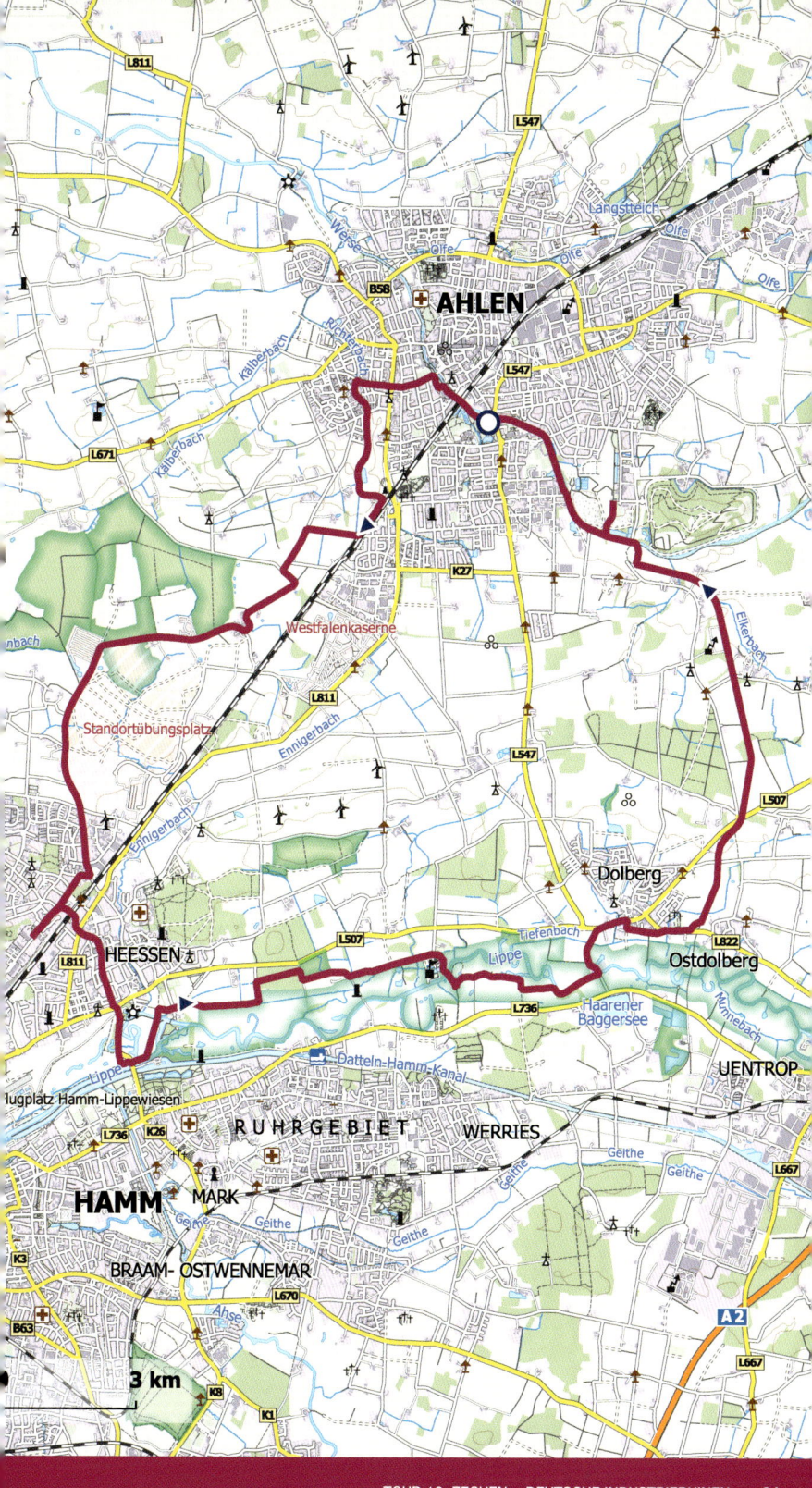

Meditative Tour von Haltern über Olfen durchs Halterner Zweistromland

20 NACH HALTERN AM SEE

Start/Ziel

HALTERNER MARKT

48 Kilometer

80 Höhenmeter

Nahezu frei von Autoverkehr, befestigte Wege, zu 80 % am Fluss-, See- oder Kanalufer. Badesachen und Fernglas einpacken.

Wenn es mal so richtig naturnah zugehen soll, geht es zwischen die bewaldeten Höhenzüge von Haard, Hoher Mark und Borkenberge – gemeinsam die Halterner Berge. Wir tun es Stever und Lippe gleich, den zwei Flüssen, die sich zwischen den Höhen hindurchschlängeln. Und auch vom Stillstand der Kanäle und Seen auf unserem Weg lassen wir uns an vielen schönen Rastplätze inspirieren.

Der Halterner Bahnhof hat jüngst endlich Aufzüge und einen Südausgang erhalten, sodass schon die Anreise entspannt verläuft. Sollten wir noch eine Portion Luft für die Reifen oder ähnliches benötigen, werden wir bei der DB Radstation fündig. Dann schwingen wir uns gut gelaunt in den Sattel und radeln los, wechseln bei erster Gelegenheit auf die Südseite der Schienen und fahren parallel nach Nordwest: Schon ist das Nordufer des Halterner Sees erreicht. Auf unserer einen Seite die schaukelnden Boote und vielleicht etwas Frühnebel oder die Spiegelung der Sonne, den Waldrand auf der anderen – an dieses Bild können wir uns gewöhnen, denn so ähnlich verlaufen die nächsten Kilometer. Möglicherweise erspähen wir am gegenüberliegenden Ufer ja schon die Bank, auf der wir zum Ende der Tour unser Abschlussgetränk genießen. Nachdem wir am Campingplatz die Landstraße überquert haben und dem rot markierten Radweg weiter Richtung Olfen folgen, wird der See- zunächst zum Flussuferweg. Denn der Halterner See ist ein Stausee des Flüsschens Stever, wie auch der folgende Hullerner Stausee, an dessen Südufer wir bald entlangradeln. Hier ist es nun schon deutlich ruhiger und die Blicke von mancher einsamen Bank unter den Bäumen lassen den Eindruck entlegener Natur aufkommen. Das namensgebende Örtchen Hullern liegt etwa 500 Meter abseits unserer Route, beim dortigen Dorfladen können wir uns bei Bedarf mit Verpflegung eindecken. Nach insgesamt etwa 12,5 Kilometern erreichen wir das Ende des Hullerner Sees, queren die Landstraße und umfahren den Hof Vinnemann.

Für kurze Zeit verlassen wir den beschilderten Radweg und fahren zwischen Feldern und Wiesen parallel zur Stever, bis wir auf den Alten Postweg am Waldrand treffen. Kurz vor der Kreisstraße fahren wir links über eine neue Fahrradbrücke und das Naturschutzgebiet Steveraue empfängt uns mit einem Bilderbuchanblick: Vor uns liegt ein Rastplatz im Schatten einer mächtigen Eiche, dahinter fällt ein breiter Sandstrand zur Stever hin ab, am anderen Ufer steht die 700 Jahre alte Füchtelner Mühle. Eine Experimentierstation macht erlebbar, wie Flussrenaturierung funktioniert, und Infoschilder erklären, was Eisvogel, Otter & Co, davon haben. Beim Naturschutz helfen einige Tiere auch direkt mit: Heckrinder, Konikpferde und Esel sind als vierbeinige Landschaftspfleger das ganze Jahr im Einsatz und halten den Unterwuchs in Grenzen. Wer möglichst nah ran mag, fährt ein paar hundert Meter am Südufer der Stever zum Sternbusch. Ansonsten haben wir vom Ausblicksturm an unserem nächsten Stopp auch einen guten Blick auf die Weide. Vorher bietet die Füchtelner Mühle noch eine Möglichkeit zur Einkehr. Alternativ können wir uns auch im Selbstbedienungshäuschen des Biohofs Mehring mit allerlei Köstlichem versorgen. Nach dem gemächlichen Dahinradeln an der Stever können wir nun der Entschleunigung noch die Krone aufsetzen: Mitten in der Aue finden wir den Floßanleger, von dem es regelmäßig öffentliche Floßfahrten durch das Naturschutzgebiet gibt – nach Vorbestellung sind auch Extrafahrten möglich .

Zu unserer entspannten Grundstimmung passt der weitere Weg: Wir kommen zunächst zum alten Bett des Dortmund-Ems-Kanals, überqueren auf einer alten Steinbogenbrücke die Stever und fahren nun halb über, halb an Olfen vorbei. In die sehr ruhige Ortsmitte Olfen locken uns diverse Cafés und Eisdielen, oder wir halten uns gleich oben, auf dem Deich. Dieser wird bald zur Alten Fahrt: Hier verlief früher der Dortmund-Ems-Kanal, bis die Deichlage in den 1930ern keine Erweiterung zuließ und der ganze Kanal verlegt wurde. Es blieb ein lang gestrecktes Gewässer unter Bäumen, das zugleich ein Ort wundersamer Ruhe und ein toller Radweg in Nord-Süd-Richtung ist. Eine weitere Besonderheit eines hochgelegenen Kanals: Er muss andere Wege überqueren und auch Flüsse. Das erleben wir, wenn wir auf der alten Kanalbrücke die Lippe überqueren. Ebenso wie die Stever wird auch die Lippe in den letzten Jahren immer weiter renaturiert. Am Ende der alten Fahrt, nach weiteren 2 Kilometern, erreichen wir das Große Wasserkreuz von Datteln, die wichtigste Kreuzung der westdeutschen Binnenschifffahrt. Links von uns verläuft der Dortmund-Ems-Kanal (die Neue Fahrt), weiter vor uns erahnen wir den Anschluss des Hamm-Datteln-Kanals und nach rechts erstreckt sich der Wesel-Datteln-Kanal, dem wir ab hier folgen werden. Vom anderen Ufer grüßt das Ruhrgebiet, unter anderem in Form des Kohlekraftwerks Datteln 4, das 2020 trotz beschlossenem Kohleausstieg und unwirksamem Bebauungsplan neu ans Netz ging. Nachdenklich wenden wir uns nach Westen und fahren auf dem gut ausgebauten Kanaluferweg wieder Richtung Haltern.

Wir passieren eine Schleuse, danach hat die Fahrt am Kanalufer etwas meditatives, so sehr können wir uns dem gleichmäßigen Tritt und der langsam vorbeigleitenden grünen Landschaft hingeben. Hin und wieder begegnen wir einem Binnenschiff, aus Tschechien, den Niederlanden, Polen ... Halb Europa scheint hier in ruhiger Fahrt vereint. Unmittelbar vor der nächsten Schleuse zweigen wir leicht rechts ab und gelangen zur Lippefähre. Die „Maifisch" ist zwischen April und Oktober quasi rund um die Uhr in Betrieb, dafür müssen wir allerdings selbst Hand anlegen: Per Kette und Kurbelrad ziehen wir uns über den Fluss. Auf dem anderen Ufer kurbeln wir mit den Beinen weiter, zum nächsten Highlight der Tour: Die Westruper Heide darf nur zu Fuß betreten werden, dafür lohnt es sich aber definitiv, das Rad auf dem nahgelegenen Parkplatz abzustellen. Gerade im Spätsommer und Herbst ist die weite, flach bewachsene Heidelandschaft ein farbenprächtiger Anblick, eingerahmt von sandigen Hügeln und Kiefernwald. Nun ist Haltern wieder nah und damit auch der See: Der breite Radweg an der Landstraße bringt uns zum Südufer, an dem wir Richtung Stadt radeln, auf der Ausschau nach dem perfekten Platz für die Abendsonne. Vielleicht finden wir ihn auch in Jupp's Biergarten. Vorbei am Seebad unterqueren wir die Bahnstrecke und kommen zu guter Letzt zum Halterner Marktplatz.

Von Dülmen durch den Merfelder Bruch nach Lette

21 ZU DEN WILDPFERDEN VON DÜLMEN

vom
BAHNHOF DÜLMEN

nach
LETTE

30 Kilometer
65 Höhenmeter

Die Durchfahrt durch Dülmen erfolgt meist auf straßenbegleitenden Radwegen, im Wildpark und einzelne Partien im Merfelder Bruch fahren wir autofrei auf guten unbefestigten Wegen. Der größte Teil der Gesamtstrecke führt über asphaltierte Bauerschaftswege mit nur mäßigem motorisierten Anliegerverkehr.

Die Dülmener Wildpferde – einzigartig in Mitteleuropa! Zu Recht darf sich das Stadtmarketing dieses Alleinstellungsmerkmal auf die Fahnen schreiben. Eine Herde von etwa 400 Tieren lebt im Merfelder Bruch – ein echtes Highlight. Wichtig für unsere Tourenplanung: Nur am Wochenende und an Feiertagen haben wir Zugang zur Wildpferdebahn!

Wir beginnen unseren Tour vorbei einem nicht ganz alltäglichen Verkehrsgebäude: Der Bahnhof Dülmen ist nämlich einer von nur drei in NRW betriebenen Turmbahnhöfen. Das heißt, dass sich hier zwei Bahnlinien (die Linien Düsseldorf–Hamburg und Dortmund–Enschede) kreuzen und sich das ganze Ein- und Ausstiegsgeschehen in einem „Turm" mit zwei Etagen abspielt. Los geht's! Die rot-weiße Fahrradwegweisung gibt uns Orientierung, es geht nach Dülmen Mitte. Am Lüdinghauser Tor, in seinem Grundbestand aus dem 14. Jh, können wir erkennen, dass Dülmen einstmals eine nicht ganz unbedeutende Ansiedlung mit einer Stadtbefestigung gewesen ist. Hervorgegangen aus einer sächsischen Bauernsiedlung erhielt Dülmen 1311 die Stadtrechte und wurde später Mitglied des westfälischen Hansebunds. Bei unserer Weiterfahrt durch das Zentrum ist unschwer zu erkennen, dass die Gebäude nicht sehr alt sind: Es sind fast ohne Ausnahme Nachkriegsbauten. Noch in den letzten Kriegstagen im Münsterland, am 22. März 1945, ging ein verheerender Bombenhagel auf Dülmen nieder. Ein Pilot der britischen Royal Air Force erinnerte sich: „Als wir (nach der Bombardierung) Aufklärung flogen, hatten wir Schwierigkeiten, Dülmen überhaupt noch zu finden. Es war eine Wüste mit einigen Ruinen darin." Und das war nicht die erste üble Kriegserfahrung Dülmens: Im Dreißigjährigen Krieg zum Beispiel wechselte die militärische Besatzung der Stadt innerhalb des Jahres 1635 nicht weniger als zwanzig Mal. Bei der Wildpferde-Skulptur stimmen wir uns auf das eigentliche Thema unseres heutigen Leezen-Ausflugs ein: die Dülmener Wildpferde. Sie haben die Stadt weit über NRW hinaus bekannt gemacht. Wir nehmen den Weg Richtung Merfeld und Wildpark.

Den Herzögen von Croÿ mit ihren Möglichkeiten ist nicht nur die Existenz der Dülmener Wildpferde, sondern auch der schöne Wildpark zu verdanken. Die von Croÿs gehören zu einem nordfranzösischen Adelsgeschlecht, das 1803 durch die Preußen für ihre linksrheinischen Gebietsverluste entschädigt wurde, indem man ihnen ein Stückchen aus dem untergegangenen Fürstbistum Münster, Dülmen und Teile seiner Umgebung, zusprach. Ab 1864 entstand der Wildpark in Anlehnung an englische Landschaftsgärten. Wir durchfahren den Park in westliche Richtung (> Reken), unterqueren die Autobahn und erreichen die Gaststätte „Haus Waldfrieden". Hier können wir eine Pause einlegen. Anschließend orientieren wir uns wieder an den Radwegweisern. In den Bauerschaften Börnste und Esphorst fahren wir zuerst in Richtung Bahnhof Maria Veen, dann Coesfeld und schließlich folgen wir der Wegweisung Wildpferdefangbahn. Beim Straßenschild „Bauerschaft" machen wir einen Stopp. Was, bitte, ist eine Bauerschaft? Wir stehen am Pfosten mit Straßennamen-Schildern in alle Richtungen, und ausnahmslos in alle Richtungen heißen die Wege „Bauerschaft". Erst die hinzugefügten Hausnummern könnten uns, würden wir eine bestimmte Adresse suchen, weiterhelfen. Eine Bauerschaft ist eine ländliche Ansiedlung, eine Nachbarschaft aus verstreut liegenden Bauernhöfen. Schon seit Jahrhunderten gibt es im Münsterland diese Siedlungsform. Wer in einer Bauerschaft lebt, weiß – bis heute – ganz genau, auf welchen Nachbarn er sich wofür verlassen kann (und umgekehrt); das ist genauestens geregelt und geht hin bis zu der Frage, welcher Bauerschaftsbewohner welchen Nachbarn in welcher Weise wann über eine Geburt oder einen Todesfall zu informieren hat. Und, wen wundert's, feiern kann man in den Bauerschaften, da ist das jährliche Schützenfest nur die Spitze des Eisbergs. Wir kommen zur Wildpferdebahn. Auf dem Wegweiser haben wir Wildpferdefangbahn gelesen: Das ist das kleine „Stadion", in das einmal im Jahr die Wildpferde getrieben werden, um die einjährigen Junghengste zu fangen und aus der Herde zu nehmen. Nur dadurch ist gewährleistet, dass die Herde in ihrer 3,6 km² großen Wildbahn vor Inzucht und lebensgefährlichen Rangkämpfen unter den Hengsten verschont bleibt und somit auf Dauer überlebensfähig ist. Wildpferde im Merfelder Bruch wurden schon 1316 erwähnt. Mit zunehmender Inanspruchnahme des Lands durch Menschen wurde die Pferdepopulation mehr und mehr zurückgedrängt. Erst als um 1850 die Herzöge von Croÿ den noch verbliebenen Tieren auf ihrem umfangreichen Landbesitz einen geschützten Lebensraum zur Verfügung stellten, wurde die Herde wieder größer. Sie umfasst heute mitsamt Fohlen um die 400 Tiere. Der Zugang zur Wildbahn ist in der Zeit von Mitte März bis 1. November an Wochenenden und an Feiertagen bei gutem Wetter in der Zeit von 10 bis 18 Uhr möglich. Der Eintritt ins Gelände beträgt 3 Euro. Wir verlassen die Wildpferdebahn auf demselben Weg, den wir bei der Herfahrt genutzt haben, wenden uns nun aber nach Merfeld. Kurz nach dem Ortseingang dort halten wir uns Richtung Coesfeld, kommen an einem griechischen Restaurant vorbei, durchfahren den Ort und sind nach knapp 3 km, nach Überquerung der Bahnlinie, am Rhododendronwald.

Insbesondere im Mai und Juni entfalten die hier von einer Gärtnerei in einem Kiefernwald kultivierten Rhododendren eine beeindruckende Farbenpracht. Schon vor mehr als 50 Jahren hat der Rhododendronzüchter Gustav Rüskamp das im Wald versteckte Gehölz-Paradies angelegt. Diesen Augenschmaus sollten wir uns auf keinen Fall entgehen lassen. Wir folgen weiter der rot-weißen Fahrradwegweisung und radeln parallel zur Bahntrasse bis zum Eisenbahnmuseum in Lette. Die Eisenbahn-Freaks unter den Feierabend-Ridern können sich an den hier stehenden historischen Waggons und allerhand anderem alten Dampfross-Equipment ergötzen. Gleich nebenan ist der Bahnhof Lette, und hier ist das Ziel unserer Radtour. Mit der Regionalbahn Richtung Dortmund fahren wir zurück nach Dülmen.

Entschleunigte Radrunde

22 VOM SCHLOSS IN DIE NATUR: RAESFELD

Start/Ziel

SCHLOSS RAESFELD

32 Kilometer
110 Höhenmeter

Da die Tour weitestgehend über befestigte, kaum befahrene Straßen und Feldwege führt, ist sie auch für selbstfahrende Kinder und Anhänger geeignet. E-Bike-Ladestation gibt es u. a. am Startort am Schloss Raesfeld und nach Km 22,5 bei der Gaststätte Vennebauer (Borkener Str. 20, 46499 Hamminkeln).

Alle, die es nach Feierabend noch aufs Rad zieht, finden am Schloss Raesfeld die perfekte Ausgangslage für eine gemütliche Sundowner-Tour. Ehe wir unsere Runde starten, können wir das Highlight, das eindrucksvolle Wasserschloss, vor die Linse holen. Anschließend führt uns der Radweg durch eher ruhige Landschaften, die zum Auftanken einladen. Kühles Blondes inklusive!

Was für eine Aussicht! Direkt vor uns, eingebettet in die Ortschaft, das beeindruckende Wasserschloss Raesfeld, dessen Mauern die Geschichten von Belagerungen und Freiheitskämpfen erzählen. Der perfekte Platz, um bei einem erfrischenden Spritzer die letzten Sonnenstunden zu genießen. Das Bonbon zum Abschluss wäre also gesichert. Aber erstmal aufs Rad. Wir starten unsere Tour am Parkplatz an der Tourist-Info im Naturparkhaus Tiergarten Schloss Raesfeld (Tiergarten 1, 46348 Raesfeld). Um die Kulisse noch einmal richtig wirken zu lassen, schieben wir unsere Räder über das Gelände von Schloss Raesfeld. Von den ehemals vier Flügeln stehen heute nur noch der westliche mit dem charakteristischen stufenförmigen Turm sowie der nördlich angrenzende Altbau samt wiederaufgebautem Rundturm. Das Schloss Raesfeld hat übrigens den höchsten Turm aller westfälischen Schlösser.

Jetzt geht's los und wir kommen in die Gänge. Wir fahren durch die Siedlung am Schloss, links am neu angelegten Teich vorbei, verlassen den Kreisverkehr an der Nordseite und biegen gleich links ab in die Straße Ant Stäppken. Wir nehmen die dritte Abzweigung rechts und folgen ein gutes Stück dem Straßenverlauf bis wir die Homerstraße kreuzen. Hier tauchen wir in die Kulisse ein, die uns auf den kommenden Kilometern bis kurz vor unserem Ziel umgeben wird. Weiden und Felder, soweit das Auge reicht, hier und da von kleineren Baumgruppen, Wäldchen oder Höfen unterbrochen – und dazwischen ganz viel Weite. Die ideale Route, um stressige Tage hinter sich zu lassen und den Blick mal wieder in die Ferne zu richten. Es geht nach rechts in die Straße Lanzenhagen bis zur Issel. Laut Überlieferung lauerten an der Überquerung der Issel einst Zwerge, die Fremde nachts mit ihren bedrohlichen Rufen in die Flucht schlugen. Aber sicher nicht mit uns! Wir machen höchstens eine kurze Pause für ein Foto mit dem Hoho-Männchen und radeln weiter auf dem Alferdingweg.

Wir überqueren die Weseler Landstraße und folgen dem Krommerter Weg geradeaus bis zur Straße Besbringhook, auf die wir nach links abbiegen. Immer der Nase nach schlängeln wir uns durch die Felder und passieren lediglich hier und da mal einen Hof, bis wir schließlich auf den Krüsskamp stoßen. Dort biegen wir nach rechts ab, ehe es für uns nach nur wenigen Metern auf dem Schoomäkerweg weitergeht – immer noch durch nicht enden wollende Felder. Rechtsabbiegend führt uns der Ächterkommert für gut 1,2 Kilometer durch die ruhige Landschaft, an der nun auch einige dichtere Waldstücke liegen, die uns herrlichen Schatten spenden. Am Linnhöwel verlassen wir die Gerade nach links: Wir treten in die Pedale und folgen der Straße mit all ihren Schlenkern immer weiter, bis uns der Schnepfenweg noch weiter hinein in das Feldermeer führt. Weit und breit ist kein einziges Haus mehr zu sehen. Einzig die Rufe der Vögel begleiten uns jetzt noch auf unserem Weg ins Naturschutzgebiet Dingdener Heide über den Elsenweg und die Büngerner Heide. Der Großteil des Schutzgebietes ist Offenland, das von charakteristischen Sträuchern, immergrünem Laub und Heidekrautgewächsen geprägt ist. Es umfasst aber auch frühere Kulturlandschaften, die jahrhundertelang bäuerlich bewirtschaftet wurden. Heute ist die Heide der perfekte Lebensraum für zahlreiche Vogelarten – es gibt also viel zu entdecken.

Weiter geht's erst nach rechts auf den Joostenweg, an der folgenden Kreuzung links auf „Zur Hohen Heide". Tipp für alle Land-Shopaholics: der kleine Umweg zum etwas südlich gelegenen „Hofladen Schäfer" (Mo-Fr 9–18:30, Sa 9–17, So 11–17 Uhr, Borkener Str. 12, 46499 Hamminkeln, Tel. 02856 463, www.hof-schaefer.de). Alle anderen sparen sich die Hauptstraße und fahren stattdessen weiter auf den kleinen, ruhigeren Straßen gen Osten: Auf den Langenhoffsweg folgen der Kapellenweg, die Stegge sowie der Melkweg. So weit konnten wir dem Straßenverlauf folgen. Nun biegen wir rechts ab in den Markenweg, der von Fischzuchtteichen auf der einen und weiten Feldern auf der anderen Seite gesäumt ist. Am Ende der Straße erreichen wir den Landgasthof Zum Vennebauer. Wie wäre es mit einer kurzen Verschnaufpause bei einem kühlen Bierchen in der Abendsonne? Sobald die Gläser geleert sind, folgen wir der Borkener Straße ein kurzes Stück nach links, um dann rechts in den Havelicher Weg einzubiegen. Der Buschmannsweg führt uns nach links, bis wir ihn nach rechts auf den Isseltalweg verlassen.

Hinter der Siedlung Havelich lassen wir die Weiten endgültig hinter uns und steuern stattdessen nach links in das dichte Waldgebiet. Die Bäume rauschen an uns vorbei, während wir die schattige Schaddenbrook entlangradeln. Erst wenn sich der Wald wieder lichtet, biegen wir rechts auf den Möllenweg ab, der uns hinter den herannahenden Teichen nach links auf den Hesfort führt. Dann kommen wir endlich ans Tor zu unserem abschließenden Highlight: der renaissancezeitliche Tiergarten am Schloss Raesfeld. Gleich zu Beginn gibt es für alle, die noch ein schönes Stück Geschichte entdecken wollen, die Ruine der historischen Wassermühle. Nicht zu Pferd, wie einst die Schlossherren, sondern mit dem Drahtesel folgen wir nach diesem kurzen Abstecher dem Weg durch den idyllischen Park. Wir radeln durch den märchenhaften Wald, vorbei an einladenden Grünflächen und Teichen bis dann ganz plötzlich die Rückansicht des Schlosses wieder auftaucht. Nach so einer Tour schmeckt das Feierabendbier in einer der umliegenden Gaststätten gleich viel besser, beispielsweise ein erfrischendes Andechser Helles im Freiheit 24. Und wer noch eine Stärkung braucht, findet dort auch selbstgebackene Kuchen, herzhafte Snacks und auch größere Stärkungen wie Burger oder Schnitzel.

Weite Landschaft zwischen Kleve und Altrhein

23 TERRASSENANLAGEN DER KLEVER GÄRTEN

Start/Ziel
KLEVER BAHNHOF

22 Kilometer
30 Höhenmeter

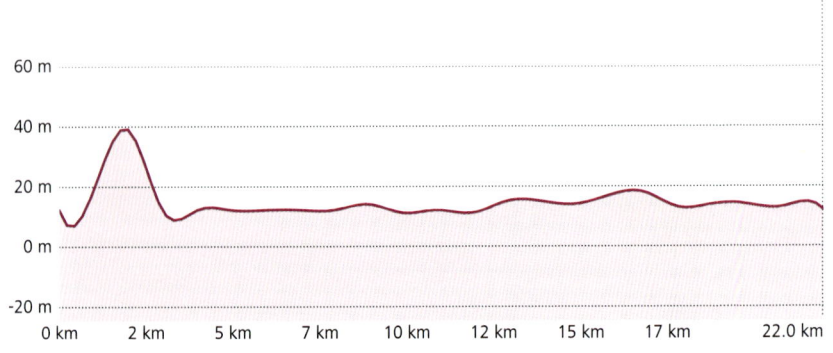

Leichte Tour für Naturfreunde und Kulturliebhaber. Leicht zu fahren, Steigungen gibt es nur am Deich.

Kunst, historische Gärten, weite Landschaften, ein launenhafter Rheinarm und eine Eisenbahnbrücke, die man so hier wohl eher nicht erwarten würde: Am nordöstlichsten Zipfel des Niederrheins starten wir zu einer Tour, die allen etwas zu bieten hat.

Knotenpunkt 22, gelegen zwischen Spoykanal und dem Klever Bahnhof, ist dein Ausgangspunkt. Auf der anderen Kanalseite liegt die Endstation der Grenzland-Draisine, die zunächst bis Kranenburg führt und dann im zweiten Teil sogar weiter bis in die Niederlande. Ihre nur noch für Freizeitzwecke genutzten Schienen werden uns später ein Stück weit begleiten. Zunächst aber starten wir Richtung Kreisverkehr und Innenstadt, wo linker Hand schon die erste Sehenswürdigkeit wartet, das ehemalige Wohn- und Atelierhaus des Landschaftsmalers Barend Cornelius Koekkoek. In Haus Koekoek, einem herrschaftlichen Gebäude, finden sich Bildersammlungen aus dem 19. Jahrhundert. Joseph Beuys, der 2021 seinen 100. Geburtstag gefeiert hätte, hatte hier eine seiner ersten Ausstellungen. Das Café Solo gegenüber gibt bei gutem Wetter Gelegenheit zur Stärkung, bevor es richtig los geht. Und: Die Tourist-Information der Stadt findet sich direkt dahinter (Minoritenplatz 2, Mo–Fr 10–17, Sa 10–14 Uhr).

Von hier aus, das Museum liegt am Knotenpunkt 26, folgst du der Tiergartenstraße einen unspektakulären Kilometer stadtauswärts, bis du links das ehemalige Kurhaus von Kleve entdeckst. Als Kurort war Kleve zwar schon seit dem Ersten Weltkrieg keine Größe mehr, aber das langgestreckte Gebäude ist ein recht imposantes Überbleibsel aus dieser Zeit, bietet heute Ausstellungen zu moderner Kunst und gehört zu den angesehensten Orten seiner Art. Hier findest du beispielsweise ein Atelier von Beuys. Direkt neben dem Museum Kurhaus Kleve erstrecken sich die historischen Klever Gärten. Von den Terrassen am Sternberghang aus bietet sich ein fantastischer Blick bis zum Eltener Berg auf der anderen Rheinseite direkt an der holländischen Grenze. Wir fahren weiter die Straße entlang. Biege hinter dem Tiergarten nach rechts in den Stillen Winkel, der uns nach wenigen hundert Metern, vorbei am alten Wegkreuz, zur bestens ausgebauten Europa-Radbahn führt, einem wahren Highway, direkt entlang der schon erwähnten Grenzland-Draisine. Hin und wieder begegnen dir wahrscheinlich fleißig strampelnde Familien oder ausgelassene Gruppen auf ihren Schienen-Gefährten, während wir in Richtung Kranenburg radeln.

Wir verlassen den Weg aber bereits nach etwa zwei Kilometern in Donsbrüggen am Knotenpunkt 31 und folgen rechts der Mehrer Straße. Nach ein paar Kurven sehen wir rechts die Donsbrügger Mühle (Mitte März–Mitte Nov. Di 14–17, Sa 10–14 Uhr, Mehrer Straße 90, 47533 Kleve, muehle-donsbrueggen.de). Hier erfährst du nicht nur alles über das Handwerk der Müller. Nach Anmeldung tischt der örtliche Förderverein auch eine kräftigende Mühlenvesper auf. Sollte dies nicht in den Zeitplan passen: Die nächste Einkehrmöglichkeit bietet sich nur ein kleines Stückchen weiter an, wenn die Mehrer Straße in die Landstraße übergegangen ist. Im Hofcafé Lindenhof lässt sich nicht nur hauseigener

Kuchen genießen (Landstraße 6, 47559 Kranenburg-Mehr, Tel. 02826 918553, lindenhof-niederrhein.de). Der Blick auf den verwachsenen Hausteich entspannt und lässt noch einen zweiten Kaffee aus regionaler Rösterei nachordern.

An Gehöften vorbei gelangen wir geradeaus zu Knotenpunkt 70 in der kleinen Ortschaft Mehr. Rechts abbiegen, wo du über Bours- und Tutweg auf die Keekener Straße gelangst. Von hier an geht es quer durch die Düffel, eine alte Kulturlandschaft. Entspanntes Rollenlassen ist angesagt. Hecken und die typischen Kopfweiden durchziehen die weite Landschaft und bieten perfekten Lebensraum für zahlreiche Tiere. Augen auf: Es ist nicht unwahrscheinlich, dass dir hier auf einer Weide eine ganze Schar von Störchen bei der gemeinsamen Suche nach einem Snack begegnet. Im Winter sind arktische Gänse zu Gast und bevölkern die Ebene in großer Zahl.

Der gewundene Weg geht nach drei Kilometern in die Trübsche Straße über und führt jenseits der großen Klever Straße an Häusern vorbei auf den Deich am Altrhein. Rechts liegen gelassen haben wir Düffelward, vor dir am anderen Ufer blickst du auf Schenkenschanz, einen Ortsteil, der wie eine Festung auf der Landzunge zu thronen scheint. Tatsächlich ist von der mittelalterlichen Burg, die dort einmal gestanden hat, nichts mehr zu sehen. Dank seiner Abgelegenheit mitten im Grün ist das 100-Seelen-Fleckchen dennoch ein beliebtes Ausflugsziel. Die Fähre auf die andere Rheinarmseite wurde zwar eingestellt, seit 2020 kannst du dich aber wieder mit einer kleinen Radfähre übersetzen lassen (Sa–So, Fei 10:30–17:30 Uhr, kostenlos zw. Ostern u. Okt., schenkenschanz.de). Mit einem Schlenker am Rhein entlang gelangt man von dort aus nach Griethausen. Dorthin geht auch unsere Route, allerdings nutzen wir den Deich mit seinen hübschen Panoramen über die niederrheinische Landschaft.

Kurz hinter dem Deichende findet sich versteckt das Johanna-Sebus-Denkmal, das daran erinnert, welche Gewalt in dem meist ruhig daliegenden Flussarm schlummert. Der Stein erzählt von einer mutigen jungen Frau, die vor zwei Jahrhunderten bei dem Versuch umkam, anderen im Hochwasser beizustehen. Die mittlerweile unbenutzte Brienener Schleuse ein paar Meter weiter trennt den Spoykanal vom Althrein. Ein Stück die Deichstraße entlang wartet ein weiteres, eher ungewöhnliches Industrierelikt auf uns: Die Eisenbahnbrücke Griethausen spannt sich 102 Meter lang über das Wasser. Die Eisenbahnbrücke, die seit den 1860er Jahren die Ölmühle am Rhein mit Kleve verbindet und den Anschluss ans rasant wachsende Gleisnetz des Deutschen Reiches legte, ist die älteste Deutschlands. Die Brücke ist heute denkmalgeschützt. Die ehemalige Gleistrasse – wir sind am Knotenpunkt 4 – liefert heute einen schnurgeraden Weg zurück zu unserem Ausgangspunkt. Die Trasse ist aber über weite Teile recht blickdicht zugewachsen, daher empfiehlt sich ein kleiner Schlenker durch Griethausen, ein ehemaliger Fischerort. Quer durch den Torbogen geht es auf die Olmer Straße, über Felder weiter bis zur Prickenweide und dann rechts zurück zur Bahntrasse. An ihrem Ende gelangen wir im kleinen Bogen wieder zum Spoykanal, der zum Abschluss der Tour einen hübschen Blick auf das Klever Wahrzeichen, die Schwanenburg, liefert.

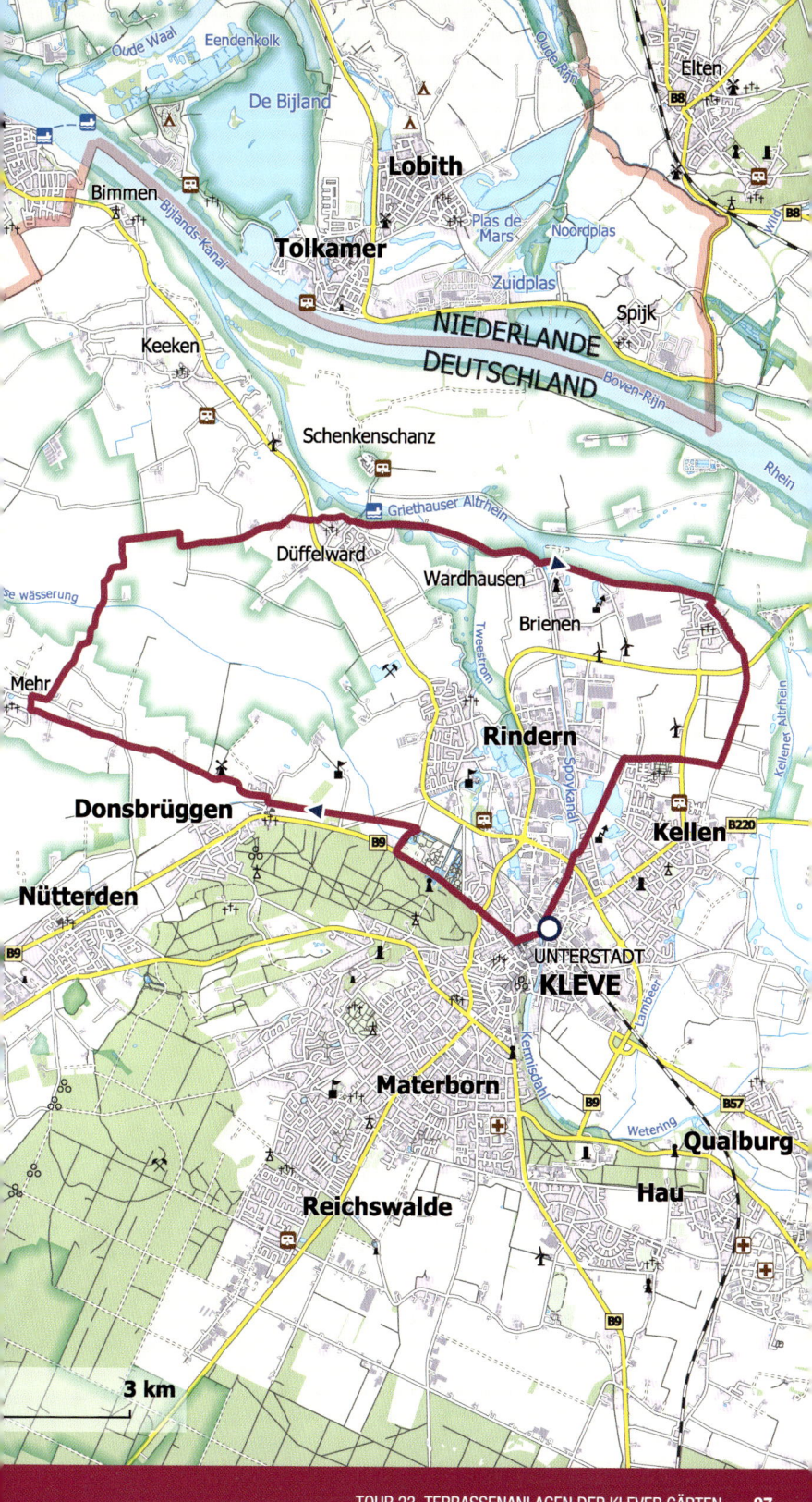

Rund um die Stadt der Seidenweber Krefeld

24 ZU BESUCH BEIM BAUHAUS-MEISTER

Start/Ziel

HAUPTBAHNHOF KREFELD

25 Kilometer
30 Höhenmeter

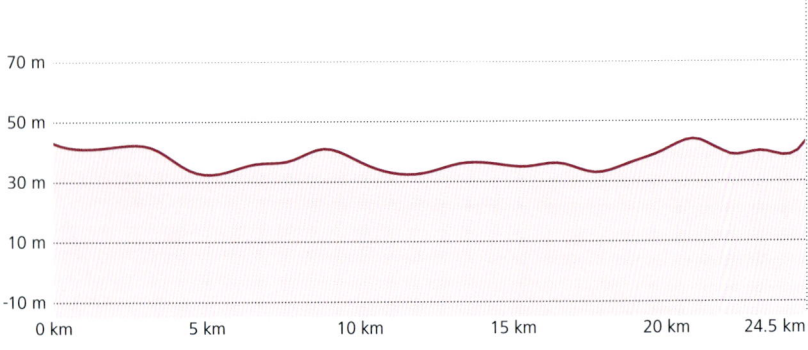

Leicht zu fahrende Tour mit reichlich Kultur und Gelegenheit zur Abkühlung kurz vor dem Ziel (Badesachen einpacken!). Teilweise etwas bucklig und nichts für schmale Reifen.

Gekrönte Häupter Europas trugen einst Seide vom Niederrhein. Unser Feierabend-Ride rund um die frühere Textilmetropole Krefeld zeigt dir nicht nur alten Glanz, sondern auch klassische Moderne: Mehr vom Bauhaus-Meister Mies van der Rohe findet sich sonst nirgends in Europa. Und zum Abschluss winkt ein Sprung ins kühle Nass.

Vom Hauptbahnhof Krefeld folgen wir den Radschildern in die Hansa- und die Peterstraße zum Südwall. Krefeld wird von repräsentativen Wällen umgeben, die immer noch einiges von der vergangenen Zeit als Zentrum der Textilindustrie verraten. Fahr links bis zum Westwall, der uns rechter Hand direkt vor das Kaiser-Wilhelm-Museum führt (Di–So 11–17 Uhr, Joseph-Beuys-Platz 1, 47798 Krefeld, kunstmuseenkrefeld.de). Über den Platz davor müssen wir schieben, aber der Blick auf die prunkvolle Fassade, die an ein italienisches Stadtschloss erinnert, ist es wert. Den Namen Joseph Beuys' trägt der Platz nicht von ungefähr: Der Künstler war gebürtiger Krefelder und das Museum widmet ihm eine eigene Abteilung.

Weiter geht es geradeaus, am Nordwall rechts, sofort wieder links und im Bogen bis zur Geldernsche Straße. Am Neuen Weg biegen wir links ein, dann rechts in die Industriestraße. Vor dir öffnet sich der Blick auf das, was heute Mies-van-der-Rohe-Businesspark heißt: das denkmalgeschützte Fabrikgebäude der ehemaligen Verseidag (Vereinigte Seidenwebereien AG) in strahlendem Bauhaus-Weiß. Für Architektur-Interessierte eine wahre Ikone.

Der Weg zu den weiteren beiden Werken van der Rohes, die Krefeld zur Bauhaus-Hochburg machen, führt rechts auf die Pauluskirche zu und links daran vorbei auf den Wilmendyk quer durch den Krefelder Norden. Am Ende halten wir uns links und genießen auf dem Hökendyk die ersten Ausblicke über den Stadtrand. Wir folgen jetzt zu unseren nächsten beiden Highlights weitgehend den ausgeschilderten Radwegen.

Zuerst rechts in die Morser Straße und gleich wieder links weiter auf die Heyenbaumstraße halten wir uns hinter dem Teich rechts über den Hermann-Kresse-Weg. Wir überqueren anschließend den Europaring, fahren am Stadtgarten vorbei und in die Jentgesallee, bis wir nach links in die Wilhelmshofallee abbiegen. Dort findest du jene beiden Direktorenvillen, Haus Lange und Haus Esters (Di–So 11–17 Uhr, Wilhelmshofallee 91–97, 47800 Krefeld, kunstmuseenkrefeld.de), die nach heutigen Maßstäben eher bescheiden wirken, in den 1920er Jahren aber mit ihrer klaren Linie und den großen Fenstern zum modernsten gehörten, was die Architektur zu bieten hatte.

Wir folgen der Straße weiter bis zum Park, vor dem wir rechts über die Kaiserstraße zur Germaniastraße fahren. Der folgst du bis zum Schönhausenpark, einer Anlage rund um eine weitere große Stadtvilla, das Haus Schönhausen. Vor dem Park rechts halten, links in die Uerdinger Straße und rechts auf der Vaderstraße am Krefelder Zoo vorbei und weiter, bis du den nächsten Grünzug erreichst. Fahr links in die Johansenaue und an der Glindholzstraße wechselst du auf die andere Seite der Gleise. Die Krefelder Promenade führt uns mit frischem Asphalt unter den Reifen den Linner Mühlenbach entlang zum nächsten Highlight: Burg Linn.

Die imposante Silhouette siehst du schon von Weitem. Allerdings müssen wir der Rheinbabenstraße bis in den kleinen Ortsteil folgen, um dann nach rechts in die Albert-Steeger-Straße zu biegen. Wo es nach rechts auf den Burghof geht, befindet sich direkt auch das Deutsche Textilmuseum. Es widmet sich nicht nur jener Geschichte, die Krefeld über den Niederrhein hinaus groß gemacht hat. Die Burg erzählt von einer wechselvollen Geschichte und bietet architektonisch den kompletten Gegensatz zum klaren Bauhaus-Stil der letzten Highlights.

Wenn dir jetzt nach einer kleinen Pause ist, findest du in der Linner Altstadt mehrere Möglichkeiten. Die praktischste und vielleicht auch urigste findest du direkt am Wegesrand: das Em Kontörke (Margaretenstraße 40, 47809 Krefeld, Tel. 02151 540064, restaurant-linn.de). Die Küche ist deftig, wie es sich für ein Familienunternehmen mit 150-jähriger Tradition gehört, es gibt aber auch Vegetarisches auf der Karte.

Frisch gestärkt geht es die Kurkölner Straße weiter – von rechts winkt noch einmal der Burgfried herüber, bevor wir links in den Lohbruchweg abbiegen. Nach einem Kilometer halten wir uns rechts über die Autobahnbrücke und rollen weiter geradeaus bis zur Hauptstraße. Ihr folgen wir nach rechts, überqueren die Bahngleise und biegen an der Kreuzung links in den Fungerhof und gleich wieder links in die Bacherhofstraße. Vor dem Wäldchen folgen wir dem Weg nach rechts. Wir umfahren jetzt den Krefelder Süden, der sich rechts von uns befindet. Dankbar für den grünen Kontrast sehen wir über den teilweise etwas holprigen Untergrund im Fischelner Bruch entspannt hinweg. Wir erreichen den Ortsteil Fischeln direkt an der Haltestelle gleichen Namens. Bei müden Beinen: Von hier aus brächte uns die Bahn auf kurzem Wege zurück zum Hauptbahnhof und entlang der Gleise führt eine Radabkürzung ebenfalls zurück zum Start.

Aber wir haben ja noch etwas vor. Der Weg zum Sommerbad führt geradeaus, am Kreisel rechts und sofort links in die Wilhelm-Stefen-Straße. Dann rechts in die Kölner Straße, von wo wir wieder den Radschildern folgen: links in die Anratherstraße, in die Marienstraße nach rechts, über den Marienplatz und die Straße Altmühlenfeld entlang. Wo der Radweg an der Straße Mühlenfeld endet, kannst du die Badesachen auspacken. Links wartet das Sommerbad Neptun (tgl. 10–19 Uhr, in der Vorsaison kürzer, Mühlenfeld 121, 47807 Krefeld, svneptun.de). Nach der Erfrischung sind die letzten zweieinhalb Kilometer ein Klacks: Am Ende der Straße Mühlenfeld über die L 57 (Obergath) und geradewegs durch die Gärten bis zur Rhodiusstraße. Am Ende rechts in die Seyffardstraße bis zur Kölner Straße und dieser dann links folgen bis zu unserem Ausgangspunkt, dem Hauptbahnhof Krefeld.

TOUR 24 ZU BESUCH BEIM BAUHAUS-MEISTER

Von Mönchengladbach zur längsten Edelkastanien-Allee

25 SCHLEMMER- & SCHLÖSSER- TOUR

Start/Ziel
PARKPLATZ BRESGES PARK

29 Kilometer

73 Höhenmeter

Gut geeignet für Familien mit Anhänger, beinahe durchgehend asphaltiert, kaum Steigungen. E-Bike-Ladestellen: Schloss Dyck 3x Schuko mit Vorhängeschloss verschließbar, Restaurant Bolten Landwirtschaft mehrere Schuko.

Wir verlassen Mönchengladbach entlang der Niers, durchstreifen blühende Felder über beinahe autoverkehrsfreie asphaltierte Wege, bewundern historische Schlösser und lassen keine Gelegenheit aus, uns zwischendurch glücklich zu schlemmen.

Den Parkplatz Bresges Park verlassen wir nach links und folgen dem Knotenpunkt (KP) 38 Mülfort links in den Park hinein. Auf dem Hauptweg überqueren wir eine kleine Brücke und radeln auf hübschem unbefestigtem Weg entlang des schmalen Bachs Niers. Am KP 38 biegen wir links ab Richtung KP 37 Giesenkirchen. Wir wechseln hier nicht die Straßenseite, sondern folgen der Zwischenmarkierung sofort wieder links in die Straße Am Torfbend. Im Zickzack folgen wir der Route auf Nebenstraßen durch ein ruhiges Wohngebiet und erreichen den Marktplatz von Giesenkirchen, mit der ihn prägenden 1908 erbauten St.-Gereon-Kirche. Hier kannst du an einem der Cafés eine Pause einlegen und erreichst anschließend geradeaus über den Marktplatz und die Fußgängerzone KP 37. Wir überqueren die Straße und halten uns Richtung KP 5 Schelsen. Nach etwa 500 m folgen wir dem rechten Abzweig, passieren den Ort Schelsen und setzen unsere Tour Richtung Schloss Dyck über die Felder zwischen den kleinen Ortschaften fort. Alles scheint hier ruhig, nur Schwalben und Bussarde rufen laut und ziehen über uns ihre Bahnen. Die schmalen Feldstraßen führen uns nach Schlich, und wir halten uns von einer kleinen Kapelle weiter Richtung KP 5 bald leicht bergauf. Wir durchfahren den kleinen Ort und biegen am KP 5 links ab Richtung KP 2 Wallrath. Leicht bergauf verlassen wir den schmucken Ort mit seinen vereinzelten schwarz-weißen Fachwerkhäusern und erreichen kurze Zeit später einen Radweg, dem wir nach rechts folgen. Wir erreichen KP 2 und folgen nun Richtung KP 3 Schloss Dyck auf dem Radweg.

Kurz vor dem Schloss passieren wir die auf der linken Seite gelegene Esskastanienallee, die 1811 zwischen Schloss Dyck und Nikolauskloster angelegt wurde, das wir später noch sehen werden. Am KP 3 biegen wir rechts ab zum bereits im Blick befindlichen Schloss Dyck (Park u. Schloss ganzjährig geöffnet, Mo Ruhetag, Wintersaison: Schloss Di–Fr geschlossen, 41363 Jüchen). Mit seinen Vorburgen und dem Wirtschaftshof erstreckt sich das barocke Wasserschloss über vier Inseln im Kelzenberger Bach, umgeben von einem malerischen englischen Garten. Zurück am KP 3 radeln wir Richtung KP 9, den wir bald erreichen, und folgen KP 55 vorbei am Kloster St. Nikolaus, das schon häufig Drehort für Fernsehproduktionen wie dem Tatort war. Wir folgen dem Radweg hinein nach Glehn, dessen Ortsschild mit der plattdeutschen Aussprache „Jleähn" die rheinische Frohnatur dieser Gegend durchblicken lässt. Über KP 55 und dem 100 m weiter folgenden KP 59 halten wir uns nun Richtung KP 43 bis zum Ende des Ortes. Hier versteckt sich ein wahres Kleinod auf der rechten Seite: Der Ambientehof (Di–So 9–17 Uhr, Hauptstr. 1a, 41352 Korschenbroich-Glehn). Es empfiehlt sich sehr, zu Frühstückszeiten zu reservieren! Von hier fahren wir zurück zum KP 55 und wenden uns Richtung KP 54 Liedberg. Wir passieren die Kirche und biegen der Radroute folgend am Wegekreuz links ab. Hinter einer dichten Lindenallee biegen wir ab und erreichen bald KP 54, um von dort dem Weg am Feld entlang geradeaus Richtung Liedberg zu folgen.

Im Ort angekommen biegen wir die erste Straße links in die Schloßstraße ab. Wir fahren über Kopfsteinpflaster an einigen Fachwerkhäusern vorbei links zu Schloss Liedberg hinauf. Vom Schloss abwärts biegen wir links ab und erreichen den markanten Mühlenturm, der bereits um das Jahr 900 erbaut worden sein könnte. Hier musst du rauf, denn es gibt eine tolle Sicht über Liedberg (tgl. 9–19 Uhr, 0,50 €). Wir passieren den Turm rechts bergab und erreichen nach links die Gaststätte Vennen – Im Alten Brauhaus mit dem zum schönsten Biergarten gekürten Biergarten im Kreis Neuss. Abgeschirmt im Innenhof kannst du deftige Speisen wie den halven Hahn, eine kölsche Spezialität, genießen. Wir folgen dem Weg bergab, fahren rechts in die Straße An der Tränke und folgen ihr bis zu der Stelle, an der wir am Ortseingang zum Schloss abgebogen sind. Dort biegen wir nun nach links in die Schloßstraße, der wir bis zur Landstraße folgen, wo wir wieder links abbiegen, um etwa 300 m weiter rechts KP 36 zu folgen.

In einem Waldstück liegt auf der rechten Seite hinter einer Kapelle Haus Horst, ein ehemaliger Rittersitz, dessen erste Erwähnung von 1338 datiert und dessen Torhaus noch aus dem 17. Jahrhundert stammt. Im Schloss ist eine Privatklinik untergebracht, sodass wir das von einem breiten Wassergraben umgebene Gebäude nicht besichtigen und nur durch das Eingangstor linsen können. Von den Wanderwegen ums Schloss lässt sich jedoch ein guter Eindruck der Anlage gewinnen. Weiter geht es geradeaus in ein ruhiges Waldstück hinein und, der Route folgend, nach links auf einen unbefestigten Weg, dem wir an einer hölzernen Schutzhütte nach rechts weiter durch den Wald folgen. Nach der Überquerung eines kleinen Bachs biegen wir, auf der schmalen Straße Am Trietenbroich angelangt, links ab und folgen 500 m weiter der Zwischenmarkierung nach rechts. Wir überqueren eine Brücke und erreichen KP 36.

Hier machen wir einen Schlemmer-Abstecher nach rechts Richtung KP 52 zur Brauerei Bolten, in der du im Restaurant Bolten Landwirtschaft nach Herzenslust Gebrautes und Deftiges genießen kannst (tgl. ab 11.30 Uhr, Rheydter Str. 138, 41352 Korschenbroich). Zurück am KP 36 geht es weiter Richtung KP 10 Mönchengladbach. Wir verlassen Neersbroich, wechseln die Straße auf den linksseitigen Radweg bis zum KP 10 und halten uns Richtung KP 7 Schloss Rheydt, bis wir schließlich die Straße überqueren und das Schloss Rheydt erreichen. Fahre optional auf dem Weg um das Schloss herum, so siehst du es von allen Seiten. Wir fahren zurück zur Stelle, an der wir zum Schloss abgebogen sind, und folgen dem Weg nun Richtung Rheydt. Nach dem Sportplatz wenden wir uns Richtung KP 13 Giesenkirchen und von diesem Richtung KP 38. Wir begleiten noch einmal ein Stück den Lauf der Niers und überqueren schließlich am Wegende Niers und Straße, um nach links zurück zum Parkplatz Bresges Park zu gelangen.

Zum Panoramablick auf Jülichs Hausberg

26 DER BERG DER JÜLICHER BÖRDE

Start/Ziel
PARKPLATZ SOPHIENHÖHE

26 Kilometer

357 Höhenmeter

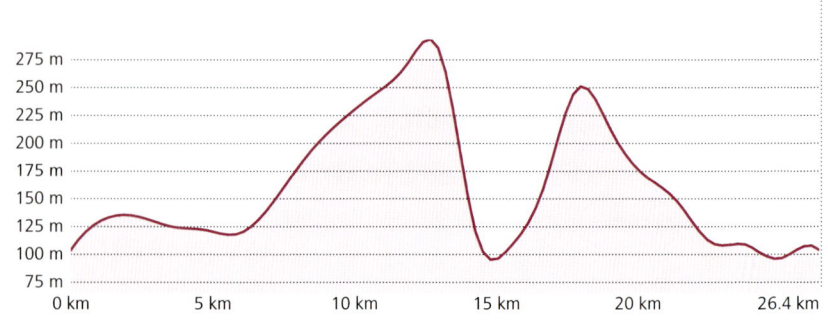

Gut geeignet für Radfahrer mit etwas Grundkondition, die sich auch auf teilweise sandigem Untergrund nicht unsicher fühlen. Strecke mit Standard-Tourenrad getestet, Gangschaltung aufgrund der Höhenmeter empfohlen. Für E-Biker gut fahrbar.

Wir radeln autofrei auf den höchsten Berg der flachen Jülicher Börde, die Sophienhöhe. Diese ehemalige Abraumhalde durchzieht heute ein Wander- und Radwegenetz. Dabei folgen wir den auch mit Tourenbike fahrbaren Serpentinen und erleben einige der schönsten Spots. Grandiose Ausblicke und herrlicher Biergarten inklusive.

Der Bodengrund auf den Wegen der Sophienhöhe besteht meist aus gut befestigten Schotter- und Waldwegen. Als Orientierungspunkte helfen uns die Rettungspunkte (RP) mit weißem Kreuz auf grünem Grund, die an Gabelungen hin und wieder Anhaltspunkte geben. Vom Parkplatz Sophienhöhe aus halten wir uns mit Blick auf den Berg zunächst 20 m links und nehmen direkt den ersten Abzweig rechts leicht ansteigend auf der Birkenallee. An RP 10 angekommen folgen wir dem linken Weg der Gabelung. Wir passieren RP 17 und radeln immer geradeaus auf der ersten Ebene der Sophienhöhe. Vorbei an einem kleinen Rastplatz mit zwei Bänken folgen wir weiter der Ebene, bis wir am RP 28 nach etwas mehr als 6 Kilometern nach rechts aufwärts abbiegen. Wir erreichen RP 32 am Ende der Steigung und biegen rechts, weiter bergauf fahrend, ab. So erreichen wir in der nächsten Kurve RP 29, fahren 20 m nach links auf dem ebenen Weg und von dort sofort den rechten Weg aufwärts. Puh, langsam aber sicher schrauben wir uns die Höhenmeter nach oben und erreichen RP 33, an dem wir nach rechts der Serpentine folgen und damit auch die anstrengendste Steigung unserer Tour vor Augen haben – das schaffst du! Wir folgen dem Weg bis zum Ende des Anstiegs, biegen sofort 180° links ab und passieren einen See. Am See halten wir an einer hölzernen Beobachtungsstelle, an der wir durch die kleinen Fenster mit etwas Glück Wasservögel entdecken können. Wir folgen dem Weg, passieren RP 37 und machen einen kleinen Abstecher etwa 100 m geradeaus zu einer superlangen Bank. Was für einen Ausblick wir von dieser haben! Wir erkennen nun zum ersten Mal, wie hoch wir schon sind, denn wir befinden uns an dieser Stelle bereits über 200 m ü. NN. Wir fahren die 100 m zurück und folgen an der Gabelung den Obstweg leicht bergauf. Wir passieren RP 39 und begleiten den Obstweg weiter geradeaus. An der nächsten Kreuzung biegen wir links ab in den Krummen Weg und überqueren den Kapellenweg geradeaus. Etwa 300 m weiter biegen wir links ab, fahren nochmal etwa 300 m bis zur Kuppe und erspähen links mit der Nachbildung eines römischen Wachturms bereits das Wahrzeichen der Sophienhöhe. Wir schieben unser Rad auf einem schmalen Fußpfad die letzten Meter hinauf zum Römerturm – und sind oben angekommen, auf dem höchsten Punkt der Sophienhöhe. Erklimme die steilen Stufen des Aussichtsturms und lass deinen Blick bei guter Sicht weit übers Land bis zum 60 km südöstlich gelegenen Siebengebirge bei Bonn schweifen!

Wir verlassen den Aussichtsturm auf dem breiten Weg hinab bis zur Kreuzung. Hier dürfen wir ruhig schieben, denn der Weg ist steil, sandig und ausgefahren. An der Kreuzung am Fuß des

Römerturms halten wir uns links und folgen dem Weg etwa 300 m, um dann rechts abzubiegen. Der hübsche von hohen Gräsern und Wildblumen gesäumte Weg führt leicht bergab, bis wir den keltischen Lebensbaumkreis erreichen. Links herum verlassen wir ihn an der zweiten Ausfahrt am RP 54. Wir folgen dem Weg etwa 700 m, um nach rechts abzubiegen, und weiter etwa 300 m bis zu einer kleinen Kreuzung, wo wir uns links halten. 200 m weiter schieben wir unser Rad über einen Kiesweg zu einem grandiosen Aussichtspunkt mit einer der typischen superlangen Bänke hier auf der Sophienhöhe. Es ist wie ein Panorama aus einer anderen Welt. Während auf dem zuerst aufgeschütteten Teil der Sophienhöhe wieder hohe Bäume wachsen, ist die Vegetation auf dem neueren Teil noch niedrig. Ein neuer See mit Steilufer soll seltenen Vögeln eine Brutmöglichkeit geben, die Landschaft ist als weitläufige Wiesenlandschaft angelegt. Als Kontrast steigt im Hintergrund die Dampf- und Rauchsäule des Kraftwerks Weisweiler in den Himmel, ein bisschen wie in Mordor, dem Reich Saurons aus „Herr der Ringe". Wir folgen dem Weg zurück bis zur Abbiegung und fahren mit Blick auf einen Wetterturm geradeaus weiter, bis wir den Kompasskreisel, eine als Kompass angelegte Kreuzung mit mittiger Schutzhütte, erreichen. Wir folgen ihm links herum und biegen am ersten Weg ab.

Auf dem Inselseeweg lassen wir uns nun immer geradeaus etwa 2,7 km bergab rollen und sind auf diesem Wegstück vorsichtig mit reduzierter Geschwindigkeit unterwegs, da der Untergrund mitunter sandig ist. Wir erreichen den hübschen Inselsee mit einer Graureiherkolonie und biegen am Wegende links ab. Etwa 100 m weiter lohnt sich ein kurzer Zwischenstopp, denn auf der linken Seite verbirgt sich ein kleiner Rastplatz mit Blick auf den See. Wir folgen dem Weg anschließend weiter entlang einer – du weißt es schon – superlangen Bank und fahren an der Gabelung am RP 3 geradeaus. Wir sind nun auf einem hübsch angelegten Kreuzweg unterwegs und radeln immer weiter bergab, passieren schließlich eine große Wiese und erreichen das Ende des Weges, an dem wir nach links abbiegen. Kurz davor können wir einen kleinen Abstecher zum Niederzierer See machen. Nun fast wieder am Fuß des Berges angelangt, lassen wir uns gemächlich bis zum Ende des Weges rollen, an dem wir uns wieder links halten. Wir überqueren den Parkplatz hin zur Schranke eines Werksgeländes und verlassen ihn rechts auf den asphaltierten Weg. Diesem folgen wir Richtung KP 95, um etwa 50 m weiter die befahrene Landstraße über die Brücke zu überqueren. Dem asphaltierten Weg links entlang der Felder folgend, biegen wir nach 400 m rechts in die Triftstraße und dann nach Hambach hinein rechts in die Große Forststraße ab. Hier erreichen wir das Restaurant Gaffel Häusgen Hambach mit einem großen Biergarten im Hof. Für Brauhausatmosphäre sind wir hier richtig! Wir setzen unsere Tour entlang der Straße fort. Vor der Bushaltestelle Hambach Sägewerk biegen wir rechts in den Güstener Weg und folgen dem Wegweiser Via Exkurs. Ein unbefestigter Weg führt uns in den Wald, wir passieren eine Schranke und überqueren die Landstraße zurück über eine Brücke. Über den geschotterten Waldweg kommen wir zum Fuß der Sophienhöhe, wo wir links abbiegen und auf den letzten 100 m weiter dem Schild Via Exkurs zurück zum Startpunkt folgen.

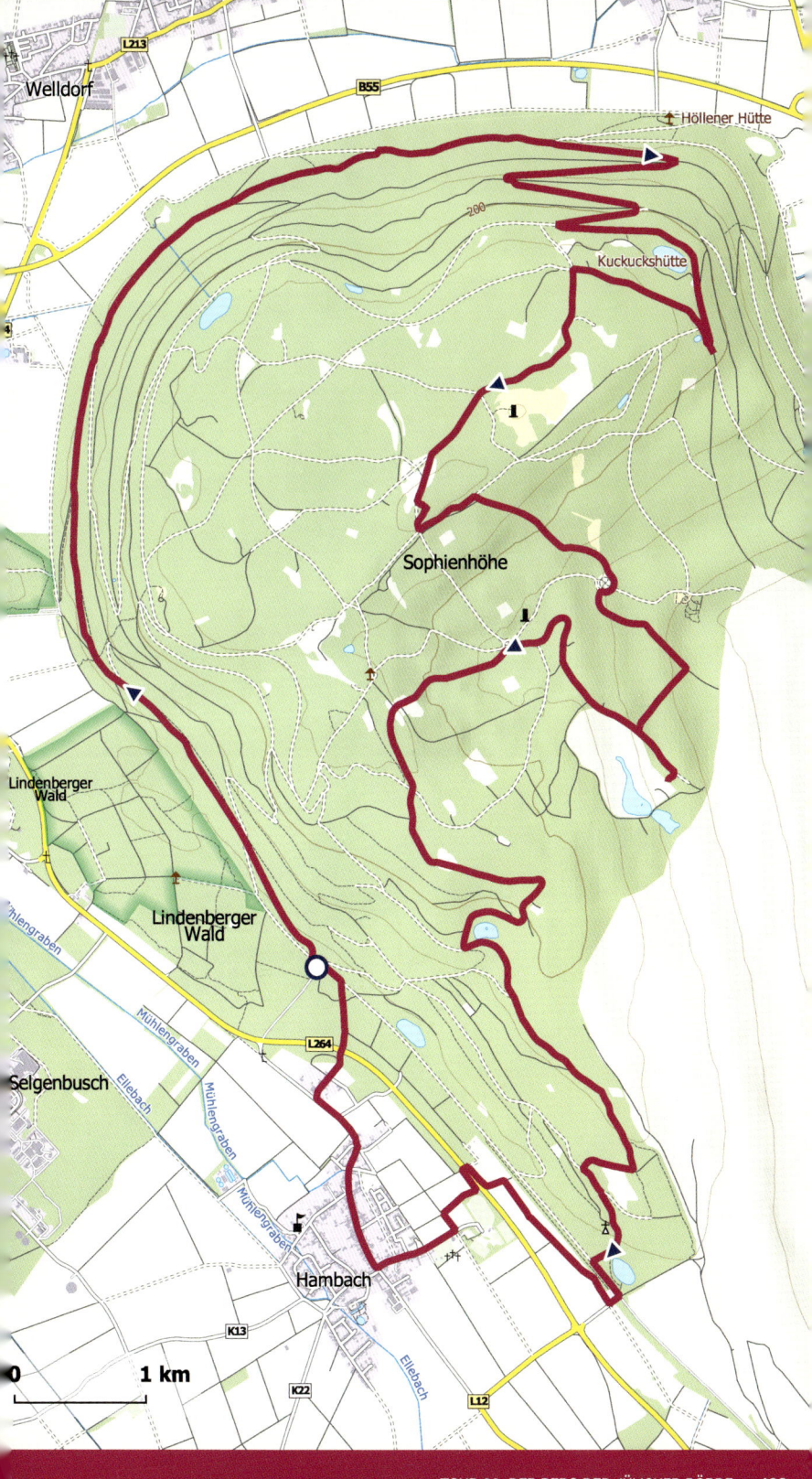

Rund um den Tagebau Inden

27 TAGEBAU LIVE

Start/Ziel

PARKPLATZ INDEMANN

30 Kilometer

223 Höhenmeter

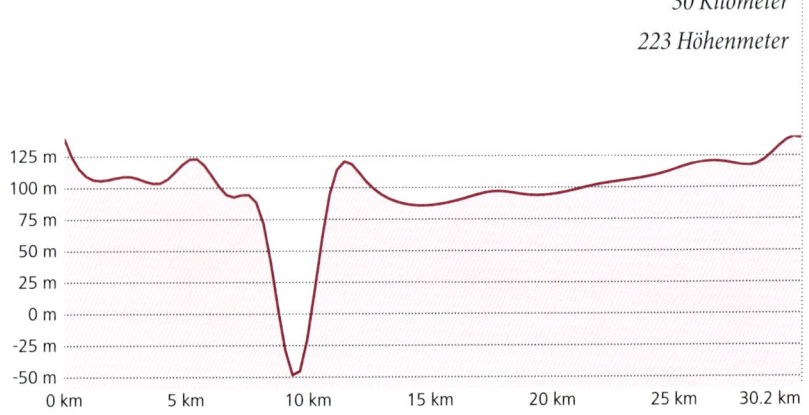

Weite Streckenteile über gut fahrbare, aber manchmal für Anhänger etwas holprige Wirtschaftswege wechseln sich mit Radwegen ab. Meist flach, einige kurze steilere Anstiege.

Wir umrunden den aktiven Tagebau Inden. Der Weitblick vom Indemann, dem Aussichtsturm am Freizeitzentrum, zeigt uns das Gestern des Tagebaus und die Zukunft der Region mit ihren neuen Perspektiven hier und am entstehenden See. Zum Abschluss gibt's tolle Spiel- und Einkehrmöglichkeiten.

Vom Parkplatz Indemann machen wir uns auf zum Indeufer. Wir rollen die Straße der Goltsteinkuppe hinab bis zum Ende der Serpentinen und überqueren die Kreuzung. Über die Inde hinweg folgen wir der Straße und biegen an ihrem Ende rechts bergauf ab. 250 m weiter wechseln wir rechts auf den unbefestigten Schwarzen Indeweg entlang des renaturierten Gebiets oberhalb des Indelaufs. Etwas vor uns sehen wir das Kraftwerk Weisweiler, das durch den Tagebau versorgt wird, und biegen nach etwa 1 km rechts ab, weiter dem Schwarzen Indeweg folgend. Vorbei an einer Schranke geht es vorsichtig bergab bis zur Inde. Wir folgen dem rechten Weg unter der Kieswerk-Brücke hindurch auf einem von Wildblumenstreifen begleiteten Weg Richtung Himmelsleiterbrücke. Bevor wir auch diese unterfahren, radeln wir unter Förderbändern hindurch, die Braunkohle zum Kraftwerk führen. Dieser Wegabschnitt ist etwas hügelig und wir dürfen an dem folgenden steileren Stück ruhig schieben, bis wir dem Hinweis „Zum Kapellchen" folgen. An der Gedächtniskapelle können wir von der kleinen Steigung verschnaufen. Weiter rollen wir über den Feldweg, den im Sommer leuchtend blau blühender Natternkopf säumt. An seinem Ende passieren wir eine Schranke und biegen, der Wegmarkierung folgend, links in einen schmalen Pfad ein. Am Gedächtniskreuz 100 m weiter halten wir uns rechts. Wir radeln nun zwischen großen Windrädern hindurch und erblicken schon bald einen Aussichtsturm in Baggerform, von dem wir die Aussicht genießen können. Der Braunkohleabbau erfolgt nämlich mit riesigen Schaufelradbaggern. Parallel zum Abbau wird Schüttgut wiederverfüllt, um die Rekultivierung der Landschaft zu ermöglichen. Als letzte Rekultivierungsmaßnahme soll der Tagebau nach seiner Stilllegung mit Rurwasser befüllt werden, um einen See entstehen zu lassen. Wir folgen weiter der Radroute oberhalb der renaturierten Inde Richtung Kirchberg. Halte Ausschau nach den vielfältigen Wildblumen – tatsächlich ist die Renaturierung des Flussufers hier besonders gelungen.

Etwa 100 m vor Ende des Weges folgen wir dem grün-weißen Wegweiser Zum Lohberg und machen nach etwa 80 m einen kurzen Abstecher rechts hinunter zum flachen Indeufer, einem meiner Lieblingsspots bei dieser Tour, da der Fluss hier so hübsch verläuft. Du verlässt das Indeufer zurück zum Weg. Wenn du etwas abkürzen möchtest, führt dich der Weg nach rechts über eine sehenswerte Steilstrecke zum nächsten Highlight unserer Tour, dem Aussichtspunkt Kirchberg. Da die Durchfahrt verboten ist, musst du dein Rad aber das 300 m lange Stück schieben. Alternativ fahren wir zurück zum Wegweiser Zum Lohberg, biegen rechts ab, folgen dem Radroutenhinweis wieder nach rechts und etwas später Richtung Kirchberg Zentrum kurz bergauf. An der Kuppe der Straße biegen wir sofort scharf nach rechts, fahren am Friedhof vorbei, folgen dem Linksknick auf schmalem Weg und biegen nach rechts in einen schmalen Kiesweg zum Aussichtspunkt Kirchberg. Wir folgen dem etwas ruckeligen Tagebaurandweg weiter im Uhrzeigersinn um den Tagebau und halten uns rechts oberhalb der Inde, bis wir auf dem schmaler werdenden Weg über eine kleine Brücke kommen. Wir fahren nun ein kurzes Stück auf der Schophovener Straße, bevor wir auf den Radweg wechseln, der uns vorbei am Weiler Viehöven mit seiner 1874 erbauten Kapelle Viehöven führt. Wirf einen Blick hinein! Wir erreichen Schophoven, wo wir der Radroute durch den Kreisverkehr folgen, die Kirche passieren und links in den Josefweg Richtung Krauthausen biegen. Rechts über die Fuchsstraße fahren wir bis zur Krauthausener Straße. Hier folgen wir an der Kreuzung dem Wegweiser Richtung Inden-Altdorf und erreichen nach 200 m das Rittergut Müllenark mit einer bewegten Geschichte, die bis ins 12. Jahrhundert reicht. Es befindet sich in RWE-Hand, wie auch der Tagebau, und lässt sich nicht besichtigen.

Zurück an der Kreuzung halten wir uns nun Richtung Düren, überqueren die Rurbrücke und biegen nach links auf den RurUfer-Radweg ab. Am neuen Rastplatz Kleiner Indemann können wir eine Pause einlegen. Wir folgen dem RurUfer-Radweg ein Stück weit Richtung Knotenpunkt (KP) 11 und biegen 500 m weiter links ab, um einen Imbiss in der ausgeschilderten Gaststätte Alt Bonsdorf einzunehmen. Der sanft dahinfließenden Rur entlang geht es weiter zum KP 11, an dem wir die Rurbrücke Richtung KP 40 Inden überqueren. An diesem angekommen biegen wir links ab Richtung KP 41 Inden. Gerade einmal 200 m vom Tagebaurand entfernt rollen wir auf einem breiten, glatt asphaltierten Weg, bis wir den Ort Merken erreichen. Am Ortseingang folgen wir nicht dem Wegweiser, sondern fahren geradeaus, um den 1930 erbauten Wasserturm Merken zu bewundern, der heute als Wohnhaus dient. Hinter ihm folgen wir der Straße links, bis wir an der Hauptstraße wieder auf die Radroute Richtung Tagebau rechts einbiegen. Von hier aus haben wir bereits wieder unseren Startpunkt Indemann im Blick! Wir folgen dem Radweg bis fast zur Autobahn, um dann weiter Richtung KP 41 zu fahren. Dabei bleibt der Blick unweigerlich am nahen Kohlekraftwerk Weisweiler hängen. Während linkerhand die bewaldeten Hügel der Voreifel auftauchen, folgen wir für 2,5 km dem Radweg parallel zur A 4. Wir passieren den Lucherberger See, dessen Fortbestand bedingt durch den Tagebau ungewiss ist. Nach einem kurzen Anstieg durch Lucherberg erreichen wir KP 41 und biegen rechts in die Hochstraße, dann wieder rechts in die Sebastian-Stassen-Straße, um schließlich links über Grünstraße und Obstwiese der Beschilderung Goltsteinkuppe zu folgen. Einmal noch rechts abbiegen Richtung Indemann und wir erreichen unseren Start, den Parkplatz Indemann. Auf der Goltsteinkuppe gibt es neben einem großen Spielplatz auch Minigolf und Fußballgolf. Und im Minigolf Café Bahn 19 oder im Restaurant Indemann 1 (Mi–Do 12–21, Fr–So 11.30–21 Uhr, Indemann, 52459 Inden) kannst du nun auf deine Tour anstoßen. Aber vorher erklimmst du den Indemann für einen letzten fantastischen Rundblick!

Es geht zum schönsten Schloss in Nordrhein-Westfalen

28 SCHLOSS AUGUSTUSBURG

Start/Ziel
BAYENTHALGÜRTEL

30 Kilometer
95 Höhenmeter

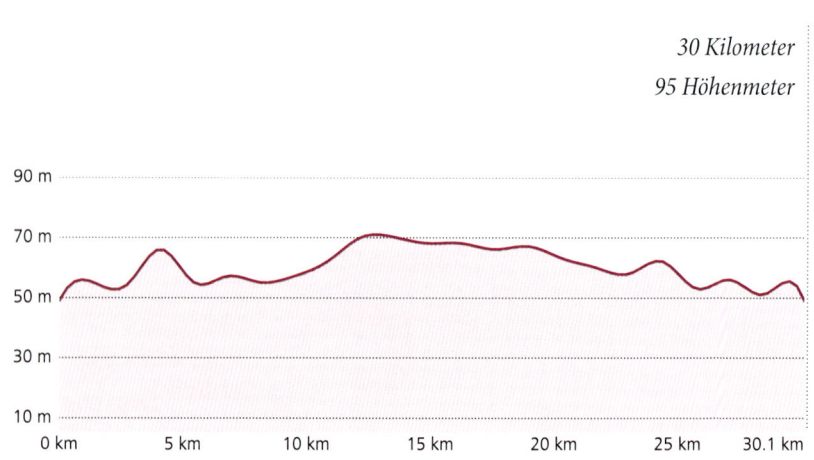

Die Tour führt durch den Grüngürtel und über Radwege zum Ziel.

Vom Bayenthalgürtel geht's dem Rhein entlang, durch den Grüngürtel über Meschenich nach Brühl zum einzigartigen Schloss Augustusburg. Der Schlosspark mit seinen atemberaubenden Bepflanzungen zählt zu den schönsten Europas. Das Zentrum von Brühl gleich um die Ecke bietet viele Cafés und Restaurants. Dann über Hürth zurück.

Die Tour führt vom Bayenthalgürtel zunächst ein kurzes Stück am Rhein entlang und geht später rechts ab Richtung Forst Botanischer Garten. Der Stadtteil Bayenthal ist eher gehoben und gehört zum Bezirk Rodenkirchen. Im 19. Jahrhundert wurden hier unter anderem Dampfmaschinen gebaut. Übrigens ist Köln als Industrie- und Erfinderstadt bekannt, so wurde in Deutz der Otto-Motor erfunden und entwickelt. Zudem gab es in Bayenthal einige Brauereien, die das typische Bier für Köln, das Kölsch, brauten. Zum Brauen des Kölsch gibt es feste Regeln. So darf sich das Bier nur Kölsch nennen, wenn es obergärig und nicht weiter als 10 km vom Zentrum der Stadt entfernt gebraut wurde. Es wird im Gegensatz zum bayerischen Bier in schmalen Gläsern serviert, die unsere Freunde aus Süddeutschland allzu gerne als Reagenzgläser mit Obergärigem bezeichnen. Apropos, auch in Köln begeht man einmal pro Jahr ein Oktoberfest außerhalb der Stadt mit Bottichen voll bayerischem Bier und riesigen Weißwürscht.

Wir befinden uns schon am Anfang des Grüngürtels vorbei an Marienburg. Der teure Stadtteil ist auch als das Beverly Hills von Köln bekannt, da hier viele Prominente zu Hause sind und waren, Tina Turner lebte beispielsweise einige Jahre hier. Auch viele Fußballstars, die stets bemüht sind, für den 1. FC Köln mit einem Tritt oder mehreren das Runde ins Eckige zu schießen, haben sich hier niedergelassen.

Wir radeln weiter durch den Äußeren Grüngürtel. Der gesamte Grüngürtel hat unter Einbeziehung beider Rheinseiten eine Länge von 50 km. Sportanlagen, Restaurants, Radwege und künstlich angelegte Seen reihen sich aneinander. Ungefähr bei Km 4 biegen wir nach links in die Brühler Landstraße/B 51 ab. Am straßenbegleitenden Radweg durch den Stadtteil Rondorf geht es vorbei an kleinen Ortschaften wie Höningen mit sehr dörflichem Charakter. Ringsum befinden sich ehemalige Gutshöfe und Bauernhöfe, die man in den 2000er-Jahren zu Wohnungen mit sehr schönen Innenhöfen, bepflanzt mit Apfelbäumen und blühenden Blumen, umgebaut hat. Wir folgen der Straße nach Meschenich, wo wir die Bundesstraße verlassen, um in einer S-Kurve den Ort zu erkunden.

Weiter nach Süden parallel zur Brühler Landstraße, die in die Kölnstraße übergeht, erreichen wir Brühl und biegen nach zweimaliger Querung der Bahngleise beim Jüdischen Friedhof links ab. Über die Jordanstraße und ihre Verlängerung nach rechts und vor dem Bahnhof von Brühl unter den Gleisen hindurch erreichen wir bei Kilometer 13 das Brühler Wirtshaus am Schloss und Schloss Augustusburg. Die Einkehr heben wir uns für nach dem Schlossbesuch auf. Schloss Augustusburg wurde ursprünglich als Wasserburg und Bollwerk gegen die Stadt Köln im 14. Jahrhundert erbaut. Dieser zum UNESCO-Kulturerbe zählende Prachtbau des Rokoko wurde in der Tat zu einem wahren Meisterwerk umgebaut. Eine Führung ist sehr zu empfehlen, der Prunk der Innenräume ist wirklich betörend. Die Besichtigung ist nur in Zusammenhang mit einer Führung möglich, die im Eintrittspreis enthalten ist (9 € Erw./7,50 € erm., 5 € Schüler/Studierende, 20 € Fam. mit Familienkarte). Der riesige Schlosspark, der sich in alle Richtungen hin erstreckt und bis in den Wald reicht, erinnert verblüffend an alte französische Schlossgärten. Das ca. 2 km entfernt gelegene Jagdschloss Falkenlust gehört ebenfalls zum Brühler Schloss und wird gerne mitbesichtigt, zählt die Anlage doch zu den schönsten Europas. Der Schlosspark von Augustusburg und Falkenlust gilt wegen seiner sorgfältigen Rekonstruktion als eines der authentischsten Beispiele barocker französischer Gartenkunst des 18. Jahrhunderts in Europa und als Denkmal der Gartenkunst von internationalem Rang.

Sehr empfehlenswert ist das Brühler Wirtshaus am Schloss neben dem Bahnhof von Brühl, mit einem schönen, großen Biergarten und sehr gutem Essen sowie aufmerksamem Service (Reservierung ratsam). Von simplen warmen Brezen mit Kräuterbutter über Lachsgerichte bis hin zu Riesengarnelen, Steaks, Tapas und typisch rheinischen Spezialitäten kann man sich hier gehobenere Küche zu Gaumen führen. Anschließend wieder vorbei am hinter Bäumen versteckten Max-Ernst-Museum und am Schloss nähern wir uns nicht weit der Altstadt von Brühl mit ihrer Fußgängerzone, die mit etlichen Cafés und Restaurants aufwarten kann. Viele Geschäfte laden zu einem kleinen Stadtbummel ein.

Über „An der Synagoge" und immer weiter nach Norden verlassen wir Brühl und radeln bei Kilometer 19,5 durch Hürth, das mit dem Kölner Radsport eng verbunden ist, wohnen und trainieren hier doch Radprofis wie André Greipel und andere durch die Tour de France bekannt gewordene Radrennfahrer. Köln war Anfang des 20. Jahrhunderts eine Radsportmetropole von internationalem Rang. Bekannt aus jener Zeit ist vor allem der Bahnradsport-Weltmeister Albert Richter. Er lehnte sich gegen das Naziregime auf, indem er sich weigerte, die Hand zum Deutschen Gruß zu erheben und ließ sich unbeirrt von seinem jüdischen Trainer Ernst Berliner betreuen. Albert Richter bezahlte den Widerstand mit seinem Leben. Es ist wichtig, diesen mutigen Menschen in Erinnerung zu behalten. Die Eifelstrecke und die A 4 4 querend kommen wir zurück in den Grüngürtel. Wo wir auf den Herweg stoßen, biegen wir links ab, um über die Brühler Straße und den Raderberggürtel zurück zum Ausgangspunkt zu gelangen.

Nach Königswinter am Fuße des Siebengebirges

29 SCHLOSS DRACHENBURG

Start/Ziel
HAUPTBAHNHOF BONN

23,5 Kilometer

160 Höhenmeter

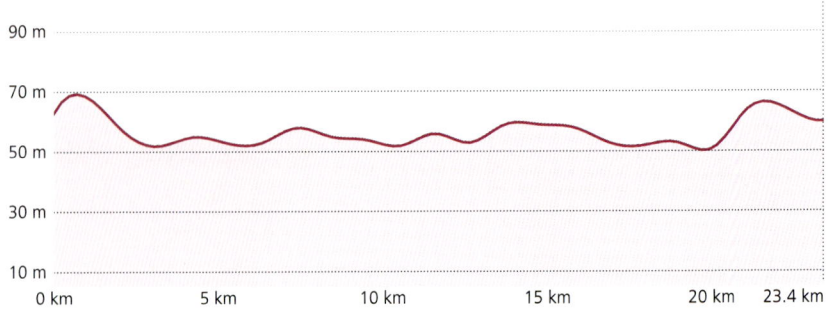

Fast ausschließlich entspannt auf dem Rheinradweg am Rhein entlang, durch Parks und auf ruhigen Straßen.

Wir fahren vom Hauptbahnhof Richtung Rhein, über die Kennedybrücke und rechtsseitig Richtung Süden. Hier beginnt das Tor zur Rheinromantik. Oben auf dem Gipfel des Siebengebirges kann man das Schloss Drachenfels besichtigen. Die Aussicht ist hinreißend. Die Räder können unten abgeschlossen werden und dann geht's zu Fuß oder mit der Zahnradbahn nach oben. Kulinarische Köstlichkeiten sind hier an allen Ecken zu bekommen. Im Anschluss geht's zur Rheinfähre und dann linksseitig des Rheins zurück nach Bonn.

Es erwartet uns eine schöne Rheintour mit außergewöhnlichen Sehenswürdigkeiten. Bonn gilt auch nach dem Wechsel des Hauptregierungssitzes nach Berlin in den frühen 1990er-Jahren als zweiter Regierungssitz der Bundesrepublik. Bonn wurde wie Köln in der Römerzeit gegründet, allerdings als „Vorort" der „Colonia Claudia Ara Agrippinensium" (Stadt römischen Rechts der Agrippinenser). Viele Römer ließen sich nach ihrem Söldnerdasein in Bonn nieder und frönten dem Weinanbau. Heute ist Bonn mit seinen rund 37.000 Studierenden vor allem Studentenstadt. Am Hauptbahnhof schwingen wir uns auf's Rad und dann geht es in Richtung Nordosten über die Poststraße, den Münsterplatz mit dem Beethoven-Denkmal, die Vivatsgasse und ihre Verlängerung die Kasernenstraße nach rechts in die Friedrichstraße.

Von der Friedrichstraße biegen wir links in die Bonngasse zum Beethovenhaus. Der Komponist, Pianist und Lehrer Ludwig van Beethoven wurde hier 1770 geboren. Er entstammte einer Musikerfamilie, die ursprünglich in Belgien ansässig war, und spielte bereits als Fünfjähriger sein erstes Klavierkonzert in Köln. Als junger Mann ging er nach Wien und bildete zusammen mit Wolfgang Amadeus Mozart und Joseph Haydn die Wiener Klassik, eine zur damaligen Zeit völlig neue Entwicklung der klassischen Musik, die unterschiedliche Stile miteinander vereinte. Als vor 40 Jahren die Voyager 1 auf der Suche nach außerirdischem Leben ins Weltall geschickt wurde, hatte sie Musik von Beethoven an Bord. Also wenn sie sich daraufhin nicht melden, darf man ihre Existenz zumindest für unsere Galaxis bezweifeln. Nach ca. 300 m biegen wir nach rechts auf die Berliner Freiheit ab, die uns zur Kennedybrücke führt.

Auf der anderen – der rechten – Rheinseite fahren wir immer am „Vater Rhein" entlang Richtung Süden und genießen die Vorfreude auf die vor uns liegenden Attraktionen. Nach einigen Kilometern lässt es sich bei Bedarf im großen Biergarten des „Blauen Affens" bei Weißwürsten, Steaks und bayerischem Bier gut aushalten. Selbstverständlich kann man hier auch Leckereien aus dem Rheinland genießen.

Nach ca. 11,5 km erreichen wir Königswinter. Dieser überaus geschichtsträchtige Ort mit dem Schloss Drachenburg auf dem Berg regt die Fantasie an. Wer kennt nicht die Geschichte von Siegfried, Brunhilde und dem „bösen Drachen"? In dieser Legende kämpft Siegfried mit seinem

Schwert erfolgreich gegen den Drachen und erwirkt so die Freiheit seiner Liebsten. Schloss Drachenburg war Sitz von Königen und Bischöfen, Ende des 18./Anfang des 19. Jahrhunderts unter französischer Herrschaft und wurde in den 1930er-Jahren von den Nazis für ihre Zwecke genutzt. Mit der Zahnradbahn gelangt man bequem bis ganz nach oben auf die Aussichtsplattform, von wo aus man eine grandiose Aussicht und Köstlichkeiten aus der Region genießen kann.

Zurück geht es mit der Rheinfähre auf die linke Rheinseite nach Mehlem, dem Ortsteil im Stadtbezirk Bad Godesberg in Bonn. Dort angekommen setzen wir unseren Weg in Richtung Norden fort. Nach ca. 5 km sehen wir zu unserer Linken den riesigen Freizeitpark Rheinaue, der im Zuge der Bundesgartenschau in den 1970er-Jahren geplant und umgesetzt wurde. Mit seiner 160 Hektar großen Fläche gilt er als das größte Naherholungsgebiet in der Nähe des Zentrums von Bonn. Neben zahlreichen Kunstobjekten wie dem Löffelwald und außergewöhnlichen Highlights wie dem Blindenbrunnen befindet sich dort auch ein wunderschöner Japanischer Garten. Auf den künstlich angelegten Seen kann man unter anderem Tretboote ausleihen.

Zurück im Zentrum von Bonn verlassen wir den Rheinradweg vor dem Ernst-Moritz-Arndt-Haus nach links, um die zweite Straße nach rechts zum Hofgarten zu gelangen. Hier lohnt sich ein Stopp am Hauptgebäude der Universität. Das Gebäude wurde im 18. Jahrhundert als Sitz des Kurfürsten Clemens August erbaut. Von den Franzosen als Lagerort genutzt, wurde es dann im 19. Jahrhundert auf Anraten von Johann Wolfgang von Goethe und Freiherr von Stein zur Universität umgebaut. Der direkt an die Uni angrenzende Park war und ist auch international für die Anti-Atomkraftproteste sowie die Anti-Kriegsdemonstrationen bekannt. Aktuell versammeln sich hier immer wieder neuere Bewegungen wie die „Fridays for Future" und andere Gruppen, um ein Zeichen zu setzen. Sodann setzen wir unseren Weg über die Hans-Iwand-Straße und rechts Richtung Kaiserplatz fort. Hier biegen wir nach Querung des Platzes wieder rechts in die Straße Am Hauptbahnhof ab und sind zurück am Ausgangspunkt.

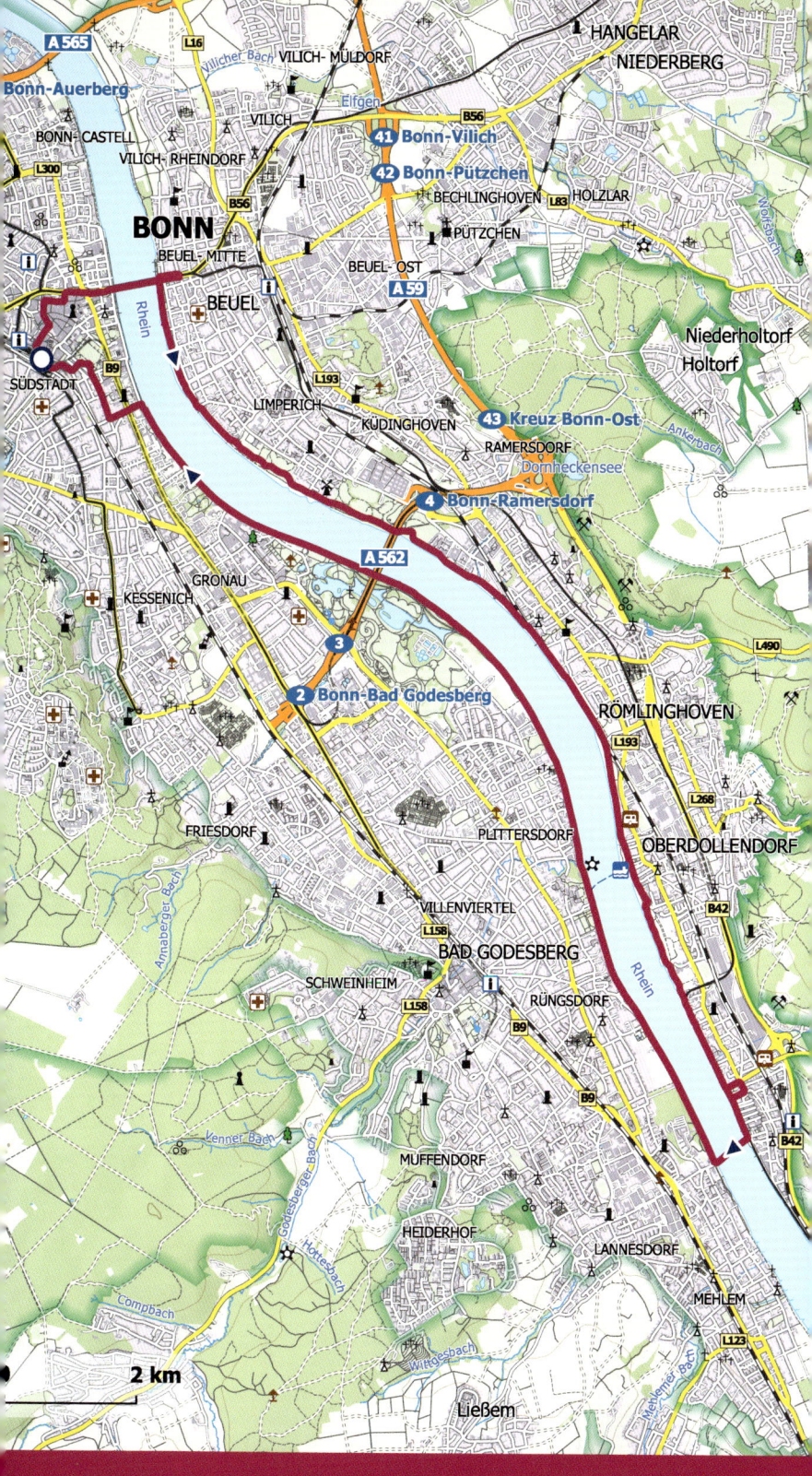

Kleine Runde durch Frankfurts Westen

30 VOLKSPARK NIDDATAL

Start/Ziel
WESTBAHNHOF FRANKFURT

24 Kilometer

140 Höhenmeter

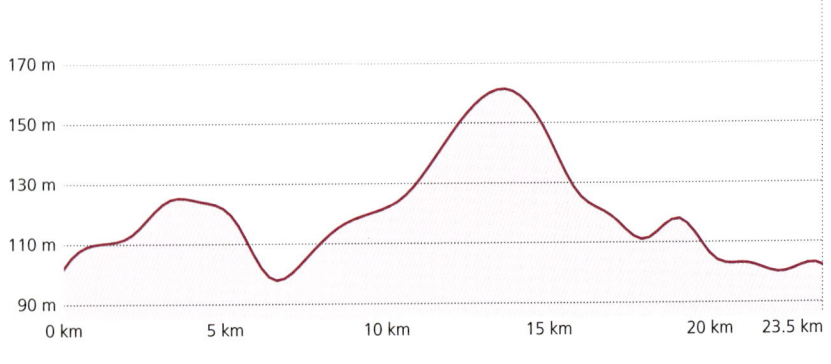

Leichte Radtour auf befestigten Radwegen. Verläuft ein kurzes Stück auf dem Niddaradweg und zwischen Steinbach und Eschborn auf der Regionalparkrundroute. Insbesondere der Abschnitt zwischen Praunheim und Eschborn bietet keinen Schatten.

Wir fahren am berühmten Frankfurter Palmengarten entlang. Hinter Praunheim genießen wir die Weite und Ausblicke gen Taunus und Frankfurter Skyline und rasten am Apfelweinbrückchen bei Steinbach.

Wir starten am Frankfurter Westbahnhof, der sich im Stadtteil Bockenheim befindet. Der Westbahnhof ist vom Hauptbahnhof aus eine Station hinter der Messe und wird mit allen S-Bahnen Richtung Messe angefahren. Auf dem Messegelände findet seit 2022 eine der international größten Fahrradmessen statt. Die Eurobike hat im Sommer 2022 über 30.000 Fachbesucher und knapp 30.000 Fahrradfans angelockt. Für uns geht es vom Westbahnhof aus über die Adalbertstraße zur Bockenheimer Warte, dem sogenannten Eingangstor zum Stadtteil. Das altertümliche Warttürmchen thront mitten auf einem großen Platz, auf dem donnerstags der Bockenheimer Wochenmarkt stattfindet. Wir folgen der Gräfstraße ein kurzes Stück und biegen dann nach rechts auf die Sophienstraße ab.

Nach wenigen Metern kommen wir zum Palmengarten Frankfurt, einem der größten botanischen Gärten Deutschlands. Ein Eingang befindet sich in der Palmengartenstraße, die man von der Zeppelinallee aus über eine kleine Gasse erreicht. Pflanzen aus aller Welt, alter Baumbestand, Wiesen und Wasser, Kunst und Kultur – der Palmengarten ist ein Ort, der seinesgleichen sucht. 22 Hektar ist der Garten groß, in seinem Freiland und unter den Dächern seiner teilweise historischen Schauhäuser wachsen rund 13.000 Pflanzenarten. Ausstellungen, Themenführungen und Musikveranstaltungen – der Palmengarten ist wirklich zu jeder Jahreszeit einen Besuch wert. Meine Lieblingsorte sind das Haus Rosenbrunn gegenüber des Haupteingangs in der Siesmeyerstraße und der Bambus-Wald, der sich in der Nähe des Schmetterlingshauses befindet. Im Sommer halten wir uns gerne auf dem Wasserspielplatz im Norden des Palmengartens auf, wo sich auch ein Kinderkiosk befindet. Wer sich mit dem Gelände des Palmengartens etwas intensiver beschäftigt, entdeckt vielleicht auch ein märchenhaft schönes Anhängsel. Wir radeln zuerst über die Zeppelinallee und dann auf der Miquelallee um das Gelände des Palmengartens herum. Schließlich gelangen wir über die Hansaallee in den Stadtteil Dornbusch hinein.

Wir fahren nach Frankfurt Ginnheim, dessen uriger Stadtkern sich mehr nach Dorf als nach Großstadt anfühlt. Schließlich passieren wir das Ginnheimer Wirtshaus, in das wir auf unseren Radtouren grundsätzlich sehr gerne einkehren. Anschließend fahren wir auf dem Niddaradweg entlang und überqueren den Fluss über die Römerbrücke. Auf der anderen Seite fahren wir an der Nidda entlang.

Der Volkspark Nidda/Praunheimer Nachtigallenwäldchen befindet sich nun auf der gegenüberliegenden Seite. Das Nachtigallenwäldchen liegt am Rande dieses größten Frankfurter Volksparks. Wer mehr Zeit hat, sollte vor der Römerbrücke links in den Park hineinfahren und eine Runde drehen. Es gibt wunderbar angelegte Fuß- und Radwege und das weitläufige Gelände hat von Obstbaum-Plantagen bis zum Wasserspielpatz jede Menge Schönes zu bieten.

Unsere Runde führt uns nach Praunheim und vorbei am Nordwest-Krankenhaus. Dahinter verläuft der asphaltierte Radweg für den Rest der Runde durch weite Felder. Wir haben einen wunderbaren Blick auf die Frankfurter Skyline und das umliegende Taunus-Gebirge. Als ich zum ersten Mal hier entlanggefahren bin, war ich schier begeistert von der Weitsicht und der Frankfurter Skyline aus dieser Perspektive. Auf Höhe Steinach-Weißkirchen gelangen wir auf die Regionalparkrundroute.

An der Apfelweinbrücke Steinbach machen wir Rast. Das „Äppelwoibrückchen" in der Steinbachaue stellt eine direkte Schnittstelle von der großen Regionalparkrundroute zur auch schon in älteren Zeiten wichtigen Wegverbindung Frankfurt-Praunheim-Steinbach her. Apfelwein und Brücke, das ist eigentlich doppelt gemoppelt: Dass eine Brücke etwas Verbindendes hat, ist klar. Gerade so aber wird seit je her der vergorene Apfeltrunk in hiesigen Gefilden als ein die Menschen verbindendes Getränk gefeiert. Das war auch schon so in Zeiten, als der Vorläufer des heute aufgemauerten Übergangs noch ein Holzsteg war. Wenige hundert Meter hinter der kleinen Brücke finden wir einen Sitzkiesel am Radweg – unverwechselbares Erkennungsmerkmal der Regionalparkrundroute. Wir rollen auf dem Radweg an der Landstraße Richtung Eschborn bergab und genießen einen tollen Blick auf die Skyline. Während die Regionalparkrundroute am Eschborner Friedhof in Richtung Stadt abbiegt, fahren wir am Rande der Kleinstadt entlang, überqueren den Autobahnzubringer und durchfahren den S-Bahnhof Eschborn Süd.

Danach führt der Radweg an der Bahntrasse der S-Bahn entlang bis nach Rödelheim, wo wir an der Frankfurter Äpfelwein Botschaft (Eschborner Landstraße 154, 60489 Frankfurt am Main) der Kelterei Possmann vorbeikommen. Die traditionsreiche Apfelweinwirtschaft befindet sich in einem kleinen Industriegebiet auf dem Gelände der Kelterei. In gemütlichem, rustikalen Ambiente werden typisch hessische Gerichte und Apfelwein serviert. Im Sommer lässt es sich im wunderschönen Apfelweingarten bestens rasten. Wir fahren weiter bis zum Bahnhof Rödelheim, den wir durchqueren. Über eine Nebenstraße kommen wir auf die Hauptverkehrsstraße Rödelheims, die zwischen Solmspark und Brentanopark hindurchführt. Die beiden Parks verfügen über einen uralten Baumbestand, große Wiesen und tolle Spielplätze und sind Teil des Radwegenetzes des Frankfurter GrünGürtels. Als ich vor einigen Jahren zum ersten Mal durch diese Parks geradelt bin, war ich wirklich überrascht von dieser gepflegten und grünen Seite Rödelheims. Wer noch Zeit hat, sollte unbedingt eine Extrarunde durch die Parks drehen! Schließlich geht es für uns über die Rödelheimer Landstraße zurück zu unserem Ausgangspunkt in Bockenheim.

Der größte innerstädtische Forst Deutschlands

31 DURCH DEN FRANKFURTER STADTWALD

Start/Ziel
FRANKFURTER PAULSKIRCHE

16 Kilometer
110 Höhenmeter

Schöne und einfache Runde auf ausgebauten Radwegen oder gut befahrbaren Waldwegen, für die ganze Familie geeignet.

Von der Innenstadt aus radeln wir in den größten innerstädtischen Forst Deutschlands. Im Frankfurter Stadtwald lassen sich zahlreiche Tiere und Pflanzen beobachten.

In der Frankfurter Paulskirche schuf die Nationalversammlung 1849 die erste demokratische Verfassung für Deutschland. Sie ist heute ein Ort der Erinnerung, im Obergeschoss finden staatliche und städtische Veranstaltungen statt. An der einstigen Hauptkirche Frankfurts – mitten im Herzen der Stadt – beginnen wir unsere Waldspazierfahrt. Durch eine ruhigere Nebenstraße fahren wir direkt zum Mainufer. Natürlich kann man auch direkt über den Römer zum Main fahren. Wir radeln den Mainkai entlang und queren den Fluss über die Untermainbrücke. Nun befinden wir uns auf der Sachsenhäuser Seite der Stadt und haben einen wunderbaren Blick auf das Herzstück Frankfurts – die Skyline. Wir biegen nach rechts ab und fahren ein Stück am Museumsufer entlang. An der unteren Uferpromenade sehen wir das Main Café, welches besonders bei schönem Wetter ein großer Anziehungspunkt für die Frankfurter ist. Wir passieren das Liebighaus, eine edle Gründerzeitvilla, in der sich eine der international bedeutendsten Skulpturensammlungen befindet. Rund 3.000 Skulpturen aus der Zeit vom Alten Ägypten bis zum Klassizismus werden hier ausgestellt. Umgeben ist die Villa von einem der schönsten Gärten Frankfurts. Wer Zeit hat, sollte nicht nur das Museum besuchen, sondern auch im Garten des Museumscafés bei hausgemachten Kuchen und Kaffee die einzigartige Atmosphäre genießen. Unmittelbar neben dem Liebighaus befindet sich das Staedel Museum, welches als älteste und renommierteste Museumsstiftung in Deutschland gilt. Auf Höhe des Holbeinstegs tauchen wir tiefer in den Stadtteil Sachsenhausen ein und folgen der Holbeinstraße bis zu den Bahngleisen. Hinter der Unterführung biegen wir rechts auf die Tiroler Straße ab, der wir noch ein kurzes Stück folgen und schließlich auf der großen Möhrfelder Landstraße ankommen. Auf einem Radweg fahren wir an der stark befahrenen Zufahrtsstraße entlang und befinden uns bereits im Waldgebiet. Wir biegen auf Höhe des Waldspielparks Louisa rechts auf die Niederräder Landstraße ab und fahren nach wenigen Minuten links in den Stadtwald hinein.

Jetzt geht es auf einem breiten und gut befahrbaren Weg quer durch den Wald bis zum Oberforsthaus, Austragungsort des berühmten Wäldchestag-Volksfests. Der Dienstag nach Pfingsten wird in Frankfurt am Main als Wäldchestag bezeichnet. Dieser Tag steht für Identifikation und Verbundenheit der Bürgerinnen und Bürger mit ihrer Stadt. Die Geschichte des Frankfurter Feiertags reicht bis ins Mittelalter zurück, worin das Volksfest seinen Ursprung fand ist allerdings nicht eindeutig belegt. Sicher ist, dass der Wäldchestag sich im Laufe der Zeit verändert hat. Seit den 1960er Jahren etablierte sich der Feiertag als Kirmes mit Naschkrambuden und Imbissen – bis heute findet man hier aber keine extremen Fahrgeschäfte, stattdessen das klassische Riesenrad, den Autoscooter und ein Kettenkarussell sowie eine Achterbahn – der nostalgische

Charme steht im Vordergrund. Das Fest versteht sich als malerischer Platz zum Genießen, Plaudern und Entspannen. Üblich ist es, dass die Frankfurter an ihrem Nationalfeiertag frei haben, um zum Wäldchestag zu pilgern. International tätige Unternehmen pflegen diese Tradition allerdings nicht mehr, weshalb viele nach Feierabend mit ihren Kollegen für ein außergewöhnliches After-Work-Event hierherkommen. Wir verlassen das Festgelände und fahren weiter quer durch den Stadtwald, überqueren die Bahnschienen und befinden uns nun auf der Isenburger Schneise. Bei der zweiten Überquerung der Bahngleise zeigt sich die Frankfurter Skyline, umrahmt vom Wald. Wir fahren wieder in den Wald hinein und kommen kurze Zeit später auf die Oberschweinstiegschneise. Der Weg führt an der GrünGürtel-Waldschule vorbei, einem von vielen Natur-Lernorten für Kindergartenkinder und Schüler und schließlich finden wir am Wegrand eine Stempelstelle, an der man seinen Wanderpass für den GrünGürtel Rundweg stempeln lassen kann.

Nun kommen wir an der Oberschweinstiege an, einer beliebten Gaststätte mit einer vielfältigen Speisekarte. Sie befindet sich unmittelbar vor dem Jacobiweiher, den wir über die Brücke überqueren. Ausgesetzte amerikanische Rotwangenschildkröten sonnen sich auf Baumstämmen im Wasser. Wer Glück hat, kann Spechte beobachten, von denen fast alle heimischen Arten hier vorkommen. An Sommerabenden ziehen Fledermäuse ihre lautlosen Bahnen. Am Ufer stehen alte, seltene Flatterulmen und mächtige Buchen, die die größten Vertreter ihrer Art in Hessen sein sollen. Die Szenerie ist wirklich malerisch und wer im April Bärlauch pflücken möchte, dem sei der Waldabschnitt um den Weiher herum empfohlen. Wir setzen unsere Tour über gut befahrbare Waldwege fort und gelangen nach etwa 15 Minuten zur Goetheruh, einer Gedenkstätte Goethes unterhalb des Goethe Turms. Dieser Abschnitt des Stadtwaldes heißt „Scheerwald". Wir radeln den Wendelsweg bergab aus dem Wald hinaus und nach Sachsenhausen hinein. Auf der linken Seite sehen wir die einzige Reiterstaffel der Polizei Hessen. Im heutigen hochtechnisierten Zeitalter ist es zweifelsohne ein seltenes Bild, Pferde im polizeilichen Einsatz zu sehen, aber die Reiterstaffel übernimmt immer noch wichtige Aufgaben. Kurz hinter einem „Wasserhäuschen" biegen wir rechts ab und fahren bis zur Offenbacher Landstraße, der wir bis nach Alt-Sachsenhausen folgen.

Hier befindet sich das Café Under Pressure, ein echter Geheimtipp für Kaffeeliebhaber! Nach dem Kaffeestopp queren wir den Main über die Ignatz-Bubis-Brücke und fahren Richtung Skyline bis zur nächsten Brücke am Main entlang, wo wir rechts auf das Fischerplätzchen einbiegen. Hier machen wir Halt bei Pallina Gelato. Die junge Eisdiele bietet nicht nur einzigartige Geschmackserlebnisse, sondern ist eine echte Herzensangelegenheit der Inhaber Max und Katja. Die beiden setzen auf hochwertige Produkte, haben einen ausgeprägten Sinn für Nachhaltigkeit, vor der Tür steht ein Spendenbaum und das allerwichtigste: die beiden setzen sich mit ihrer Eisdiele für herzkranke Kinder ein. Unsere Runde führt durch die Frankfurter Altstadt, direkt über den Römer und endet an der Paulskirche.

Skelette, Gräber, Schätze auf dem Weg nach Hochdorf

32 AUF DEN SPUREN DER KELTEN

Start/Ziel
SCHLOSS DITZINGEN

30 Kilometer
380 Höhenmeter

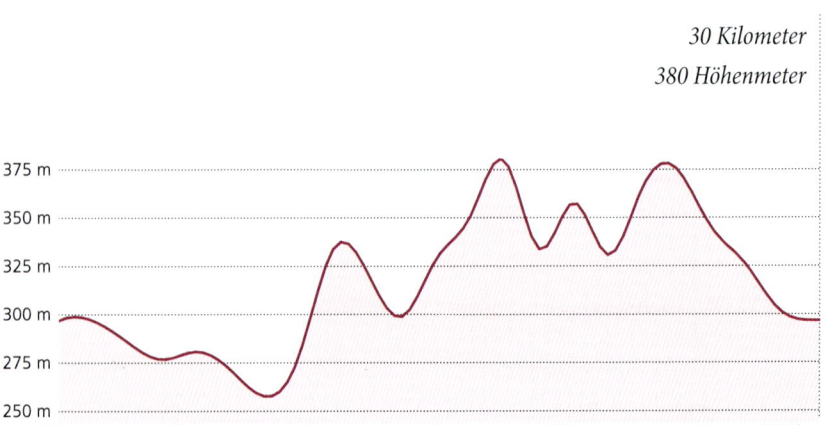

Fast ausschließlich auf asphaltierten Radwegen und getrennt vom Verkehr. Gut geeignet für Familien. Auch auf eine kurze Tagestour ausdehnbar.

Vor rund 2500 Jahren lebten in Württemberg die Kelten. Heute gibt es nur noch wenige Überreste, die von deren Leben erzählen. Auf dieser Tour erfährst du ihre Geschichte, die auch Europa entscheidend prägte.

Am Schloss Ditzingen begeben wir uns auf die Spuren der Kelten – die erste historisch erwähnte Kulturgruppe nördlich der Alpen. Was uns erwartet? Ein tiefer Einblick in das 7. und 6. Jahrhundert vor Christus, als sich zwischen Burgund und Württemberg die keltischen Kulturen bildeten. Vom Schloss Ditzingen geht es in Richtung Schwieberdingen. Du fährst vorbei am Schulzentrum in der Glemsau. Fast bekommst du gar nicht mit, wie du Ditzingen verlässt – den Wiesen und Parks. Am Ortsrand kommst du an eine Weggabelung. Nimm die linke Ausfahrt, die weg vom Ort führt, und folge sieben Kilometer lang den grünen Pfeilen im Zickzack. Zwei Kilometer davon fährst du auf Schotter, die restlichen auf Asphalt. In Schwieberdingen geht es für dich über den Marktplatz, der sich zu deiner Linken öffnet und anschließend auf der Vaihinger Straße nach links weiter. An der markanten Haltestelle Glemstal folgst du dann dem Fahrradweg zum Schönbühlhof. Felder ziehen an dir vorbei. Ein Meer aus Gold – so stark leuchtet der Raps in der Sonne. Nachdem du rund zwei Kilometer so gefahren bist, taucht zu deiner Linken eine Bank unter einer Linde auf. Es ist die Katharinenlinde. Die Stelle sieht nicht besonders aus, aber hier wurde im 20. Jahrhundert ein Frauenskelett gefunden. Die Forschenden gehen davon aus, dass sie im 5. oder 4. Jahrhundert vor Christus hier bestattet wurde. Bei ihr fand man Bronze- und Eisenfibeln ähnlich wie Broschen. Heute können Reisende an der Bank rasten und den Blick in alle vier Himmelsrichtungen schweifen lassen.

Weiter geht es immer dem Fahrradweg nach, bis zwei Kilometer später zu deiner Rechten die Gaststätte Schönbühlhof auftaucht. Nicht ohne Grund schwärmen die Gäste vom Rostbraten, aber auch die selbstgemachten Spätzle sind ein Genuss. Die urige Umgebung rundet deinen Aufenthalt ab. Nachdem du dich gestärkt hast, kommst du kurz nach der Gaststätte an eine Kreuzung. Für dich geht es leicht schräg links weiter auf der Pforzheimer Straße, die kurz darauf durch eine Unterführung führt. Rund zwei Kilometer später taucht zu deiner Rechten das nächste Grab auf. Pompös liegt das keltische Fürstengrab in Form eines Hügels vor dir und auf ihm steht ein riesiger Grabstein. Hier fanden Archäologen den Keltenfürsten von Hochdorf. Er war vermutlich 40 bis 50 Jahre alt, als er um ca. 550 vor Christus zu Grabe getragen wurde. Über der Grabkammer errichtete man einen sechs Meter hohen und sechzig Meter breiten Hügel. So ruhte der Tote auf einer Bahre, um seinen Hals einen Goldring – das Standesabzeichen – und in seinen Händen einen Dolch, bis Forschende ihn bei Ausgrabungen fanden. Das Besondere: Die Grabkammer war noch keinen Räubern zum Opfer gefallen. Geschmücktes Zaumzeug, goldener Totenschmuck, ein Löwenkessel. Was die Archäologen fanden, kannst du rund einen Kilometer später im Keltenmuseum bestaunen. Dort wurde die Grabkammer nachgebaut.

Um zum Keltenmuseum zu kommen, musst du noch ein Stück geradeaus und am Ortsrand von Eberdingen nach rechts. Nur wenige Meter später erkennst du schon das Museum. Ein Metallbogen – sechs Meter hoch und sechzig Meter breit – überspannt das Gebäude. Im Museum entdeckst du aber nicht nur die nachgebaute Grabstätte des Fürsten, sondern erfährst auch, wie die Menschen in der Eisenzeit gelebt haben und wie ihr Alltag aussah. Ausgestellt ist beispielsweise die älteste Feinwaage, die jemals nördlich der Alpen gefunden wurde. Oder Fragmente von Trinkschalen, die im 5. Jahrhundert vor Christus aus Athen importiert wurden. Nachdem du wieder aufgesattelt hast, biegst du an der nächsten Gelegenheit links ab und dann rund hundert Meter später wieder links, dieses Mal in eine schmale Gasse. So gelangst du wieder zurück zur Hauptstraße und fährst auf ihr nun in die andere Richtung in den Ort hinein. An der großen Kreuzung hast du die Möglichkeit, dem Schloss Hochdorf noch einen Besuch abzustatten. Von hier ist es nur ein Katzensprung die Hemminger Straße entlang. Das barocke Landschloss scheint wie aus einem Märchen. Entscheidest du dich gegen den Abstecher, geht es einfach geradeaus, den grünen Pfeilen und Schildern nach Schöckingen hinterher. Fünf Kilometer fährst du an Feldern und Wäldern vorbei, einmal auch kurz über Schotter, bis du den Ort erreichst. Auch hier gibt es ein Schloss. Es heißt schlicht Schloss Schöckingen. Schlicht ist es allerdings nicht, weshalb es dir nicht schwerfallen wird, es zu erkennen, denn es hebt sich imposant von den restlichen Gebäuden ab. Fast direkt gegenüber wurde im 20. Jahrhundert bei Umbauarbeiten das Grab einer jungen Keltin entdeckt. Anders als der Fürst trug sie aber nur einen Bronzehalsreif. Auch fehlten die für hochstehende Mitglieder typischen Beilagen wie Bronzegeschirr, Wagen und Importgüter. Das deutet darauf hin, dass schon die Kelten ihre Gesellschaft hierarchisch gliederten.

Für dich geht es auf der vom Schloss gegenüberliegenden Ritterstraße weiter nach Heimerdingen. Du lässt Schöckingen hinter dir und kommst einen Kilometer später an die Heimerdinger Straße. Hier geht es für dich auf dem Fahrradweg links weiter. Bei der nächsten Gelegenheit überquerst du die Straße und folgst nun dem Weg bis zum Hügelgrab, vor dem der Krieger von Hirschlanden wacht. Nachdem du bereits einiges über die Kelten erfahren hast und darüber, wie sie beerdigt wurden, müsstest du es auf Anhieb erkennen. Was zudem hilft: Vor dem Grab steht eine Sandsteinstele – ein Mann, nur bekleidet mit einem spitz zulaufenden Hut. Die Stele ist die älteste vollplastische Großskulptur, die nördlich der Alpen gefunden wurde. Neben ihr klären drei Infotafeln über die Gräber, die Entdeckung dieser und den Krieger von Hirschlanden auf. Zudem laden Bänke zum Rasten ein. Es ist der letzte Stopp dieser Tour, bevor du wieder das Schloss in Ditzingen erreichst, also nimm dir ruhig Zeit. Die restlichen fünf Kilometer vergehen wie im Flug. Am Grab biegst du links nach Hirschlanden ab und durchquerst den Ort in Richtung Ditzingen. Du erreichst die Weggabelung, an der du Ditzingen nach links verlassen hast. Nun fährst du rechts und wieder vorbei am Schulzentrum. Kurz darauf erreichst du das Schloss Ditzingen.

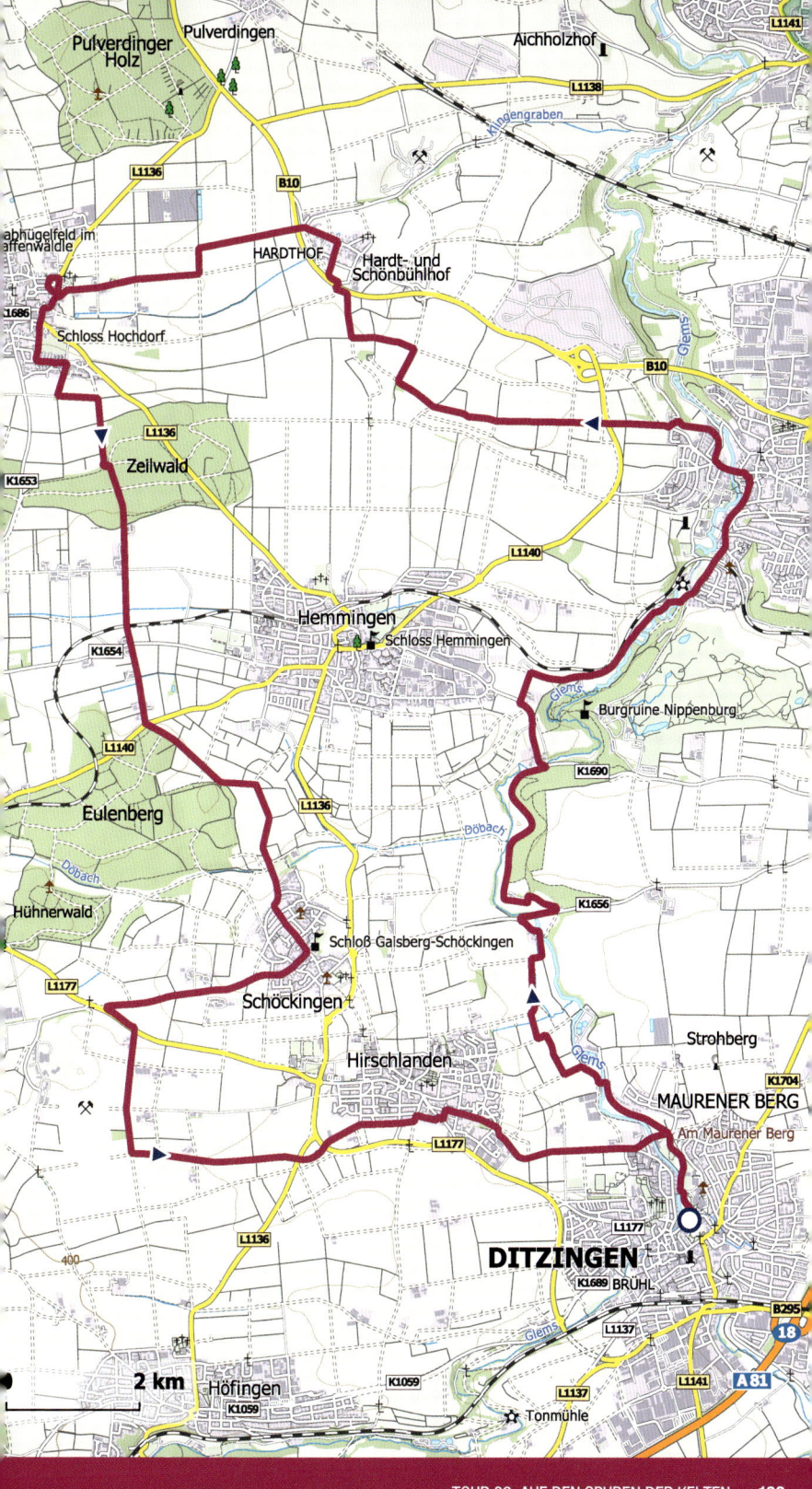

Strand, exotische Tiere und wunderschöne Aussichten

33 ZUR EXOTISCHEN SEITE STUTTGARTS

Start/Ziel

U-BAHNSTATION BAD CANNSTATT

20 Kilometer

180 Höhenmeter

Ausschließlich auf Radwegen, meist getrennt vom Verkehr oder mit vorhandenem Gehweg. Gut geeignet für Familien mit diversen Highlights für Kinder. Moderate Steigung.

Die Tour führt dich an den Strand, vorbei an Weinreben hin zu exotischen Tieren wie Kamele und Strauße. Es gibt viele schöne Rastgelegenheiten und eine wunderschöne Aussicht über Stuttgart. Die Route ist perfekt für Kinder und um dem Alltag zu entfliehen.

An der U-Bahnstation Bad Cannstatt Wilhelmsplatz beginnst du in die Pedale zu treten. Was dich erwartet? Nach einem kurzen Irrweg durch die Stadt wirst du schon bald das Gefühl haben, dich im Urlaub zu befinden. Überquere die König-Karl-Straße und folge den grünen Fahrradpfeilen nach links in die Eisenbahnstraße, bis du an eine Fahrradbrücke gelangst, die sich über die Schönestraße nach oben windet. Auf der anderen Seite warten Sonne, Strand und quasi das Meer auf dich. Beim Stadtstrand (Seilerwasen 6, 70372 Stuttgart) wurde Sand zu einer Dünenlandschaft aufgeschüttet. Es gibt einen Spielplatz in der Nähe für die Kinder und Liegestühle und kühles Bier für die Erwachsenen. Vor dir glitzert der Neckar in der Sonne, während dir Sonnenschirme Schatten spenden. Mehr Urlaub in der Stadt geht nicht.

Vom Stadtstrand fährst du eine Kurve nach unten zum Neckar und dann nach rechts am Wasser entlang. Kurz danach triffst du noch einmal auf die Stadt, wenn du über die Rosensteinbrücke fährst. Ab jetzt wird es aber idyllischer und grüner. Die nächste Brücke nimmst du, denn für dich geht es auf der anderen Seite weiter. Immer wieder führen Steintreppen ans Wasser. Und bald schon tauchen auf der anderen Seite Weinberge auf, deren Reben wie Soldaten in Reih und Glied stehen. Nach rund fünf Kilometern kannst du den Wein dieser Reben direkt genießen. Das Weingut Zaißerei (Austraße 371, 70376 Stuttgart) bietet regelmäßig Weinproben an – und hat sogar vor seiner Tür einen Weinautomaten. Zudem gibt es hier einen Spielplatz für die Kinder mit Rutsche und Schaukeln zum Toben.

Auch nach dem Weingut geht es idyllisch weiter, bis sich einen Kilometer später kurz vor Mühlhausen der Weg gabelt. Du folgst dem Weg nach links in Richtung Mühlhausen. Während du durch die ruhige Baltenstraße auf der Straße fährst, können die Kinder den Gehweg daneben nutzen. So kommst du zur Mönchfeldstraße, die du überquerst. Auf der anderen Straßenseite folgst du dem Fahrradweg nach links, der dich raus aus der Stadt führt. Häuser weichen Schrebergärten und Schrebergärten weichen Feldern. Zu deiner Linken taucht der Feuerbach auf. Ihm folgst du weiter auf einer breiten Schotterstraße, die von Wald und Feldern gesäumt wird. Bis in den Stadtteil Zuffenhausen führt dich der Bach, bis dein Weg in der Gänsebergstraße endet. Hier musst du nach rechts und dann gleich wieder nach links in Richtung S-Zentrum.

Bei Kilometer fünfzehn erreichst du das Audi Zentrum Stuttgart. Statt die Heilbronner Straße schon hier zu überqueren, folgst du ihr nach links. Jetzt wird es anstrengend. Aber immerhin kommst du voran, während neben dir die Autos im Feierabendverkehr stecken. Und wenn du den höchsten Punkt erreicht hast, dann lässt du auch die Straße wieder hinter dir. An der Weggabelung geht dein Weg nach links und über die Brücke in den Leibfriedschen Garten. Vor dir liegt nun die Bastion Leibfried (70191 Stuttgart), ein künstlicher Aussichtshügel, der wie ein Maulwurfshügel aussieht. Immer im Kreis fährst du ihn hinauf bis vor die Steintreppe und nimmst dann die Stufen zur Plattform. Von hier hast du einen atemberaubenden Blick über die Stadt und die Weinberge von Burgholzhof und den Pragsattel von Stuttgart. Kleiner Tipp: Wenn du vor der Steintreppe stehst und nach oben blickst, dann bilden die drei Bäume ein Herz.

Von der Bastion Leibfried folgst du dem Fahrradweg in Richtung Bad Cannstatt und über die Brücke, deren Stahlseile wie ein Spinnennetz aussehen. Die Brücke verbindet den Leibfriedschen Garten mit dem Rosensteinpark, den du bergab über den Lodzer Steg erreichst. Den Park durchfährst du, indem du den Weg, der dich nach links führt, nimmst. Nicht mal einen Kilometer später erreichst du einen Zaun, auf dessen anderen Seite Schafe grasen. Es riecht nach Stall. Folgst du dem Zaun, erreichst du den Osteingang des Zoos Wilhelma (Wilhelma 13, 70376 Stuttgart). Auf etwa 30 Hektar leben hier 11.000 Tiere. Fährst du am Zaun entlang, siehst du Kamele, Strauße und Somali-Wildesel. Wichtig: Nicht füttern! Kaufst du dir eine Eintrittskarte, kannst du auch Nashörner, Löwen und Giraffen bestaunen und in deinem Kurzurlaub von Afrika bis Amerika reisen. Die Wilhelma ist der zweitartenreichste Zoo Deutschlands. Neben der Vielfalt an Tieren gibt es im botanischen Bereich auch eine Fülle an Pflanzen aus allen Klimazonen der Erde. Schon einmal eine Aasblume gesehen? Sie sieht aus wie ein Seestern – und verströmt einen süßlichen Geruch, um Insekten anzulocken. Sie wird auch Ekelblume genannt. Oder hast du schon einmal ein Katzenschwänzchen bewundert? Die Blüten sehen tatsächlich aus wie ein buschiger Katzenschwanz – nur in leuchtendem Pink. Im botanischen Garten der Wilhelma kommst du aus dem Staunen nicht mehr heraus.

Nach dem Erlebnis im Zoo ist es bis zum Startpunkt nicht mehr weit. Du fährst einfach geradeaus bis zum Schloss Rosenstein und an diesem vorbei zum Inselsee, den du umrundest. Schon von hier siehst du Stühle und Tische, die auf Terrassenstufen um das Flora & Fauna Stuttgart (Am Schwanenplatz 10, 70190 Stuttgart) stehen. Bevor dein Kurzurlaub endgültig endet, kannst du hier im Biergarten die Natur des Parks noch einmal genießen und den Enten beim Tauchen zuschauen. Neben klassischen Gerichten wie Pommes und Currywurst gibt es auch leckere Flammkuchen und Salate. Und als Nachtisch bietet sich ein frischer Kuchen an, der täglich vom Café Schurr in Heslach geholt wird. Bei schönem Wetter am Wochenende muss man zu den Stoßzeiten allerdings damit rechnen, dass man ein wenig warten muss. Aber es lohnt sich – denn so lässt sich der Kurzurlaub erholsam abschließen. Anschließend geht es über die Bahngleise nach links in Richtung Bad Cannstatt. Das letzte Stück führt dich wieder durch die Stadt unter einem Tunnel durch, bei dem du dir den Weg mit den Fußgängern teilen musst. Danach bist du wieder an der U-Bahnstation Bad Cannstatt Wilhelmsplatz.

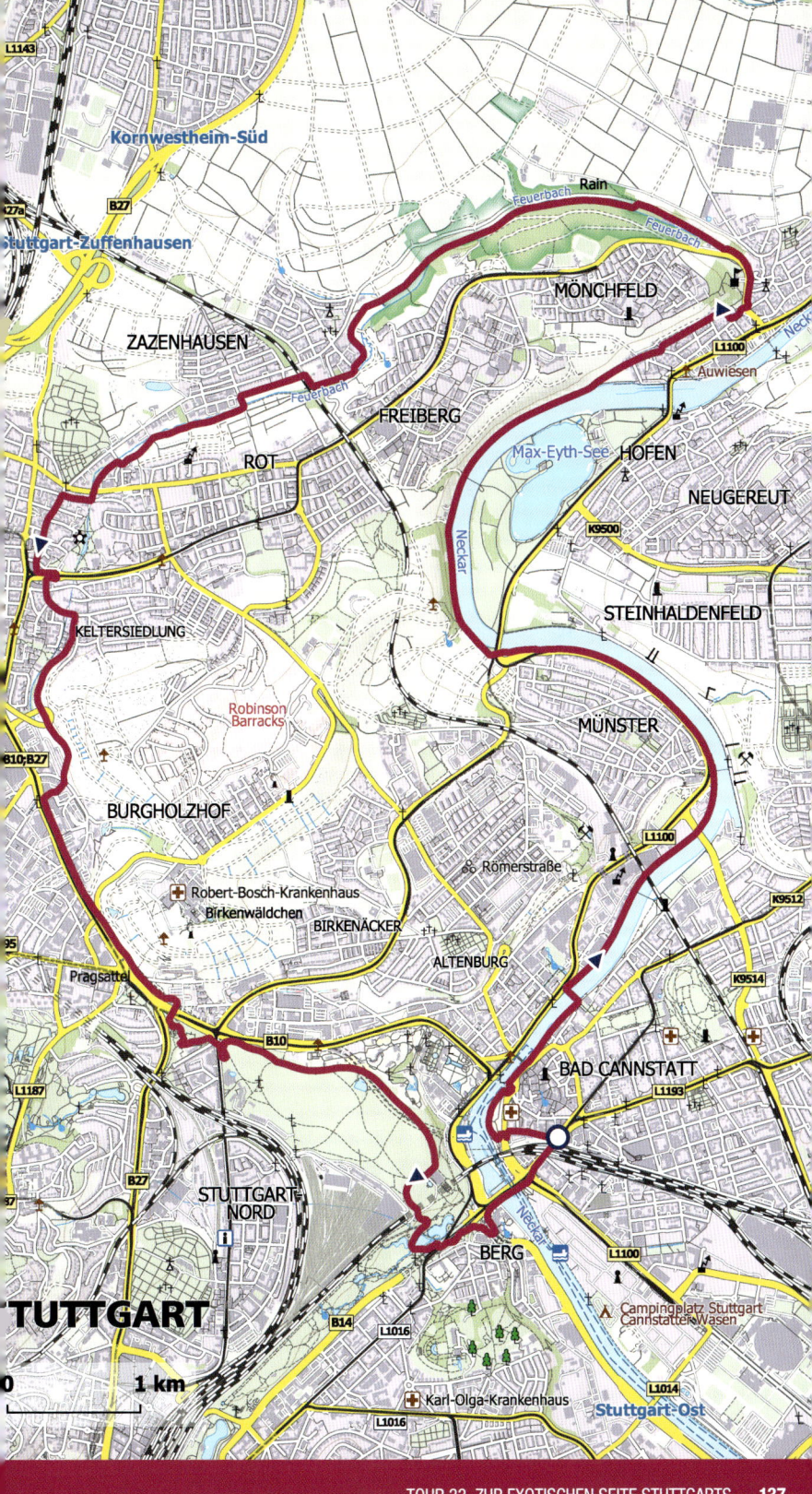

An den Kappelberg zum Sonnenaufgang

34 WEINBERGE ÜBER STUTTGART

Start/Ziel
PARKPLATZ DES MITHRAS-RELIEFS

21 Kilometer
450 Höhenmeter

Wenig Verkehr, meist asphaltiert. Durch den Wald eine breite befestigte Schotterstraße. Beim Kernenturm wird es kurz ziemlich steil.

Idyllisch geht es zuerst zwischen Weinbergen und Streuobstwiesen, dann durch den Wald hindurch. Vom Kernenturm und vom Panorama Restaurant hat man eine herrliche Aussicht auf die Umgebung. Schlemmen für Augen und Magen ist also garantiert.

Wir starten am Parkplatz am Mithras-Relief, am Fuß des Kappelbergs, denn bekanntlich kommt das Beste ja zum Schluss und das ist auch bei unserer Panorama-Runde der Fall. Wir werden zwischen Weinbergen hinabdüsen und über die Dächer von Stuttgart blicken. Doch zuerst geht es zwischen Streuobstwiesen, Obstplantagen und Weinreben nach Stetten. Dazu startest du in Richtung Fellbach, indem du den grünen Pfeilen nach Waiblingen und Weinstadt folgst. Sie führen dich zwischen Wohnhäusern ein kurzes Stück durch den Ort, bis du auf eine Weggabelung triffst, an der Weinstadt doppelt ausgeschildert ist. Du nimmst den langen Weg, der dich auf die Stettener Straße und somit auf geradem und direktem Weg nach Stetten führt.

Du rollst vorbei an Streuobstwiesen, auf denen Pferde grasen und Kühe den Schatten der Bäume suchen. Vielleicht hörst du auch Hühner gackern. Überall am Wegesrand wuchern Brombeeren und wenn sie zu keinem der Freizeitgüter oder Obstplantagen gehören, dann sind sie im August ein willkommener Snack. Übrigens sind Streuobstwiesen ab einer gewissen Größe seit dem 22. Juli 2020 durch das Biodiversitätsstärkungsgesetz unter Schutz gestellt. Denn die Bäume, die oft knorrig und unförmig aussehen, bieten Lebensraum für eine Vielzahl von Insekten und Vögel. Das Problem: Die Pflege der Bäume ist zeitintensiv und das heimische Obst von Streuobstwiesen konkurriert oft mit dem billigeren Obst von riesigen Plantagen im Süden Europas. Was hilft: Säfte aus Streuobstwiesenobst zu kaufen. Nach rund vier Kilometern erreichst du Stetten. Dort fährst du durch die Innenstadt immer den grünen Pfeilen hinterher, bis du am zweiten Kreisverkehr statt weiter den Schildern zu folgen, die erste Ausfahrt in die Kirchstraße nimmst. Die Abkürzung führt dich auf einen anderen Radweg und schon spitzelt zu deiner Linken zwischen den Häusern die würfelförmige Yburg (Steigstraße, 71394 Kernen im Remstal) hervor. Früher haben dort die Herren von YBurg gewohnt, heute stehen nur noch die Außenwände.

Ab jetzt geht es bergauf, schließlich wartet auf dich noch ein Panorama-Ausblick, und bisher ging es fast immer leicht bergab. Du fährst immer dem Radweg hinterher, vorbei an einem Spielplatz mit kleiner Kletteranlage. Kurz darauf endet der Asphaltweg und du musst auf einem breiten Schotterweg weiter in den Wald hinein. Jetzt heißt es treten, treten, treten. Und schwitzen, schwitzen, schwitzen. Dafür bietet das Blätterdach einen angenehmen Schutz vor der heißen Sonne – vor allem an heißen Tagen ist es hier schön kühl. Es ist angenehm ruhig, nur dein Schnaufen ist zu hören. Nach rund vier Kilometern Anstieg hörst du wieder die ersten Autos und siehst schon bald darauf, wie der Schotterweg auf eine breite Straße zusteuert. Kurz bevor du diese aber erreichst, biegst du scharf rechts ab – jetzt hast du den großen Anstieg geschafft. Der Weg führt dich nun zu einer Waldgaststätte, deren Parkplatz du nach rechts überquerst, um wieder in den Wald abzubiegen. Du folgst dem Weg vorbei an einem Flugplatz, über dem du am Wochenende die Segelflugzeuge gleiten siehst. Und wer weiß: Vielleicht hast du Glück und siehst sie am Himmel, wie sie ihre Kunststücke vollführen.

Nicht einmal einen Kilometer später, nachdem du den Flugplatz hinter dir gelassen hast, taucht abermals eine große Straße vor dir auf. Auf der anderen Seite siehst du die Entsorgungsanlage Katzenbühl. Es scheint, als wärst du an einer Sackgasse angelangt. Doch auf der anderen Straßenseite führt ein Weg wieder rechts in den Wald hinein. Ab jetzt folgst du den blauen Querbalken. Sie markieren den Kernenturm. Und wenn der Fahrradweg einen Kilometer später nach links abzweigt, fährst du geradeaus und fängst noch einmal zum Strampeln an. Jetzt wird es sehr steil, dafür lässt du nun den Schotter hinter dir. Es kann sein, dass du auch ein Stück schieben musst. Aber wenn du es geschafft hast, kommst du auf eine wunderschöne Lichtung, in deren Mitte der Kernenturm emporragt. Sogar einen Kiosk gibt es hier, der am Wochenende geöffnet hat. Jetzt kannst du erst einmal bei einem Radler verschnaufen, um anschließend die Wendeltreppe bis zum höchsten Punkt des Turms zu erklimmen. Hier befindest du dich auf 540 Höhenmetern. Rundherum Bäume und am Horizont Städte. An schönen Tagen kannst du bis zum Katzenbuckel im Odenwald und zur Schwäbischen Alb blicken.

Bergab nimmst du am besten den gleichen Weg, fährst aber dort, wo du zuvor geradeaus gefahren bist, nach rechts. Du überholst Wanderer, kommst an Rastplätzen vorbei, bis der Wald wieder von Häusern abgelöst wird. Hier erwartet dich noch ein besonderes Highlight, das dir das Gefühl eines Entdeckers auf den Spuren von geheimen Orten gibt. Biege am Parkplatz zu Beginn der Häuserreihen links ab und fahre ein kurzes Stück bergauf, bis rechts von dir ein breiter, aber von Laub bedeckter Weg abzweigt. Hier musst du absteigen und dein Fahrrad ein paar Meter schieben, bis zu deiner Linken, versteckt hinter Bäumen, eine alte Naturbühne (70374 Fellbach) auftaucht. Stufen führen in der Mitte nach oben, während rechts und links Holzbänke angebracht sind, die teilweise schon vom Gestrüpp überwuchert sind. Früher wurde hier gesungen, gespielt, applaudiert. Heute schreibt deine Fantasie die Theaterstücke, die hier hätten stattfinden können. Ein perfekter Ort, um die Ruhe der Natur förmlich zu spüren.

Du nimmst wieder den gleichen Weg zurück und düst direkt auf den Wanderparkplatz Kappelberg zu, von dem du eine herrliche Aussicht über Stuttgart und die umliegenden Weinberge hast. Das Grün der Blätter leuchtet, die Dächer der Stadt strahlen. Panorama pur. Und wenn du nicht genug vom Ausblick bekommen kannst, dann gibt es rund 300 Meter entfernt das Panorama Restaurant (Auf dem Kappelberg 3, 70374 Fellbach) mit griechischen Spezialitäten. Calamari, Tzatziki, Souvlaki. Nach dem Essen liegt glücklicherweise nur noch die Abfahrt vor dir. Du spürst den Fahrtwind im Gesicht, blickst zwischen den Weinreben hindurch auf Stuttgart und fühlst dich befreit von der Last des Alltags. Am Fuß des Kappelbergs hast du dann deinen Startpunkt erreicht.

Genießer-Runde auf der Reichenau

35 AUF DIE INSEL REICHENAU

Start/Ziel
KINDLEBILD KAPELLE

17 Kilometer

45 Höhenmeter

Leichte Tour auf asphaltierten Wegen mit vielen Einkehrmöglichkeiten. Gut für Familien-Ausflüge geeignet. Die Steigung zur Hochwart ist steil, aber kurz und im Zweifel schiebbar.

Malerisch im Untersee gelegen, gehört die Insel Reichenau zu den schönsten Ecken des Bodensees. Auf dem Welterbe-Eiland drehen wir zwischen Rebstöcken und Gemüsefeldern eine abwechslungsreiche Genießer-Runde. Wohl bekomm's!

Viel hat sich getan seit der Blütezeit des Klosters Reichenau im Mittelalter. Insbesondere die Infrastruktur hat sich seither deutlich verbessert. Gut für uns. So müssen wir nicht wie damals mit einem wackeligen Kahn über den See paddeln. Wir schwingen uns auf dem Parkplatz an der Kindlebildkapelle in den Sattel und fahren über den Reichenauer Dammweg. Der führt uns knapp zwei Kilometer durch das wogende Schilfmeer des Wollmatinger Riedes. Die Pappelallee, übrigens der Endpunkt der deutschen Alleestraße, ist das erste Highlight auf unserer Genuss-Runde.

Etwa auf halber Strecke des Damms liegt linker Hand die Burgruine Schopflen (Pirminstraße 1, 78479 Reichenau). Die massiven Mauerreste der ehemaligen Wasserburg beherbergen heute eine Aussichtsplattform, von der sich euch ein Panoramablick über das Wollmatinger Ried sowie das Schweizer Ufer des Untersees bietet. Wir folgen weiter dem Dammweg. Am Ende der Allee überqueren wir die schmale Brücke über den Bruckgraben, winken dem Klostergründer Pirmin zu und erreichen die UNESCO-Welterbe-Insel Reichenau.

Wir folgen dem Fahrradrundweg der Reichenau, bis auf der rechten Seite die romanische Basilika St. Georg aus dem 9. Jahrhundert auftaucht, und biegen rechts ab. Auf den ersten Blick wirkt die Georgskirche etwas verschüchtert. Allerdings hat es die unscheinbare Basilika in sich: In epischer Breite wirkt Jesus auf den Wandmalereien ihres Mittelschiffs Wunder um Wunder. Blockbusterkino aus dem Mittelalter und mit mehr als 1000 Jahren auf dem Buckel eine der ältesten Wandmalereien nördlich der Alpen. Wir folgen der Seestraße vorbei an pittoresken Fachwerkhäusern und den auf der Reichenau allgegenwärtigen Gewächshäusern. Vor vielen Häusern stehen hier kleine Stände mit saisonalem Obst und Gemüse oder Spezialitäten aus Eigenproduktion. Perfekt für ein Picknick. Wer es deftiger mag, der findet unweit von St. Georg das Fischbistro „Bei Riebels" (Seestraße 13, 78479 Reichenau).

Wir fahren weiter auf der Seestraße und biegen nach einer kurzen Steigung rechts in die Pirminstraße ein. Direkt vor uns liegt nun das sehenswerte Museum zur Klostergeschichte der Reichenau. Nach einigen Metern auf der Hauptstraße biegen wir rechts in die Burgstraße ab und stehen vor dem Herzstück der Klosterinsel Reichenau: dem Münster St. Maria und Markus (Münsterplatz 4, 78479 Reichenau), der ehemaligen Klosterkirche der Benediktinerabtei auf der Insel. Vergessen wir aber nicht, dass wir uns auf einer Genuss-Runde befinden. Praktischerweise hat der Winzerverein Reichenau (Münsterplatz 2a, 78479 Reichenau) direkt neben dem Münster seinen Hauptsitz. Wem der Sinn eher nach Kaffee und Kuchen denn nach Wein steht, der wird im Café am Kloster fündig. Direkt gegenüber vom Münster genießen wir im schattigen Garten des Cafés frischen Obstkuchen. Nur wenige Häuser weiter lockt das Restaurant „Zum alten Mesmer" mit lukullischen Freuden. Wer die Wahl hat, hat die Qual! Gestärkt mit Gaumenfreuden frisch von der Insel eisen wir uns los und treten wieder in die Pedale. Wir fahren auf der Burgstraße bergab und folgen dem Rundweg, der uns in Sichtweite des Ufers durch üppige Gemüsefelder führt. Nach einigen hundert Metern biegen wir an der Kreuzung rechts ab, halten uns im Winkel links und biegen kurz darauf wieder rechts in die Eginostraße ab. Wir rollen noch ein paar Meter und biegen dann in die Fischergasse ein. Etwas versteckt liegt hier das Restaurant Georg's Fischerhütte (Fischergasse 5, 78479 Konstanz). Kein Reichenau-Besuch ohne frische Felchen! In direkter Nachbarschaft bietet Isolde Bader ein besonderes Erlebnis an: stimmungsvolle Weinproben in kleiner Runde direkt am Seeufer. Zu Isoldes Weindegustationen (Fischergasse 3, 78479 Reichenau, weinprobe-reichenau.com) gibt es ganz stilecht Snacks aus fangfrischem Bodenseefisch. Oberhalb der verschlafenen Fischergasse passieren wir mit St. Peter und Paul (Eginostraße 19, 78479 Reichenau) die dritte Welterbe-Kirche der Insel.

Von hier geht es weiter zum Campingplatz Sandseele. Die Uferterrasse des gleichnamigen Restaurants und der umliegende Strandabschnitt bieten einen fantastischen Blick über die Halbinsel Höri und die Schweizer Seite des Untersees. Früher noch Geheimtipp, ist hier bisweilen ordentlich was los. Also weiter geht's. Dank der unübersehbaren Markierungen auf dem Weg können wir nicht falsch fahren. Sobald wir die Stedigasse erreichen, biegen wir scharf rechts ab und erreichen kurz darauf den Kiosk Stedi (An der Schiffslände 1, 78479 Reichenau) direkt an der Schiffsanlegestelle Reichenau. Von hier bietet sich ein nicht weniger spektakulärer Blick wie von der Sandseele. Erfreulicherweise ist hier in der Regel deutlich weniger los. Wir rollen weiter, passieren Schloss Königsegg und biegen zweimal rechts ab. Nun folgt ein Kraftakt: Wir strampeln hinauf auf die Hochwart, den höchsten Punkt auf der Insel. Auf 439 Meter Höhe angekommen, belohnt der Rundumblick von der Hochwart über den Untersee für die Anstrengung. Das turmbewehrte Häuschen auf dem Scheitel der Hochwart beherbergt eine Keramik-Galerie inklusive Werkstatt und ist gleichzeitig ein Café. Was will man mehr?

Das Teehäuschen der Hochwart im Rücken wenden wir uns nach links und zischen wieder bergab. Wir halten uns zwei weitere Male links, biegen vom Tellerhofweg rechts ab und fahren an der Feuerwehrwache vorbei, bis die Straße Am Vögelisberg kreuzt. Hier finden wir unser nächstes Genuss-Ziel: die Reichenauer Inselbier Brauerei (Am Vögelisberg 7, 78479 Reichenau). Gebraut wird nur aus regionalen Zutaten. Der Hopfen des süffigen „Inselgold" etwa wächst gleich um die Ecke an den sonnenverwöhnten Hängen der Hochwart. Verkostet werden die Inselbier-Kreationen stilecht in der rustikalen Brauwerkstatt. Neben Tastings bieten die Bier-Enthusiasten auch Brau-Seminare an. Von der Inselbier Brauerei gelangen wir durch die Seitenstraße Zur Säge wieder auf die Pirminstraße und folgen dieser durch Mittel- und Oberzell über den Damm zurück zum Parkplatz an der Kindlebildkapelle.

Rundfahrt über den Sipplinger Berg am Überlinger See

36 SIPPLINGENS SIEBEN STEINSÄULEN

Start/Ziel

BAHNHOF SIPPLINGEN

12 Kilometer

310 Höhenmeter

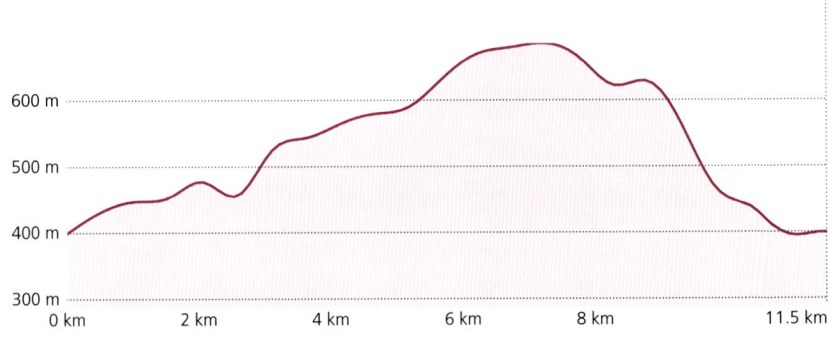

Rundtour über asphaltierte Radwege und gut ausgebaute Waldwege fernab des Verkehrs. Der Anstieg ist moderat, aber kontinuierlich. Am Ende geht es steil bergab.

Am westlichen Rand des Bodenseekreises starten wir im malerischen Fachwerkort Sipplingen zu einer kurzen Rundtour durch die Obstgärten. Vorbei an bizarren Felsen klettern wir über den Sipplinger Berg.

Direkt am Bodenseeufer liegt zwischen Ludwigshafen und Überlingen das beschauliche Sipplingen. Wir beginnen unsere Runde am Bahnhof Sipplingen. Beinahe wirkt es, als könnten wir uns beim Ausstieg aus der Bahn nasse Füße holen. So nah ist der See. Auch unser guter alter Bekannter, der Bodenseeradweg, führt genau am Bahnhof vorbei. Wir satteln auf und unterqueren die B1 dank der Unterführung nur wenige Radumdrehungen von der Wassertreppe Sipplingens und dem kostenpflichtigen Parkplatz am Landungssteg Sipplingens. Unsere Route führt uns die Rathausgasse entlang. Die schmucken Fachwerkhäuser Sipplingens (Rathausstraße, 78354 Sipplingen) sind eine Augenweide. Ergänzt wird der nostalgische Charme, den Sipplingens Fachwerkhäuser verströmen, durch zahlreiche kunstvolle Brunnen im Ort. Am Ende der Rathausstraße grinst uns die farbenfrohe Fastnetsfigur des Hänselebrunnens an. Bereits seit Jahrhunderten liefert er den Sipplingern Frischwasser. Die Skulptur des Hänsele, der ältesten Narrenfigur der Sipplinger Fastnachtsgesellschaft, hat selbstredend noch keine Jahrhunderte auf dem Buckel.

Wir strampeln am Brunnen vorbei die Morgengasse entlang. Links von uns erhebt sich der Homberg wie ein bewaldeter Kegel. Sobald sich die Morgengasse gabelt, halten wir uns links. Es geht hinaus aus Sipplingen und auf einer sanft geschwungenen Asphaltstraße durch Obstgärten und saftige Wiesen. Ungefähr bei Kilometer 2 unserer Route macht der Weg eine scharfe Rechtskurve. Direkt danach folgen wir den Wegweisern zu den Sieben Churfirsten (Sipplinger Dreieck, 78354 Sipplingen) auf den Schotterweg in das kleine Waldstück. Über Jahrtausende geformt von Wind und Wetter ragen die bizarren Sandsteinsäulen fünf bis sieben Meter spitz in die Höhe. Wir rollen auf dem Schotterweg gemächlich weiter und erreichen bald den Wanderparkplatz Süßenmühle (78354 Sipplingen). Wer mit dem Auto anreist, kann die Rundtour alternativ auch von hier starten.

Am Wanderparkplatz biegen wir links ab und kurbeln uns nun den Asphaltweg hinauf. Nach einem halben Kilometer geht es scharf rechts. Eigentlich müsst ihr nur der schmalen asphaltierten Straße folgen. Links von uns taucht nun ein kleines Umspannwerk auf, während sich auf der anderen Seite eine ausgedehnte Streuobstwiese hübsch in Szene setzt. Wir wenden uns an der nächsten T-Kreuzung nach links und bleiben eine ganze Weile auf der asphaltierten Piste. Es geht zwar kontinuierlich bergauf, allerdings erwarten euch keine steilen Rampen mehr. Rechter Hand ist in einiger Entfernung bald der Heinz-Sielmann-Weiher, ein künstlich angelegtes Biotop, zu sehen. Lasst Badehose und Bikini stecken, Schwimmen ist im Naturschutzgebiet verboten. Wir fahren weiter und biegen vor der Brücke über die B31n halblinks ab und radeln am Waldrand entlang. Die weitere Piste besteht hier nun erstmal aus gut befestigtem Schotter. Bei der nächsten Gabelung geht's erneut links und wir müssen nochmal in die Pedale treten. Aber dann haben wir den höchsten Punkt dieser Radtour erreicht.

Vom See in die Wasserleitung: Wir rollen noch ein paar Meter und stehen dann vor den Pforten der Bodensee-Wasserversorgung. In der weitläufigen Anlage wird das dem Bodensee entnommene Trinkwasser aufbereitet. Knapp vier Millionen Menschen in Baden-Württemberg schlürfen quasi aus dem See. Aber einfach klingeln und reinschauen geht nicht. Wer das Wasserwerk besichtigen möchte, muss sich vorher anmelden. Lohnt sich aber. Wir folgen wieder unserem Weg und erreichen ein paar Kurven später das Höhengasthaus Haldenhof (Haldenhofweg 51, 88662 Überlingen), gasthaus-haldenhof.de, ein beliebtes Ziel bei Wanderern und genau die Einkehrmöglichkeit, die wir jetzt brauchen. Die sagenhafte Aussicht auf den Überlinger See unter uns ist inklusive.

Vom Gasthaus fahren wir dann bergab zurück nach Sipplingen. Wer möchte, kann noch einen Abstecher zur Ruine Hohenfels machen. Da die aber nur zu Fuß über einen schmalen Pfad erreichbar ist, müsst ihr eure Drahtesel kurz mal anbinden. Der Ausblick stellt aber jedes Postkartenmotiv in den Schatten. Auf einem Hohlweg geht es schließlich durch den Wald. Hier verläuft der Geologische Lehrpfad mit mehreren Infotafeln. Der Schotterweg ist gut ausgebaut, aber in den Kurven trotzdem aufpassen. Sobald wir wieder in Sipplingen sind, geht's links weiter auf Am Schallenberg. Dann an der nächsten Kreuzung rechts.

Wir fahren Im Lutzental weiter und kurven dann rechts in die Klosterstraße ab. Die führt uns direkt an einer weiteren schicken Wasserquelle vorbei: Am plätschernden Winzerbrunnen schultert die Figur eines gummibestiefelten Weinbauern einen Korb voller Trauben. Via Lenzensteig, der zweigt links ab, gelangen wir zurück in die Rathausstraße. Durch die uns schon bekannte Unterführung und in Richtung Bahnhof. Bevor wir allerdings wieder mit Sack, Pack und Rad in den Zug steigen, haben wir uns noch eine Erfrischung verdient. Am kostenfreien Naturstrandbad Sipplingen (Am Bodensee, 78354 Sipplingen) hüpfen wir ins Wasser. Nach der Badeeinlage lockt das Riva Ristorante (Seestraße 1a, 78354 Sipplingen), ristorante-riva.de direkt am Schiffsanleger mit Pizza und einer Terrasse direkt am Seeufer. Der Bahnhof Sipplingen ist von hier nur wenige Schritte entfernt.

Tipp: Wer möchte, kann diese Tour auch umgekehrt fahren. Allerdings ist der Anstieg zum Höhengasthaus Haldenhof von dieser Seite ganz schön giftig. E-Biker und trainierte Fahrer mit grobstolliger Bereifung sollten keine Probleme haben. Und kurz mal Schieben ist ja auch immer eine Option.

Von Lindau nach Wasserburg und zurück

37 LINDAU

Start/Ziel
INSELBAHNHOF LINDAU

24 Kilometer
120 Höhenmeter

Ausnahmslos auf asphaltierten und verkehrsarmen Wegen. Am See entlang auf dem Bodenseeradweg ohne Steigung. Mehrere Badeplätze am Weg. Zweite Hälfte der Tour hügeliger mit einigen Steigungen.

Von der belebten Lindauer Insel rollen wir auf dem Bodenseeradweg durch das beschauliche Wasserburg bis Nonnenhorn. Unsere recht einfache Rundtour führt zu idyllischen Badeplätzen und durch üppige Obstplantagen.

Lindau ist mit seiner schmucken Altstadt eines der beliebtesten Ausflugsziele am Obersee. Zu Recht zählt das prachtvolle Stadtensemble zu den Perlen am See. Ist an manchen Tagen deshalb aber auch – nun ja, sagen wir ganz gut besucht. Wir beginnen unsere Rundtour am Inselbahnhof Lindau unweit des Hafens mit dem ikonischen Duo aus bayerischem Löwen und Leuchtturm. Nach unserem fliegenden Inselstart fahren wir parallel zu den Gleisen auf dem Damm von der Insel aufs Festland. Dann geht's links auf den Bodenseeradweg. Je nach Timing müssen wir am Bahnübergang etwas warten. Zeit für ein Schwätzchen mit einigen der vielen Radgenossen, die ebenfalls an der Schranke stehen.

Sobald sich die Balken heben, rollen wir weiter. Am Bodenseeufer taucht links nun die Badehütte des Aeschacher Bades (Lotzbeckweg 3, 88131 Lindau), www.lindau.fandom.com/de/wiki/Aeschacher_Bad) auf. Seit 1911 steht das lindgrüne Häuschen hier auf Stelzen im Bodensee. Montags bis freitags öffnet die historische Badeanstalt Erfrischungssuchenden ihre Pforten. Die Plätze sind begrenzt und Handtuch-Reservierungen zählen nicht. Hier wird mit Style geplantscht. Woran nicht zuletzt ein Schild auf dem Sonnendeck mahnt: „Sonnenbaden oben ohne nur im Liegen! String-Tanga verboten!" Nun gut, wir schwimmen ein- bis zweimal um den pittoresken Pfahlbau und schwingen uns dann wieder in den Sattel.

Gut erfrischt radeln wir auf dem Bodenseeradweg weiter und erreichen Lindau Schachen. Etwa bei Kilometer drei unserer Tour biegen wir vom Bodenseeradweg links in den Lindenhofweg ein und gelangen in die gleichnamige Parkanlage. Unweit des Strandbades Schachen beheimatet die Villa Lindenhof die friedens räume (Lindenhofweg 25, 88131 Lindau, www.friedens-raeume.de), ein ebenso originelles wie inspirierendes Museum. Im Leseraum beschäftigt sich die Ausstellung mit „Menschen, die Mut machen", etwa Nelson Mandela, Sophie Scholl oder Astrid Lindgren. So beflügelt, machen wir uns wieder auf den Weg. Wenige Meter weiter liegt zwischen den Bäumen die Ruine Degelstein wie im Dornröschenschlaf. Viel ist nicht mehr übrig vom 1332 errichteten Gemäuer, fotogen sind die wildromantisch überwucherten Mauern dennoch. Wem jetzt nach einer Stärkung ist, der findet Kaffee und leckeren Kuchen oder kalten Gerstensaft im Strandcafé Lindenhof (Lindenhofweg 41, 88131 Lindau).

Unsere Route führt nun directamente nach Wasserburg, das sich mit seiner Halbinsel effektvoll in den bayerischen Bodensee schiebt. Vermutlich eines der meistfotografierten Motive am See. Wir schlendern über die Promenade (Halbinselstraße 73, 88142 Wasserburg) mit ihren teils skurrilen Skulpturen auf den Schiffsanlegersteg hinaus und genießen das Panorama. Vorbei an der zwiebelbetürmten St.-Georgs-Kirche und der Burg setzen wir unseren Weg fort. Einkehr gefällig? Von der Terrasse des Restaurants und Cafés Hegestrand 3 (Mooslachenstraße 3, 88142 Wasserburg, hegestrand3.de) hat man einen schönen Blick auf das kleine Naturschutzgebiet Wasserburger Bucht. Direkt auf der anderen Seite der Bucht liegt der Malerwinkel (Wasserburger Str. 42, 88149 Nonnenhorn), wo wir uns in den See werfen können.

Vom Malerwinkel fahren wir weiter auf dem Bodenseeradweg. Links von uns verhindern nun hohe Hecken und schicke Villen den Blick auf den See. Sobald allerdings links ein ausgedehnter Weinberg auftaucht, biegen wir sofort ab und rollen auf dem asphaltierten Weg hinab zum See. Wir halten uns erst rechts und biegen dann erneut links ab, bis wir die kleine Uferanlage im Paradies (88149 Nonnenhorn) erreichen. Im Schatten hoher Bäume bietet sich ein toller Blick auf Wasserburg. Wer hier aber ins Wasser möchte, muss die Mauer der Uferanlage herabklettern. Wir folgen der Straße Im Paradies, bis wir wieder auf dem Bodenseeradweg sind. Dem folgen wir durch Nonnenhorn vorbei am historischen Weintorkel, bis rechts die Mauthausstraße abzweigt.

Wir bleiben auf der Mauthausstraße und radeln nun durch alte Streuobstwiesen und dichte Obstplantagen. Im Dörfchen Hattnau halten wir uns rechts. Nach dem Ort zweigt rechts ein Weg zur Weinbar Pinot (Hattnau 62, 88142 Wasserburg), schmidt-am-bodensee.de, einer willkommenen Möglichkeit zur Einkehr mit grandiosem Blick über den See. Wer diesen Ausblick noch toppen möchte, kann nach der Rast einen Abstecher zur Antoniuskapelle (Selmnau 23, 88142 Wasserburg) machen. Dort hinauf ist es aber heftig steil. Nun erreichen wir Hengnau. Dort biegen wir die erste Möglichkeit rechts ab und lassen's bergab laufen. Zwischen einer Streuobstwiese rechts und einem Wäldchen links hindurch macht der asphaltierte Weg eine leichte Linkskurve. Direkt danach biegen wir scharf rechts in den Wald und folgen der schmalen Straße bis Bettnau.

Auf der Bettnauer Straße fahren wir dann nach Bodholz und von dort weiter durch die Obstgärten nach Schönau. Dort geht es vom Kellereiweg rechts auf die Schönauer Straße und sofort wieder links weiter auf dem Kellereiweg, der sich hier fortsetzt. Jetzt die zweite Möglichkeit rechts und abwärts nach Hochbuch. Nun rechts in die Tobelstraße und dann die nächste Abzweigung links den Hochbucher Weg entlang. Letzterer setzt sich – sobald er auf den Preisingerweg trifft – etwas links versetzt fort. Jetzt müsst ihr es eigentlich nur noch rollen lassen. Ohne nennenswerte Abzweigungen führt uns der Weg direkt über die Landtorbrücke zurück auf die Lindauer Insel. Am Kreisverkehr auf der Insel nehmen wir die erste Ausfahrt und folgen der Zwanzigerstraße, bis rechts der Milchpilz Lindau (Sina-Kinkelin-Platz 1a, 88131 Lindau) auftaucht. Im lauschigen Biergarten neben dem Pilz-Kiosk lassen wir unsere Rundtour ausklingen. Zum Inselbahnhof ist es von hier nur noch ein kurzes Stück.

Drei Seen, ein Ziel: Schloss Seefeld

38 RUND UM DEN AMMERSEE

Start/Ziel
BRÄUSTÜBERL SCHLOSS SEEFELD

48 Kilometer

170 Höhenmeter

Sportlich geht's zu auf der Tour mit einer steilen Auffahrt und einer steilen Abfahrt auf Wegen und Sträßchen, die zum großen Teil asphaltiert sind. Die Badehose brauchen wir nur bedingt, denn die Tour ist super interessant und abwechslungsreich. E-Bike-Ladestation am Andechser Bräustüberl.

Wir starten und gleich geht's 100 Meter hinauf zur Ebene über Pilsensee und Ammersee zum „Heiligen Berg" Andechs. Dort steil hinunter nach Aidenried und am Westufer des Ammersees entlang über Utting zum Hafen der Raddampfer in Stegen. Der Anstieg über den Stegener Berg führt uns nach Inning und über Bachern an den Wörthsee zurück an den Pilsensee.

Am Parkplatz unterhalb von Schloss Seefeld rüsten wir uns für den „day ride". Hier werden wir nach rund 48 Kilometern auch wieder zurück sein. Helm auf und los geht's Richtung Herrsching. Schon nach wenigen Metern führt die Tour steil bergauf nach Widdersberg, aber mit herrlichem Ausblick über den Pilsensee. Am Weiher fahren wir links zur Kirche. Der Dorfstraße folgen wir nach rechts und biegen dann nach Andechs ab. Hoch über dem Herrschinger Moos radeln wir zum „Heiligen Berg".

Wer Andechs sagt, meint das Kloster Andechs und die Wallfahrtskirche mit ihrem charakteristischen Zwiebelturm. Wir fahren die Bergstraße hinauf. Gleich links erscheint der Klostergasthof Andechs und danach das Andechser Bräustüberl (Mo–Fr 11–20 Uhr, Sa + So 10–20 Uhr, Tel. +49 8152 376261, Bergstraße 2, 82346 Andechs, www.andechs.de/gastronomie/braeustueberl) mit großem Biergarten und E-Bike-Ladestation.

Ich kehre gerne hier ein. Essen und Trinken hält zwar Leib und Seele zusammen, aber wir sollten doch einen Blick in die Wallfahrtskirche St. Nikolaus werfen. Der Innenraum ist überwältigend, ein Rokokojuwel bis ins Detail.

Wir rollen ins Dorf Andechs hinunter. An der Herrschinger Straße wenden wir uns nach rechts, um dann in der scharfen Rechtskurve auf den schmalen Weg einzubiegen. Wir folgen ihm hinunter zum Wald nach Wartaweil an den Ammersee. Weiter geht's parallel zur Straße nach Aidenried. Rechter Hand erstrecken sich die Seewiesen. Links oberhalb erblicken wir die Kirche St. Pankratius in Mitterfischen. Gleich am Ortsanfang von Vorderfischen radeln wir auf das Kupfermuseum (Mi–Sa 10– 16 Uhr, Tel. +498808 921721, Herrschinger Str. 1, 82396 Pähl, www.kupfermuseumfischen.de) im denkmalgeschützten Gutshof zu. Wir steigen ab und besichtigen die Kunstwerke. Siegfried Kuhnke hat Werke namhafter Künstler und Kuriositäten aus „Rotem Gold" zusammengetragen. Gleich daneben duftet es aus der Andechser Kaffeerösterei (Mo–Fr 10–18 Uhr, Sa 10–14 Uhr, Tel. +49 8808 9246104, Herrschinger Straße 1, 82396 Pähl-Fischen, www.andechser-kaffeeroesterei.de). Wir sind im Paradies der Bohnenbrüher.

Rechts geht's über die Ammer entlang der Staatsstraße nach Dießen. Das letzte Stück vor Dießen begleitet uns die Bahnlinie entlang der Jägerallee bis an den Ammersee. Von der Jahnstraße geht's durch den Park zur Seestraße. Rechts liegt der Dampfersteg, links der Bahnhof und vor uns der Kunst Pavillon (April bis Oktober, tgl. 11–18 Uhr, www.diessener-kunst.de), das Schaufenster Dießener Künstler und Handwerker. Schöne Dinge sind dort ausgestellt.

Wir folgen noch ein Stück der Seestraße, radeln links über den Bahnübergang und rechts zur Lachener Straße. Sie bringt uns nach Lachen. An der Lachen-Birkenallee geht's hinunter zum Kloster St. Alban der Benediktinerinnen an den Ammersee. Am Seeweg-Süd biegen wir ein und radeln an der Bahnlinie entlang Richtung Riederau. Beim Campingplatz liegt das Seerestaurant St. Alban mit schöner Aussicht von der Terrasse auf den Ammersee. Kurz vor Riederau könnten wir überlegen, noch im Seehaus einzukehren. Hier weht die französische Trikolore. Der Patron im Seehaus ist Monsieur Houillot. Jahrzehnte lang prägte der Bretone die feine, kreative Küche. Heute führt Florian Kiening den Kochlöffel mit asiatisch, indischen Einflüssen.

Am Bahnhof Riederau bleiben wir auf der Seeseite und radeln nach Holzhausen. Ab hier heißt der Weg nach Utting Eduard-Thöny-Straße. Schon bald liegt rechts das Jugendstil-Museum (Tel. +49 8143 93040, Eduard-Thöny-Straße 43, 86919 Utting), einst Wohnsitz des Bildhauers Mathias Gasteiger inmitten eines herrlichen Bauernparks. Am Bahnhof Utting wenden wir uns zum Schiffsanleger und biegen links in die Seestraße zum Campingplatz ab. Dort im Freizeitgelände gibt es das Restaurant Pavillon am See. Mit Blick zum See steuern wir auf Schondorf zu. An der Kirche führt unser Weg zum Restaurant Seepost und der Anlegesteg in den See.

Hinterm Anlegesteg macht die Seestraße eine Linkskurve, nach der wir in den Weingartenweg rechts abbiegen. Er führt am Ufer entlang nach Eching. Am Ende des Waldes beginnt Eching. Wir radeln auf der Kaagangerstraße bis zum Kreisverkehr. Dort wenden wir uns nach rechts und fahren parallel zur Straße, biegen dann rechts nach Stegen ab zum Parkplatz am Hafen der Bayerischen Seenschifffahrt (Tel. +49 8143 94021, Landsberger Straße 81, 82266 Inning, www.seenschifffahrt.de). Hier liegen die Juwelen des Ammersees vor Anker. Die Raddampfer Herrsching und Dießen mit stilvollem Ambiente versetzen wohl alle in die gute alte Zeit zurück. Hier starten die Rundfahrten über den See. Wir gönnen uns einen Einkehrstopp, entweder im Restaurant Fischer oder im Seehaus Schreyegg.

Zwei blaue Augen am Ammersee: Wir radeln nun über die Landsberger Straße nach Inning zur Kirche am Marktplatz. Rechts geht's zur Walchstadter Straße. Wir biegen links ein und rollen geradeaus hinunter an den Wörthsee nach Bachern.

Unten angekommen wenden wir uns nach rechts in die Fischerstraße und radeln zur Liegewiese. Die Wörthseestraße führt um das Erholungsgebiet herum zum Campingplatz in Schlagenhofen. Wir radeln nach Hechendorf zur Unterführung beim Bahnhof und weiter entlang der Seefelder Straße nach Seefeld, das Schloss schon fest im Blick. Nochmal die Staatsstraße queren und der Parkplatz unterhalb von Schloss Seefeld liegt rechts. Rad abstellen und zum Endspurt die Treppe hinauf zum Bräustüberl Schloss Seefeld im Wirtschaftshof. Hier gibt es noch mehr zu entdecken. Künstler-Ateliers und exklusive Boutiquen mit einzigartigen Dingen laden zum Stöbern und Shoppen ein.

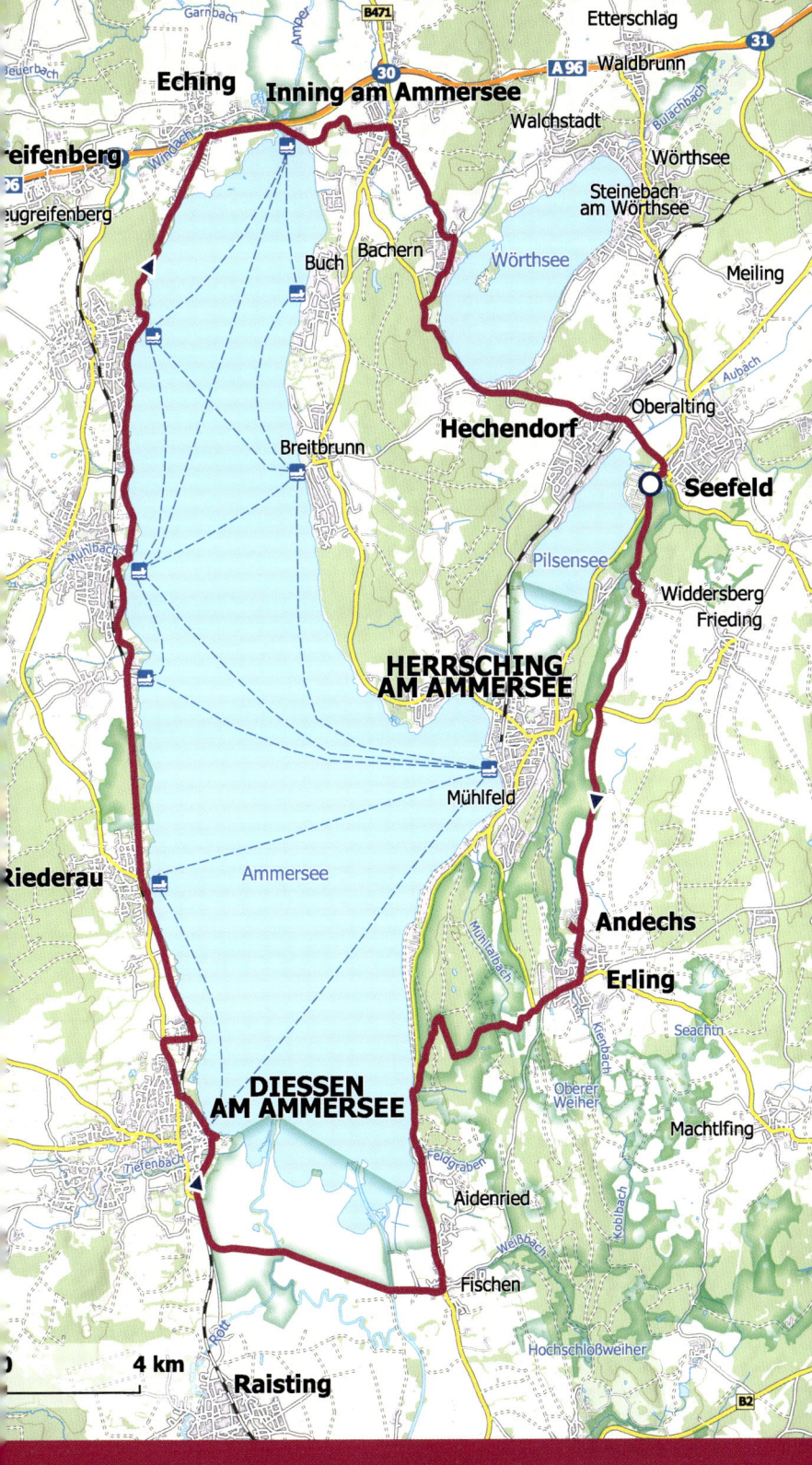

Sisi und Ludwig II. fanden es am Starnberger See auch ganz toll

39 RUND UM DEN STARNBERGER SEE

Start/Ziel
S-BAHNHOF STARNBERG

50 Kilometer

119 Höhenmeter

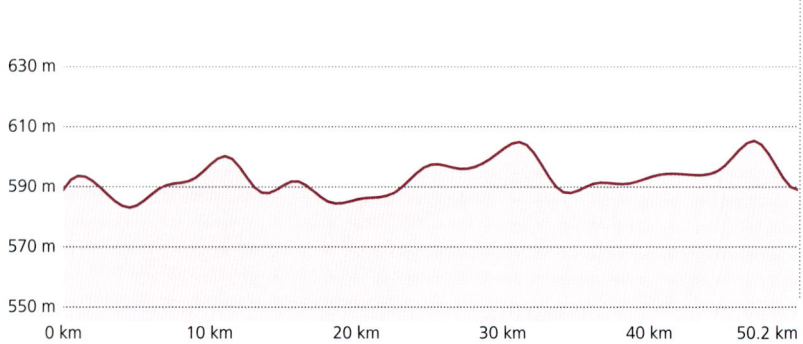

Im Prinzip eine tolle Tour für die Familie: Baden, einkehren, entdecken. Nur sind es rund 50 Kilometer um den See, jedoch ohne nennenswerte Steigung und meist auf asphaltierten Wegen. Alles eine Frage, wie der Tag gestaltet sein soll. E-Bike-Ladestation am Buchheim-Museum.

Den Starnberger See–Klassiker habe ich mir für den Frühling oder den Herbst vorgenommen, dann ist es am Starnberger See am schönsten. Eine Reihe ausgezeichneter Restaurants verführen mit super Aussichten über den See zum Verweilen.

Der beste Ausgangspunkt ist der S-Bahnhof Starnberg. Davor gibt es den P&R-Parkplatz. Zunächst sei verraten, dass wir hier auch wieder zurückkommen, also los. Am Bahnhof gehen wir durch die Unterführung zur Seepromenade. Wir wenden uns nach links und radeln zum Nepomukweg. Rechts geht's jetzt zum Seebad Starnberg (tgl. 10–21 Uhr, Tel. +49 8151 12666, Strandbadstraße 17, 82319 Starnberg, www.seebad-starnberg.de) mit Hallenbad und Strand am See. Über die Stufen der Nepomukbrücke müssen wir unser Rad tragen. Drüben wenden wir uns rechts zur Brücke am Lüßach in Percha. Auch mit Stufen hinauf und hinab. Der Uferweg führt uns weiter nach Kempfenhausen. Vor Berg treffen wir dann auf die Seestraße und fahren geradeaus zum Schiffsanleger beim Strandhotel Berg.

Die Straße macht eine Linkskurve, hinter der sich das Schloss Berg verbirgt. Jedes Jahr verbrachte König Ludwig II. hier den Sommer und erledigte von Berg aus seine Regierungsgeschäfte. Da es nicht zu besichtigen ist, radeln wir gleich um die nächste Ecke rechts und dann wieder rechts auf den Waldweg hinunter zur Votivkapelle am Starnberger See. Unterhalb im Seewasser wurde der Leichnam von König Ludwig II. gefunden. Ein Kreuz markiert die Stelle. Die Votivkapelle erinnert an den bayerischen Märchenkönig.

Der Weg führt weiter nach Leoni. Hier kehren wir beim Fischermeister Gastl ein. Es gibt selbst gebackenen Kuchen und deftige Sandwiches mit Räucherfisch aus der eigenen Fischräucherei im Hofladen. Das Ufersträßchen führt über Allmannshausen nach Ammerland. Dort gibt es ein Schlösschen, das sogenannte „Poccischlössl". Es besticht durch seine Außenansicht mit den beiden Zwiebeltürmen. Hier residierte einst Graf Franz von Pocci, Erfinder des Kasperl Larifari.

Über Seeheim erreichen wir Ambach. Gegenüber dem Schiffsanlegesteg steht das Gasthaus Zum Fischmeister. Die Seeuferstraße entfernt sich hier in einem Linksboden vom See. Dort biegen wir aber rechts ab und radeln am Ufer zum Campingplatz. Unterhalb des Platzes geht's zur Straße Am Schwaiblbach. Wir biegen rechts ab und erreichen den Biergarten des Buchscharner Seewirtes (tgl. 11.30–22 Uhr, Tel. +49 8801 2409, Buchscharn 1, 82541 Münsing, www.buchscharner-seewirt.com). Wir bewundern das schmucke Haus, das einst in der Tiroler Wildschönau stand und mit Zirbenstube hier wieder aufgebaut wurde. Rechts geht's auf schmalem Weg zum Ufer und dann entlang der Staatsstraße zur Zufahrt zum Restaurant Zum kleinen Seehaus. Wir queren die Zufahrt und fahren nach Sankt Heinrich zum malerischen Gasthaus Fischerrosl

(Di–So 11.30–14.30 Uhr + 17–22 Uhr, Tel. +49 8801 746, Beuerbergerstraße 1, 82541 St. Heinrich, www.fischerrosl.de) mit Fischereimotiven an der Fassade.

Wir radeln am Südufer entlang der Straße nach Seeshaupt. Auf der Hauptstraße geht's durch den Ort bis zur Tutzinger Straße, die uns rechts nach Seeseiten bringt. Bevor wir rechts zum Schloss Seeseiten abbiegen, lockt der Gasthof Café Seeseiten mit Biergarten zur Einkehr. Genießen wir den wunderschönen Ort. Jetzt rechts zum Schloss Seeseiten. Ist auch Privatbesitz. Also gleich weiter geradeaus Richtung Bernried. Am Bernrieder Park halten wir uns zum Ufer und radeln auf dem Unteren Seeweg zum Kloster Bernried der Missions-Benediktinerinnen. An der Klosterkirche St. Martin wenden wir uns nach links zur Dorfstraße und fahren vor zur Tutzinger Straße beim Yachthafen. Geradeaus kommen wir zum Buchheim-Museum. Ich bin gerne hier, zwischen Kunst und Genuss und einer E-Bike-Ladestation.

Wir wenden uns zu den Parkplätzen des Buchheim-Museums und radeln nach Unterzeismering. Von der Staatsstraße biegen wir rechts ab in den Höhenrieder Weg und radeln zum Sportboothafen. Dort queren wir die Erlenstraße und stoßen auf die Lindenallee. Rechts folgen wir ihr zur Tennisanlage am Johannishügel und fahren am seeseitigen Hang entlang, rechts geht´s zum Museumsschiff Tutzing, zum Kustermannpark in Tutzing. An der Hauptstraße nun rechts kommen wir zum Schloss Tutzing, heute Evangelische Akademie. Auf der Schlossstraße geht's rechts hinunter an den See zum Anlegesteg der Bayerischen Seenschifffahrt. Über die Marienstraße gelangen wir zum Brahmsweg und folgen ihm linkshaltend zum Midgardhaus auf der kleinen Halbinsel am See. Hier genießen wir den wahrscheinlich schönsten Ausblick mit Alpenkulisse. Der Ebersweg führt uns zum Nordbad Tutzing und zum Freibad Garatshausen.

Auf dem Seeuferweg erreichen wir die Fähre zur Roseninsel (Fährzeiten im Mai 11–18 Uhr, Juni bis September 10–18 Uhr, September bis Oktober 11–18 Uhr, Tel. +49 0151 28741905) und lassen uns in einer Zille übersetzen. Der Märchenkönig Ludwig II. empfing in der Villa Kaiserin Elisabeth „Sisi" von Österreich. Auf dem Festland geht's zum Strandbad Feldafing und zum Forsthaus am See mit italienischer Küche und einzigartiger Seeterrasse. Wir kommen zum Anlegesteg Possenhofen und radeln links zum Sisi-Schloss Possenhofen, einst bewohnt von der Kaiserin Elisabeth von Österreich. Beim Schloss biegen wir links ab zum Gasthaus Zum Fischmeister. Gegenüber zweigt unser Weg zur Jugendherberge ab. Hinter dem Zufahrtsweg zur Herberge wenden wir uns nach links, queren die Staatsstraße und radeln rechts über den Paradies-Parkplatz, am Ende dann in den Wald hinauf nach Niederpöcking. Am Oberen Seeweg links gelangen wir zur Wilhelmshöhenstraße in Starnberg. Ihr folgen wir hinunter zur Possenhofener Straße. Parallel zur Hauptstraße geht's bis zur Bahnunterführung, die rechts abzweigt. Vor uns der Segelverein Bayern. Die Seepromenade führt uns nun am legendären Wirtshaus Undosa, heißt heute H'ugo's Beach Club und ist ein Italiener, vorbei zum S-Bahnhof Starnberg. Wenn wir noch einmal durch die Bahnhofsunterführung gehen, sind wir zurück am P&R-Parkplatz.

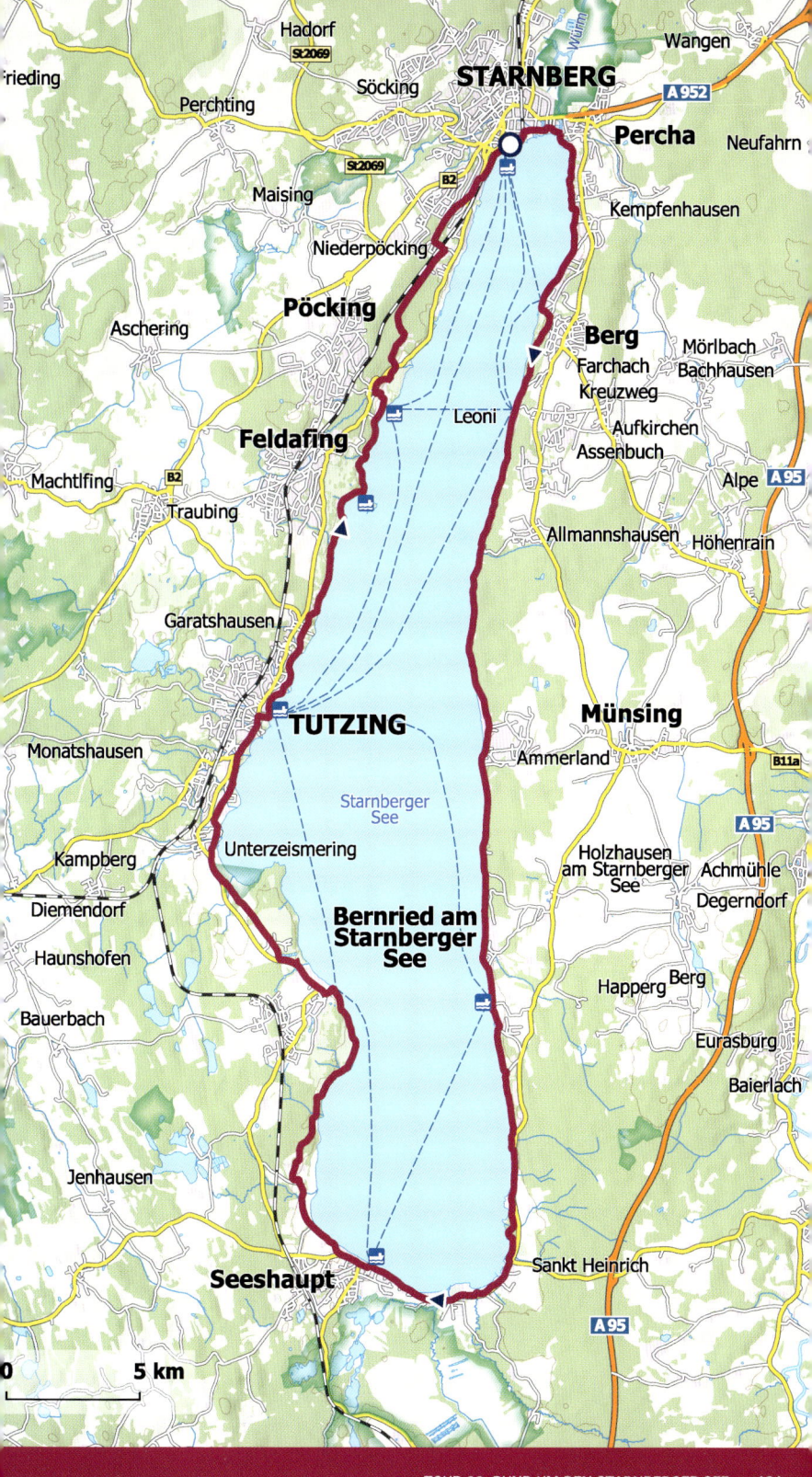

Original Ochsenbraten wie zum Oktoberfest

40 ZUM GRÖSSTEN MÜNCHNER BIERGARTEN

Start/Ziel
BLUTENBURG

27 Kilometer
41 Höhenmeter

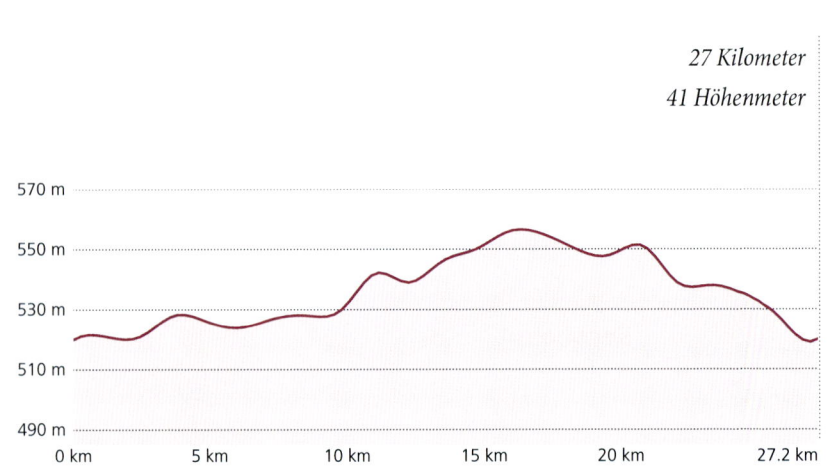

Dank der Münchner Schotterebene haben wir keine natürlichen Steigungen, nur an den Brücken geht's aufwärts. Die Bäume in den Grünzügen bieten guten Schatten. Bis auf wenige Ausnahmen radeln wir auf asphaltierten Wegen.

Von der schönen Blutenburg und der herzzerreißenden Geschichte von der Bernauerin, die wie der Münchner Stadtschreiber festhielt, „am 15. Oktober 1435 gen hymel gefertigt hett", zum größten Münchner Biergarten im Königlichen Hirschgarten. Hirsche gibt es hier aber auch. Dann wartet auf uns das Asien-Ensemble im Westpark. Am schattigen Ufer der Würm entlang geht's wieder zur Blutenburg, vielleicht zum Pfälzer Herbstweinfest.

Wir treffen uns auf dem Parkplatz am Seldweg an der Blutenburg. Hier sei erwähnt, dass wir hier auch wieder ankommen, fahren kurz Richtung Blutenburg und dann links auf dem Schirmerweg bis zum Feldrand. Hinter Bäumen versteckt liegt das russisch-orthodoxe Kloster des Heiligen Hiob. Links auf den Weg einbiegen und wir fahren, die Grandlstraße überquerend, zur Siedlung Am Durchblick an der Frauendorferstraße. Gleich am Anfang der Siedlung biegen wir rechts ein und erreichen die Brücke am Nymphenburger Kanal. Hinüber geht's, gleich links abbiegen und unter der Bahnbrücke hindurch zum Schlosspark Nymphenburg, einem prächtigen barocken Landschaftsgarten. Hinter der Bahnbrücke halten wir uns halb rechts zur Schlossparkmauer und radeln an ihr entlang zur Margarethe-Danzi-Straße. Wir fahren über den Parkplatz zwischen den Sportanlagen, stoßen an die Bahngleise und radeln nach links an ihnen entlang zum neuen Wohnquartier Hirschgarten. Wir biegen links in den Königlichen Hirschgarten ein zum Damwild- und Muffelwildgehege. Das Restaurant Hirschgarten (11–24 Uhr, Hirschgarten 1, 80639 München, +49 89 17999119, www.hirschgarten.de) war früher das Haus des Jägers, so um 1780. Im Schatten zahlloser Kastanien und Sonnenschirme finden wir Münchens größten Biergarten. Der richtige Ort für ein gemütliches Feierabendbier und um Freunde zu treffen.

Vom Parkplatz beim Restaurant radeln wir auf der Königsbauerstraße zur Kreuzung der Arnulfstraße mit der Wilhelm-Hale-Straße. Entlang der Wilhelm-Hale-Straße gelangen wir zum S-Bahnhaltepunkt Hirschgarten. Es geht geradeaus über die Friedenheimer Brücke und Landsberger Straße in die Elsenheimerstraße und weiter geradeaus durch die Lautensackstraße bis zur Zschokkestraße. Die Hans-Thonauer-Straße beginnt gegenüber und führt uns zur Nördlinger Straße. Dort biegen wir links ein und erreichen über die Siegenburger Straße den Westpark am Audidom (Grasweg 74, 81373 München). Früher traten hier Queen, Frank Zappa, Kiss und Bruce Springsteen auf. Das „Ufo", architektonisch betrachtet, ist heute Basketballarena und Heimat der Basketballmannschaft des FC Bayern München.

Daneben liegt der Hopfengarten (Mo–Fr 14–23 Uhr, Sa, So, Feiertag 11–23 Uhr, Siegenburger Str. 43, 81373 München, +49 89 7608846, www.hopfengarten.de), ein Biergarten und Bühne für neue Münchner Bands, live on stage. Weiter geht's hinunter an den Mollsee und rechts an ihm entlang über die Brücke der Garmischer Straße in den Westpark und darin zum Westsee. Der Westpark im Überblick: China- und Japangarten, Seebühne, Rosengarten. Hier blühen im Frühjahr 20.000 Rosen in 500 verschiedenen Arten. Oberhalb des Rosengartens liegen, was München so angenehm macht, ein Wirtshaus und ein Biergarten, nämlich das Wirtshaus am Rosengarten (10–1 Uhr, Westendstr. 305, 81377 München, +49 89 57869300, www.wirtshausamrosengarten.de). Am großen Parkplatz halten wir uns links zur Gilmstraße und erreichen die Ehrwaldstraße. Hier nun rechts einbiegen zur Fürstenrieder Straße und links zum Waldfriedhof. Die Straße am Waldfriedhof und neben der Autobahn heißt Forst-Kasten-Allee. Schloss Fürstenried ist bald erreicht. Es wird auch das kleine Nymphenburg genannt, wegen seiner Ähnlichkeit mit dem großen Schloss. Leider ist es nicht zu besichtigen. Also halten wir uns auch nicht lange auf und radeln zum Traditionswirtshaus Einkehr zur Schwaige (11–22 Uhr, Forst-Kasten-Allee 114, 81475 München, Tel. +49 89 72447622, www.einkehr-schwaige.de), natürlich mit Biergarten.

Unweit zweigt rechts die Tischlerstraße ab. Wir folgen ihr bis an den Weg, der hinter der Unterkunft für Flüchtlinge links der Straße in den Wald führt. Wir gelangen an die Straße Haderner Weg, queren sie und radeln bis zur nächsten Wegekreuzung im Fürstenrieder Wald. Rechts einbiegen und geradeaus fahren bis an den breiten Querweg, der Großhadern mit Martinsried verbindet. Wir biegen links ein zum Campus Martinsried der LMU. Der versteht sich als Life Science Campus für Biologie und Medizin. Hier werden Grundlagenforschung und Anwendung praxisnah verbunden, unsere Zukunftsschmiede. Die Straße Am Klopferspitz führt nach rechts über die Würmtalstraße bis zur asphaltierten Großhaderner Straße mitten im Wald des Lochhamer Schlags. Links biegen wir ein und erreichen den Friedhof von Gräfelfing. Vor dem Friedhof nun rechts und an der Lohenstraße links abbiegen.

Jetzt sind wir an der Pasinger Straße in Gräfelfing und radeln hinüber über die Würm zum Kirchweg. Er führt uns rechts über die Lochhamer Straße und die Autobahn in den Paul-Diehl-Park. Dort halten wir uns rechts noch einmal über die Würm in den Pasinger Stadtwald hinein. Die Würm zur Linken radeln wir durch den Park. Der Weg macht einen Rechtsbogen zur Brücke über den Kanal. Gleich dahinter links auf den Weg einbiegen, der uns nun entlang des Kanals zur Institutstraße führt. Jenseits des Kanals auf den Weg rechts einbiegen und zur Kaflerstraße radeln. Nach der Kurve links in den Hermann-Hesse-Weg einbiegen und unter der Bahnanlage hindurch geht's zur Theodor-Storm-Straße. Rechts in der Kurve zweigt der Schirmerweg ab, der uns zurück zum Parkplatz an der Blutenburg führt. Jetzt nehmen wir uns noch die Zeit zur Einkehr in der romantischen Schlossschänke Blutenburg. Das malerische Idyll mit fünf kleinen Türmen, Herrenhaus und Schlosskapelle, ist wunderschön für eine kirchliche Trauung; Schlossweiher und eine parkähnliche Anlage ringsum dürfte auch den letzten Ausflugsmuffel zum Freiluftliebhaber bekehren.

Zwischen Feldmoching und Oberschleißheim vor den Toren Münchens

41 SCHLOSS SCHLEISSHEIM

Start/Ziel
PARKPLATZ AM LERCHENAUER SEE

26 Kilometer

17 Höhenmeter

Das ist eine super Familientour mit viel Abwechslung für die Kleinen und uns Großen auf fast durchgehend asphaltierten Wegen ohne Steigung. Straßen mit viel Verkehr haben wir nicht zu befürchten.

Drei Badeseen am Weg laden zum Schwimmen ein und der 2200 m lange Munich Beach an der Ruderregatta-Anlage zum Sonnenbaden im Sandstrand zu karibischen Cocktails. Am Flugplatz Oberschleißheim treffen wir uns mit Skatern und im Schlosspark nimmt uns der Gondoliere in seiner venezianischen Gondel mit.

Der Parkplatz am Lerchenauer See in der Lassallestraße ist der Einstieg zu unserem Feierabend-Ride. Nach der Rundtour werden wir ihn wiedersehen. Mächtige alte Bäume säumen den Badesee neben der „Siedlung am Lerchenauer See", einem Landschaftssee vor der Hochhauskulisse im Münchner Norden. Ganz am Ende der Lassallestraße, bei der Grundschule, biegen wir auf den Weg nach links entlang der Schule ein und unterfahren die S-Bahngleise zum Fasaneriesee. Auch hier könnten wir die Badehose auspacken. Rechts folgen wir dem Ufer zum Parkplatz an der Lerchenauer Straße. Jetzt geht's auf der Lerchenauer Straße nach Feldmoching hinein. An der Herbergstraße wenden wir uns nach rechts und biegen dann nach links ab zur Hochmuttinger Straße. Gleich hinter dem Bahnübergang führt uns der Schotterweg unter dem Autobahndreieck durch zum Königsstraßl unter die Bäume des Korbinianiholzes.

Am Ende des schattigen Waldes stoßen wir auf das Gelände, auf dem die Fliegerstaffel der Bundespolizei stationiert ist. Sie ist ein Sonderlandeplatz am nördlich gelegenen Flugplatz Oberschleißheim. Wir teilen uns die Allee mit zahlreichen Skatern, die die 9 Kilometer lange Asphalt-Rennstrecke rund um den Flugplatz super finden. Wir radeln auf der Jägerstraße zur Münchner Allee und dort dann links zum Gut Hochmutting. Am Gutshof der Familie Hoyer werden noch Schafe gehalten, die auf der Hochmuttinger Heide ihr Futter finden. Am Flugplatz Oberschleißheim selbst sind Segelflieger und Motorflugzeuge beheimatet. Wir können hier selber abheben, natürlich mitfliegen während eines Rundfluges. Schon der Abflug in Richtung Osten führt direkt zur Allianz-Arena, über München bis in die Alpen. In der Abenddämmerung sorgt der Sonnenuntergang am Flugplatz für eine herrlich sportlich-romantische Atmosphäre, zumal es hier schöne Biergärten gibt, wie den Fliegertreff bei den Flugzeughallen, oder die Pizzeria Zum Phönix in der Effnerstraße. Die Münchner Allee führt uns mit Blick auf die startenden und landenden Flugzeuge geradewegs dorthin, zur links abzweigenden Effnerstraße am Skatepark.

Die Schlosswirtschaft Oberschleißheim (Maximilianshof 2, 85764 Oberschleißheim, +49 89 315 15 55) erreichen wir, indem wir der Effnerstraße rechtsherum folgen. Wir stehen vor dem Alten Schloss Schleißheim, gegenüber ist das Neue Schloss und dahinter der Schlosspark. Lang zieht er sich mit seinen schattigen Wegen bis zum Lustschlösschen Lustheim. Also einmal Lustwandeln durch den Park, nachdem wir das Rad am Eingang abgestellt haben. Und wenn der Gondoliere seine echte venezianische Gondel über den Mittelkanal des Schlossparks führt und dabei noch romantische Lieder vorträgt, wie zur Zeit von Kurfürst Max II. Emanuel, überkommt uns das Flair von Venedig – La Gondola Barocca (Schloss Lustheim 1, 85764 Oberschleißheim, +49 89 24295106, www.la-gondola-barocca.de).

Technikfreaks sind da besser in der Flugwerft Schleißheim (9–17 Uhr, Effnerstraße 18, 85764 Oberschleißheim, www.deutsches-museum.de/flugwerftschleissheim) aufgehoben. Südlich der Schleißheimer Schlösser entstand 1919 ein Flugplatz für die königlich-bayerischen Fliegertruppen. Heute ist der Flugplatz ein Eldorado für Segelflieger und Sportpiloten. Anfang der 1990er Jahre beschloss man, an diesem historischen Ort eine Ausstellungshalle zu errichten, eine Zweigstelle des Deutschen Museums, mit Ausstellungen, Workshops und Programm. Die Ausstellung zeigt Exponate aus allen Epochen der Luftfahrtgeschichte, von frühen Gleitflugapparaten bis zum Eurofighter.

In diesen Geschwindigkeiten radeln wir aber gewiss nicht zur Olympia-Regattastrecke. Nein, wir folgen der Effnerstraße in den romantischen Wilhelmshof des Alten Schlosses, wenden uns nach links und dann geradeaus über die Bahngleise in die Veterinärstraße. Hinter den Gebäuden der LMU fahren wir nach rechts über die Felder und die Autobahn zur Ruderregattastrecke. Links liegen der Regattaparksee und das Munich Beach Resort (Mo–Fr 15–21, +49 89 3155723, www.mbr.bayern) mit herrlich weißem Sandstrand direkt an der Regattastrecke und auf olympischem Boden. Wir schnappen uns einen Liegestuhl und genießen einen der wohl schönsten Sonnenuntergänge zum gemütlichen Feierabendbier oder zu einem karibischen Cocktail an den Beachbars. Am Ende des 2200 Meter langen Strands radeln wir hinunter an den Weg und im spitzen Winkel links über die Felder nach Feldmoching. Die Schwarzhölzlstraße führt uns durch die Brücke der Autobahn zur Straße Sommerweide, die rechts abzweigt. Wir queren die Karlfelder Straße zur Ferchenbachstraße am Feldmochinger See.

Am Seehaus Feldmoching (11–23 Uhr, Ferchenbachstraße 209, 80995 München, +49 89 20032320, https://seehaus-feldmoching.eatbu.com/?lang=de) gleich vor dem See wird uns in einem schönen kleinen Biergarten großartige griechische Küche serviert. Weiter geht's zum Badestrand am Ufer des Sees, der von vielen alten Bäumen und Sträuchern gesäumt wird, die viel Schatten auf den weiten Liegewiesen geben. Urlaubsfeeling am Münchner Stadtrand. Wir kommen zu einer kleinen Siedlung. Am hinteren Siedlungsrand zweigt links ein Weg ab, der uns hinüber zur Fasanerie an die Pappelallee führt. Wir fahren rechts durch den Stadtteil von München zum Grünzug vor dem Rangierbahnhof München-Nord. Der Schotterweg führt vor den Gleisen nach links, leitet uns durch die Brücke an der Feldmochinger Straße an die Lassallestraße. Die Wegebrücke lassen wir rechts liegen und fahren zurück an den Ausgangspunkt zum Parkplatz am Lerchenauer See.

Münchner Altstadttour mit bayerischer Lebensart

42 SZENEVIERTEL UND SCHMANKERLN

Start/Ziel
ALTEN UTTING

14 Kilometer
20 Höhenmeter

Da es keine Steigung gibt und die Tour recht kurz ist, wäre sie für die Familie gut geeignet. Aber die Hotspots auf der Route sind eher etwas für Junge und ältere Leute. Die Wege und Straßen sind fast ausschließlich asphaltiert.

Die Tour ist echt etwas für Szenegänger, oder Szeneradler, vom Schlachthof zum Glockenbachviertel an die Sandstrände mit Liegestühlen und karibischen Cocktails zum Sonnenuntergang an die Isar. Nicht zu vergessen kommen wir auch am Eisbach vorbei, dem Hotspot an der besten Surfwelle Bayerns. Am Viktualienmarkt gibt es noch die leckersten kulinarischen Happen vor 20 Uhr.

Morgens wie abends herrscht hier lebendiges Treiben, am alten Ammersee-Dampfer, MS Utting, quer über der Straße liegend, vier Meter über uns, auf der Brücke über der Lagerhausstraße. Die Alte Utting (Mo-Do 16–24, Fr 16–2, Sa 10–2, So 10–22 Uhr, Lagerhausstraße 15, 81371 München, +49 89 707770, www.alte-utting.de) ist Münchner Szene-Hotspot und Eventlocation mit Livemusik, Comedy und Workshop. Toll, um zu chillen.

Auf zum nächsten Hotspot, zum Bahnwärter Thiel (Mo 17–22, Di–Do 17–24, Fr 16–1, Sa 14–1, So, Feiertag 14–23 Uhr, Tumblinger Straße 29, 80337 München, +49 89 45215063, www.bahnwaerterthiel.de) gleich ums Eck. Wir radeln auf der Thalkirchner Straße und an der Tumblinger Straße rechts durch die Bahnbrücke. Hier im Schlachthofviertel erwartet uns ein kurioses Sammelsurium aus Münchner Tram- und U-Bahnwägen, ein pulsierender Ort der Kunst und Kultur. In einer U-Bahn mit umliegender Sonnenterrasse gibt es ein Bistro, das Treffpunkt für Menschen aus aller Welt ist. Echt coole Gegend. Am Münchner Volkstheater geht es nach rechts durch die Zenettistraße zum Schlachthof in die Isarvorstadt. Damit wir uns richtig verstehen, ich meine das Kabarett und das Wirtshaus im Schlachthof.

Am Ende der Zenettistraße schwenken wir nach links in die Thalkirchner Straße ein und erreichen die Kapuzinerstraße am Alten Südlichen Friedhof. Gleich hinter dem Westermühlbach liegen das absolute In-Viertel Münchens, das Glockenbachviertel und der Hotspot Gärtnerplatz. Es gibt unzählige angesagte Bars, Kneipen und urige Wirtshäuser hinter den wunderschönen Altbaufassaden. Lassen wir die Atmosphäre auf uns wirken und radeln durch die Geyerstraße zur Straße Am Glockenbach, links durch die Jahnstraße. An der Westermühlstraße links-rechts durch die schmucke Hans-Sachs-Straße, rechts durch die Müllerstraße zur Fraunhoferstraße. An der Klenzestraße biegen wir links ab zum Gärtnerplatz. Ein idealer Platz zum Verweilen, bevor es durch die Corneliusstraße an die Isar geht. Der Isarbalkon wird in den Sommermonaten zum Kulturstrand (12–22 Uhr, Corneliusbrücke, 80469 München), zum karibischen Paradies mit Strandbar, Loungemusik und feinem Sand.

Gegenüber befinden wir uns schon in der Au. Ein Stadtteil mit Tradition und Brauchtum, erlebbar bei einem Zwischenstopp im Wirtshaus in der Au (Lilienstr. 51 81669 München, +49 89 4481400, www. wirtshausinderau. de) am Paulanerplatz. Wenn's dann doch lieber ein cooler Biergarten sein soll, radeln wir durch die Lilienstraße zum Biergarten an der Eventlocation Muffathalle. Ein toller Badestrand liegt gleich nebenan, direkt an der Isar mitten in der Stadt. Man muss dort mal gebadet haben. Über den Kabelsteg geht's auf die Praterinsel. Auch hier lädt der schöne Praterstrand (Mo 15–23, Di–Fr 13–23, Sa, So 11.30–23 Uhr, Praterinsel 3-4, 80538 München, +49 89 41 68180, www.feinkost-kaefer.de/praterstrand) zum Bleiben ein. Beachfeeling an der Isar.

Von der Insel geht's hinüber zum Maximilianeum und rechts hinunter ans Ufer zu den Maximiliansanlagen. Am Abend ist der Sonnenuntergang am Maximilianeum fantastisch. Tagsüber genießen wir den Blick auf die Altstadt. Am Denkmal des Friedensengels können wir gleich zwei Aussichten genießen: einerseits den Blick zur Prinzregentenstraße und zum Bayerischen Nationalmuseum, andererseits die Schönheit der Statue in Gold. Die Blickrichtung fixiert unser nächstes Ziel, die Prinzregentenstraße und an ihrem Ende die Eisbachwelle, beliebter Hotspot für Surfer, Zuschauer und Fotografen. Warum hier so viele junge Leute zuschauen? Die Stimmung ist einfach locker.

Hinter dem Haus der Kunst geht's hinüber in den Dichtergarten und am Hofgarten entlang zum Odeonsplatz. Hier gibt's das, ein historisches Caféhaus mit klassischer Einrichtung. Ein Italiener, bei dem auch Kuchen serviert wird. Weiter durch die Brienner Straße Richtung Karolinenplatz mit dem großen Obelisken in der Mitte. Vor uns nun der Königsplatz mit den Propyläen, dem imposanten Stadttor im griechischen Stil und prunkvolles Entree zum Königsplatz mit Glyptothek und Antikensammlung. Wir halten uns anschließend links und radeln direkt auf das Parkcafé am Alten Botanischen Garten zu. Mondäne Atmosphäre mit gemütlichem Biergarten.

Am Karlsplatz erhebt sich der Justizpalast, ein barocker Prachtbau mit mächtiger Kuppel. Hier wechseln wir die Straßenseite zum Stachusbrunnen. Er ist geradezu eine Münchner Institution. Die einen setzen sich hier auf die Steinblöcke und genießen, leicht berieselt, ihr Mittagssandwich, die anderen gönnen sich nach dem Einkaufsbummel gleich die Komplettdusche. Hier endet oder beginnt, je nachdem von wo man kommt, die Shoppingmeile der Münchner, die Neuhauser- und Kaufingerstraße. Auf jeden Fall kommen wir am Stammhaus der Augustiner Brauerei vorbei.

Vom Bauernmarkt zum Feinschmeckerparadies: Auf zu den Hotspots der Münchner „Touris", zum Marienplatz und Viktualienmarkt. Wenn wir noch vor 20 Uhr dort sind, können wir zwischen den Figurenbrunnen mit Karl Valentin, Liesl Karlstadt & Co. Obst, Gemüse, Fisch und Fleisch kaufen. Das nächste Highlight ist die jüdische Synagoge am St. Jakobsplatz gleich ums Eck. Ein Ort des Nachdenkens. Von hier radeln wir hinüber zur Sendlinger Straße und folgen ihr zum Sendlinger Tor an der Sonnenstraße. Von dort geht's nach links zur Thalkirchner Straße, wo wir am Alten Südlichen Friedhof entlang zurück zur Großmarkthalle radeln. Hinter der Bahnbrücke liegt immer noch die Alte Utting vor Anker. Ahoi an Bord.

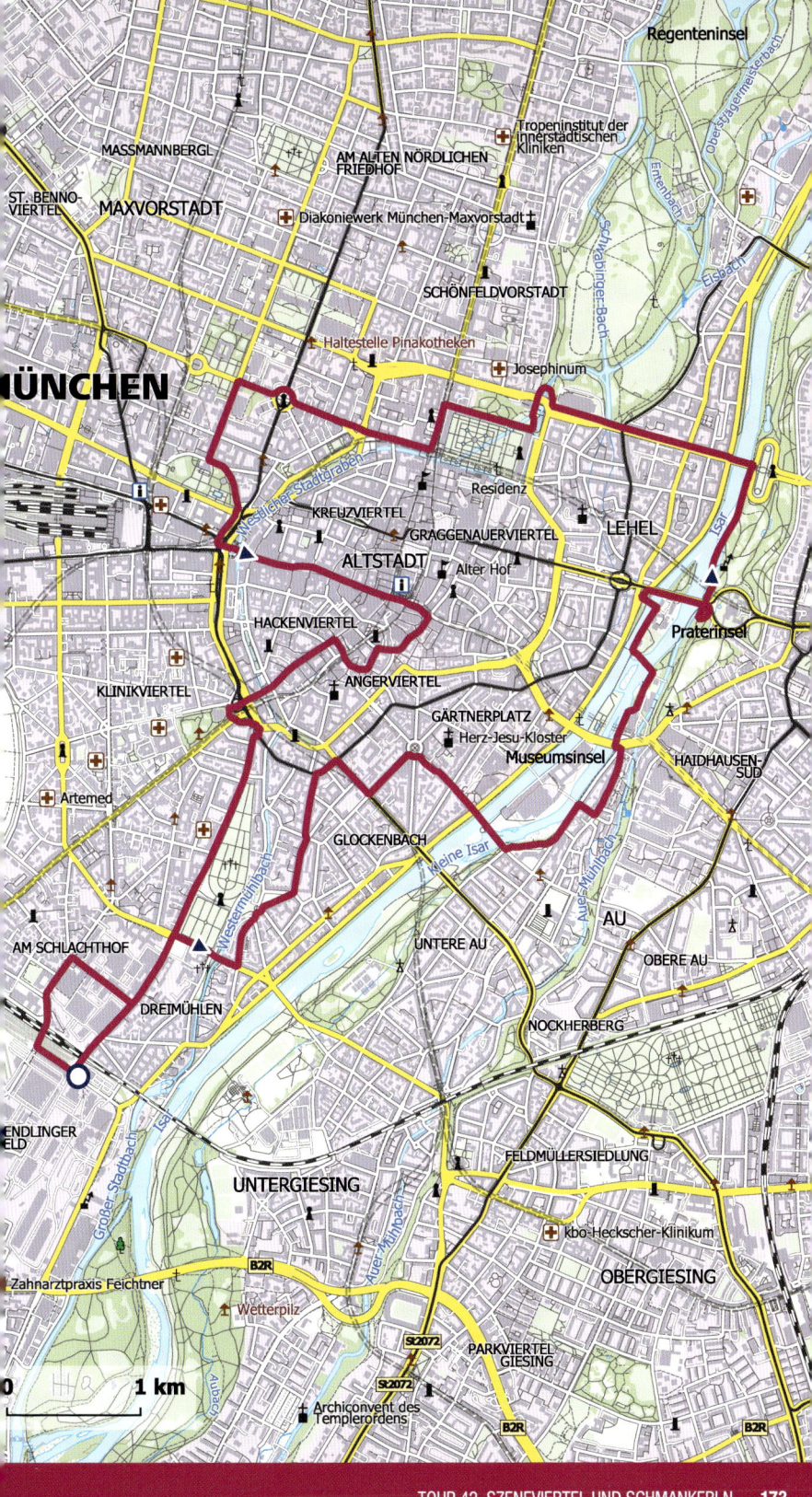

Von Rosenheim zum Hofstätter See und Rinssee

43 BADETOUR AB ROSENHEIM

Start/Ziel

INNBRÜCKE ROSENHEIM

22 Kilometer

200 Höhenmeter

Eine sehr leichte Feierabendtour, bei der viel Zeit für Pausen bleibt. Die Runde eignet sich ebenso hervorragend als Tagesausflug mit Kindern – auch in Kombination mit dem Moorlehrpfad Burger Moos. Unbedingt Badesachen einpacken!

Unweit der geschäftigen Stadt Rosenheim liegt ein idyllisches Stück Land mit zwei Badeseen, dem Hofstätter See und dem Rinssee. Für Feierabendradler sind sie lohnende Ziele. Auch der Rückweg in die Stadt ist keineswegs langweilig.

Unser Feierabendausflug ins Grüne beginnt an der Innbrücke Rosenheim unterhalb des Schlossbergs, von der es bergauf losgeht. Vor der Metzgerei Bauer biegen wir links ab in die Wasserburger Straße, der wir auf ganzer Länge durch den Rosenheimer Ortsteil Höhensteig folgen. Nach den Häusern von Graben erreichen wir eine Kreuzung. Beim Stoppschild geht es links Richtung Wasserburg. Nun radeln wir etwa 1,6 km lang auf dem neben der Straße verlaufendem Radweg. Hinter dem Weiler Lack biegen wir rechts ab Richtung „Prutting 5 km" und zum Hofstätter See. Die Asphaltstraße führt für fast 2 km durch Wald. Am Ende des Waldes verweist ein Schild auf den Abzweig zum Strandhaus am Hofstätter See (Eintritt frei, www.badekiosk-team-chiemgau.de).

Der Imbiss ist während der Badesaison bei schönem Wetter geöffnet. Abseits vom Strandhaus können wir es uns auf der kleinen Liegewiese bequem machen. Wenige Meter südlich des Gebäudes beginnt der Moorlehrpfad Burger Moos: Der etwa 3,5 km lange Lehrpfad mit 14 Informationstafeln ist kein Rundweg. Wenn du Lust und Zeit hast, gehst du den Lehrpfad zu Fuß bis Station 13 und zurück, Station 14 liegt auf unserem Radweg am anderen Seeufer. Du lernst die Entstehung verschiedener Moortypen kennen, erfährst Wissenswertes über die Pflanzen- und Tierwelt der Moore und kannst sogar etwas über Moorleichen lernen.

Wir radeln weiter auf dem Asphaltsträßchen mit Blick auf den Hofstätter See und ignorieren den ersten Straßenabzweig nach Prutting. Erst beim Vorfahrtsschild halten wir uns rechts Richtung Prutting sowie Aich und Nendlberg. Den Hof Hub lassen wir links liegen und in Aich biegen wir Richtung Nendlberg und Straßwend ab. In Nendlberg überraschen ein paar schöne alte Hofgebäude. Gleich hinterm Ort treffen wir auf die hübsche Feldkapelle Nendlberg. Wir rollen auf Asphalt nordostwärts, vorbei am Weiler Straßwend und kommen zum Badeplatz am Südufer des Rinssees. Er besitzt keine Infrastruktur und wird weniger genutzt als das direkt gegenüber befindliche Strandbad am Nordufer. Von der Liegewiese können wir bequem flach in den See waten.

An der Hauptstraße fahren wir links Richtung Söchtenau. Selbstverständlich nutzen wir den Straßenradweg und stoppen am Hof Rins, um uns ein Rinser Natureis (www.rinser-natureis.de) zu gönnen – oder vielleicht auch zwei? Das leckere Eis wird im Sommer auch am Kiosk des Strandbades Rinssee (Eintritt frei) verkauft. Ab dem Hof folgen wir weiter dem Radweg, biegen links ab, und schon sind wir an der Badestelle mit Kiosk und Toiletten.

Nach einer gemütlichen Badepause folgen wir vom Strandbad Rinnsee dem Asphaltsträßchen in nordwestliche Richtung und staunen über ländliche Kunstwerke am Straßenrand: ein Pferd geschmiedet aus Hufeisen und ein pflügender Bauer im Kettenhemd. An einer Kiesgrube vorbei erreichen wir bald die kleine Feldkapelle Spöck. Dort führt der Wasserburger Radrundweg nach rechts – wir fahren allerdings vor der Kapelle links Richtung Seehub. Wo es links nach Spöck geht, radeln wir nach rechts und kommen so nach Seehub. Dort lohnt sich der Blick in Seidls Hofladen (Facebook: Seidl's Hofladen). Neben hofeigenen Fleisch- und Wurstwaren kann man köstliche Marmeladen und Gelees, Schnäpse und Liköre, Honig und andere Lebensmittel einkaufen. Es gibt eine „Kasse des Vertrauens".

Hinter Seehub halten wir uns beim Vorfahrtsschild links und übersehen sicherlich nicht die gepflegte Kapelle Seeleiten, die bereits 1821 erbaut wurde. Wir passieren den Hof Entberg, dann biegen wir beim Vorfahrtsschild rechts ab Richtung Vogtareuth. Nur 200 m weiter, bei einem Feldkreuz, geht es nach links. Wir treten leicht bergan und radeln auf einem Schotterweg oberhalb des Hofstätter Sees durch Wald, vorbei an einem einzelnen Anwesen, bis zum Badeplatz Kalkgrub (ohne Infrastruktur und Eintritt).

Nach einer Abkühlung radeln wir weiter auf dem breiten Forstweg nach Westen. Er trifft auf einen anderen Forstweg, dem wir nach links folgen. Bei einem Wanderparkplatz stoßen wir auf den Waldrand. Wir fahren an ein paar Häusern und der Station 14 des Moorlehrpfads Burger Moos vorbei. Der Schotterweg endet beim Ortsschild Niedernburg an der Straße von Rosenheim nach Wasserburg am Inn. Wir biegen rechts ab und etwa 100 m weiter, hinterm ersten Haus auf der linken Seite, nach links in die Niedernburger Straße. Am Vorfahrtsschild in Obernburg geht es links, sodass wir nach Haidbichl kommen. An einer Bushaltestelle orientieren wir uns an der Beschilderung zur St.-Leonhards-Quelle. Eine Ampel steht am Beginn der Zufahrtsstraße, die nur der Lieferverkehr nutzen darf. Für Fahrräder ist das Befahren der Straße allerdings auch erlaubt. So rollen wir vorsichtig hinab ins Inntal – es könnte Gegenverkehr kommen! Wir erreichen das Betriebsgelände der St.-Leonhards-Vertriebs GmbH & Co. KG. Am Rande steht die St.-Leonhards-Kapelle mit einem gefassten Brunnen, aus dem wir das St.-Leonhards-Wasser direkt probieren können. Wer andere Getränke bevorzugt und dazu auch etwas essen will, kann keine hundert Meter weiter beim Baodwirt (Mi–Fr ab 13 Uhr, Sa, So u. Feiertage ab 10 Uhr, www.baodwirt.de) einkehren. Der serviert typische bayerische Gerichte.

Am Parkplatz des Baodwirts gibt es Informationstafeln zu Geschichte, Fauna und Flora der Region. Weitere Informationstafeln begleiten unseren Weg, der südwärts entlang der Innleiten führt. Interessant ist das kleine Schloss Innleiten, eine neubarocke Anlage im Privatbesitz. Bald eröffnen sich rechter Hand Blicke auf die Auwiesen. Nach einer Rechtskurve erreichen wir den Parkplatz Grandauer Au hinterm Hochwasserschutzdamm. Auf der Asphaltstraße entlang des Damms radeln wir zur Innbrücke Rosenheim.

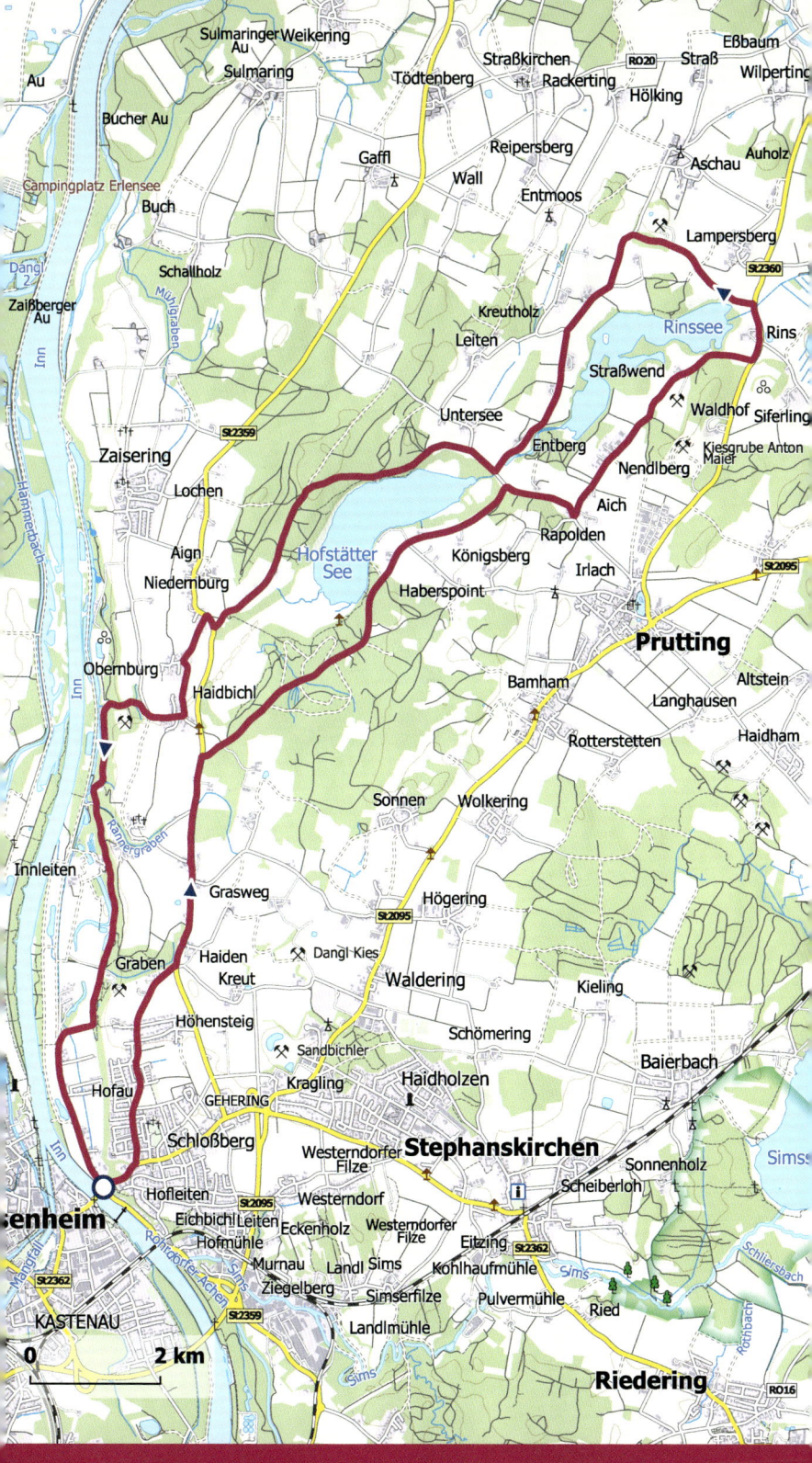

Eine neue Runde um den Simssee

44 RUND UM DEN SIMSSEE

Start/Ziel
BADEPLATZ BAIERBACH

21 Kilometer
160 Höhenmeter

Die Rundfahrt ist nicht schwer. Mit Kindern kann man sie gut als Tagestour planen – dank der Bademöglichkeiten wird es den Kleinen bestimmt nicht langweilig. Spielplätze gibt es an den Badeplätzen auch.

Um den Simsee führt ein gut markierter Radrundweg. Ab und an weichen wir von ihm ab und besuchen sehenswerte Plätze, die auf der offiziellen Runde ausgespart wurden. So wird aus der „gewöhnlichen" Runde eine echt runde Sache.

Als Startpunkt wählen wir einen der kostenlosen Parkplätze beim Badeplatz Baierbach. So können wir nach der Tour noch schwimmen gehen oder am Strand entspannen.

Wir folgen dem Radweg ostwärts und fahren in einer Linkskurve in die Krottenmühlstraße. Sie führt auf die zweigleisige Eisenbahnstrecke München–Salzburg zu und folgt ihr sodann parallel. Wir bleiben etwa 1 km lang auf der Krottenmühlstraße, bevor wir der abbiegenden Hauptstraße nach links nachfahren und die Eisenbahnstrecke Richtung Prutting unterqueren. Bis Edling geht es etwas bergan, dort biegen wir rechts ab nach Inzenham. Von der Anhöhe vor Inzenham genießen wir einen schönen Ausblick auf den Simsee und die Berge. In Inzenham biegen wir Richtung Salmering und Ullerting ab. Wir rollen hinab in eine Senke und strampeln anschließend leicht bergauf. An einem eingezäunten Tümpel mit Ruhebank führt die Straße links nach Salmering – wir fahren jedoch geradeaus auf dem Schotterweg Richtung Untershofen und Krottenmühl. Der unbefestigte Weg steigt durch ein Waldstück leicht an, danach erreichen wir die Anhöhe vor Krottenmühl mit Rastbänken bei einem gusseisernen Feldkreuz, wo wir eine schönen Aussicht haben. In Krottenmühl mündet unser Weg in eine Asphaltstraße: Wir biegen links ab, fahren leicht bergan und gleich wieder rechts in die Innthaler Straße. Schon nach wenigen Metern zweigen wir in die Mühlstraße ab und folgen ihr aus dem Ort hinaus Richtung Thalkirchen. Bald geht es talwärts und an der Eisenbahn entlang. Am Ende der Mühlstraße fahren wir nach rechts durch die Bahnunterführung und nehmen die Straße geradeaus Richtung Thalkirchen. Rechter Hand erstreckt sich nun der Simsee in voller Länge. Wir stoppen am Aussichtsturm hinter dem Weiler Eichen, um das großartige Panorama vom erhöhten Standpunkt aus zu genießen.

Wir rollen weiter am Nordostufer des Simsees eben dahin. Wer einen Badestopp einlegen will, fährt zum Campingplatz Stein, denn dort gibt es einen Seezugang. Ansonsten geht es weiter auf der schmalen Asphaltstraße, die bald neben der Thalkirchner Achen verläuft, einem Zulauf des Simsees. Wir erreichen die Kirche St. Andreas von Thalkirchen, die als älteste der Region gilt. Wir überqueren am Parkplatz unterhalb der Kirche die Thalkirchener Achen und radeln noch ein Stück auf Asphalt weiter, bis wir im Weiler Stauden auf die Hauptstraße stoßen. Der folgen wir nach links bis zur Bushaltestelle beim Wirtshaus zum Letten und biegen vor der Gaststätte rechts ab Richtung Ulperting und Achthal. Wir fahren durch das Thalkirchner Achental vorbei am Abzweig zur Burgruine Speckerturm bis zum Abzweig nach Ulperting. Jedoch radeln wir hier geradeaus weiter im Achental.

In einer Rechtskurve überqueren wir die Thalkirchener Achen und strampeln bergauf Richtung Irnkam, Schralling und Moosen. An der Kreuzung bei Irnkam bleiben wir geradeaus auf dem beschilderten Simssee-Rundweg und ignorieren die links abzweigenden Rad- und Wanderwege. Achtung! Etwa 400 m weiter, bei einem Stall gegenüber einer Scheune, biegen wir halb links ab und folgen einem Betonplattenweg parallel zum Waldrand aufwärts. An dieser Stelle fehlte während der Recherchen die Markierung des Rundwegs. Der Plattenweg geht in einen Feldweg über und auf der Höhe erreichen wir den Rastplatz Moosen. Picknicktisch und Bänke werden von einer Sammlung eiszeitlicher Findlinge umrahmt; Steine, welche die Gletscher der letzten Eiszeit aus den Alpen ins Voralpenland transportierten. Über die geologischen Grundlagen und die verschiedenen Gesteinsarten kannst du vor Ort nachlesen.

Vom Rastplatz fahren wir südwestwärts. Der Radweg Riederinger Rundn verläuft durch die Siedlung Moosen. Am Vorfahrtsschild an der Ostgatternstraße biegen wir links ab. Am Ortsausgang Moosen zweigen wir rechts in eine Schotterstraße ab. Am nächsten Vorfahrtsschild radeln wir geradeaus und in Ackersdorf folgen wir vor den ersten Häusern der Radwegbeschilderung Riederinger Rundn in Richtung Pietzing und Simssee. Vorbei an einer Kapelle kommen wir zur Kirche St. Stephanus und St. Laurentius von Pietzenkirchen. „Pitzinga" wurde schon im 8. Jh. urkundlich erwähnt. Die erste Kirche dürfte bereits im 9. Jh. existiert haben, denn fast alle Kirchen mit den Patronen Stephanus und Laurentius gehen auf die vor- und frühromanische Zeit zurück. Einer Legende nach sollte die Kirche woanders gebaut werden, doch ein Rabe habe die abfallenden Hobelspäne immer wieder an den jetzigen Platz getragen. Da glaubte man, dass es Gottes Wille sei, sein Haus am schönsten Punkt der Gegend zu errichten. Und in der Tat ist es eine beeindruckende Stelle mit herrlichem Ausblick, an der die Kirche steht. Ein Rastplatz beim großen Kreuz vor der Kirche lädt zum Verweilen ein.

Vom Parkplatz bei der Kirche folgen wir weiter der Riederinger Rundn. Nach Unterquerung der Hauptstraße halten wir uns links und rollen entlang der Straße bergab. Wir biegen rechts ab nach Pietzing und fahren auf der Fellbachstraße durch den Ort bis zum Kiosk am Badeplatz Pietzing. Zusätzlich zum Imbiss gibt es auch eine sehr große Liegewiese. Vom großen Parkplatz radeln wir zur Hauptstraße. Unmittelbar vor dieser führt der Simssee-Rundweg nach rechts. Bald erreichen wir die Zufahrt zum Seewirt Ecking mit Badeplatz und Bootsverleih. Erneut halten wir uns Richtung Hauptstraße und wenige Meter vor ihr nach rechts in den Simssee-Rundweg. Der gut beschilderte Radrundweg verläuft bis Schlierholz mit Abstand zur Straße, dort folgt er ihr für wenige Meter. Nach einer Brücke geht es nach rechts auf einen breiten Schotterweg. Wir radeln um das Südufer des Simssees und treffen beim Gasthof Gocklwirt, wo wir die größte Kunstuhr der Welt bestaunen, auf die Eisenbahn. Wir folgen den Radwegbeschilderungen Richtung Krottenmühl entlang der Gleise und gelangen nach einer Rechtskurve zum Badeplatz Baierbach.

TOUR 44 RUND UM DEN SIMSSEE 181

Von Bad Endorf auf die Ratzinger Höhe – und ein erfrischendes Bad

45 CHIEMGAU PANORAMA

Start/Ziel

BAHNHOF BAD ENDORF

23 Kilometer

300 Höhenmeter

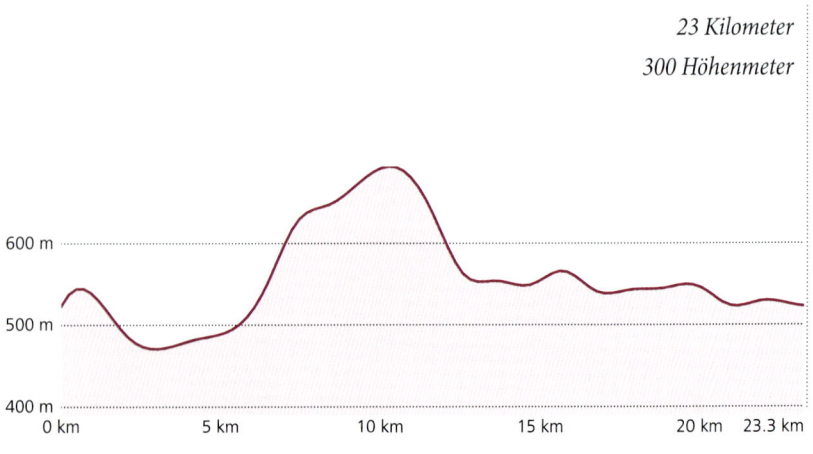

Mittelmäßig sportliche Feierabendtour mit herrlichen Ausblicken und romantischer Bademöglichkeit im zweiten Drittel. Besser etwas mehr Zeit einplanen und ruhig angehen – es lohnt sich.

Die Ratzinger Höhe ist ein beinahe 700 m hoher Höhenzug zwischen Simssee und Chiemsee. Während der Auffahrt kommen wir leicht ins Schwitzen. Auf dem Rückweg kühlen wir uns dank einer versteckten Badestelle im Wald wieder ab.

Los geht's am Bahnhof Bad Endorf. Wer aus Salzburg kommt oder das Auto am Bahnhof parkt, muss durch die Unterführung auf die andere Seite der Gleise. Dort folgen wir der Radwegmarkierung E4 Richtung Simssee auf einem schmalen Weg zur Hochriesstraße, an der wir uns, entgegen der Radwegmarkierung, links halten und bei nächster Gelegenheit den Radwegschildern E1, E2 und E3 bis zur Therme Bad Endorf folgen. Links am Parkhaus vorbei biegen wir vor dem Hotel Ströbinger Hof rechts ab. Hinter dem Gelände der Bundespolizeisportschule geht es nach rechts, der Radwegbeschilderung „Kurf 1,1 km" des E3 folgend. So kommen wir an der Kapelle des heiligen Antonius am Kurpark Bad Endorf vorbei und können rechter Hand einen Blick auf die Thermenbecken erhaschen. In Kurf folgen wir dem Schild „Thalkirchen 2,5 km" des Radwegs E3 nach links. Bei den letzten Häusern von Kurf gibt es linker Hand eine Mariengrotte aus den 1950er Jahren. Auf einem breiten Feldweg radeln wir bis zu einer markanten Kreuzung mit Ruhebank, wo sich auch eine Informationstafel über Vögel befindet. Von hier haben wir einen schönen Ausblick über das Thalkirchner Moos. Unser Weiterweg führt südwärts durch dieses ehemalige Moorgebiet. Dabei beachten wir die Hinweisschilder, nicht von den Wegen abzuweichen. Wir fahren auf die Antworter Achen zu und ein Stück an dem breiten Bach entlang, der der Abfluss des Simssees ist. Bei einer Ruhebank geht es links über die Ache, danach auf teilweise schmalem Grasweg bis Thalkirchen. Auf diesem Wegabschnitt müssen Radfahrer und Fußgänger besonders aufeinander Rücksicht nehmen.

Bei den ersten Häusern von Thalkirchen folgen wir der Markierung E3 nach rechts und fahren auf die Kirche St. Andreas zu. Sie liegt reizvoll auf dem sogenannten Rain, einer eiszeitlichen Geländeterrasse über der Thalkirchener Achen, dem Zufluss des Simssees.

Unterhalb der Kirche folgen wir dem Asphaltsträßchen Richtung Hirnsberg. Wir halten uns an der nächsten Kreuzung links, überqueren die Thalkirchener Ache und biegen bei der Bushaltestelle vor dem Wirtshaus Letten nach rechts ab Richtung Ulperting. Auf einem breiten, nicht asphaltierten Weg radeln wir durch das Tal der Thalkirchener Achen. Beachte den beschilderten Abzweig zur Burgruine Speckerturm, ein Fußweg führt zu den wenigen Resten dieser Anlage. Tiefer drin im Achental zweigt scharflinks unsere Auffahrt nach Ulperting ab. Wir folgen der Radwegmarkierung E4 auf einem Asphaltsträßchen steil bergauf. Die Markierungen des Obst- und Kulturwegs Ratzinger Höhe helfen uns nun ebenfalls. Hinter Ulperting endet der Asphalt, ein breiter Schotterweg führt uns weiter aufwärts. Am Vorfahrtsschild in Hitzing fahren wir rechts und biegen sofort wieder links ab, die Wegweiser zum Aussichtsturm geben uns den Weg vor. Wer auf den Aussichtsturm verzichten will, fährt am Vorfahrtsschild in Hitzing links. Vom modernen hölzernen Gerüst des Aussichtsturms (immer geöffnet, kein Eintritt) genießen wir das herrliche Panorama. Informationstafeln geben Auskunft über die Landschaft und ihre Bewohner. Die Fortsetzung des Schotterwegs beim Aussichtsturm bringt uns erneut zur Asphaltstraße, wo wir dem Schild „Ratzing 0,7 km" vertrauen.

Wir lassen Ratzing links liegen, radeln über eine Kuppe hinweg und halten uns bei einem Parkplatz links nach Berg, Gattern und Hocheck. An der nächsten Kreuzung fahren wir Richtung Dirnsberg und „Aussichtspunkt Ratzinger Höhe 694 m" (grünes Schild). Nur etwa 200 m weiter ist der Aussichtspunkt Ratzinger Höhe nochmals beschildert. Der Mini-Abstecher lohnt sich, obwohl es einen noch besseren Aussichtspunkt gibt: Keine hundert Meter weiter der Asphaltstraße entlang zweigt rechts ein Weg zum Schaubienenstand ab. Von da hat man nicht nur eine grandiose Fernsicht, dank Bänken und Tischen ist es auch ein hervorragender Rastplatz. Mit etwas Glück triffst du die Imkerin oder den Imker und kannst den Honig gleich vor Ort kaufen. Neben den Informationstafeln zur Imkerei verdient der Bildstock mit dem Konterfei des heiligen Ambrosius Aufmerksamkeit, der der Schutzheilige der Imker ist. Vorbei an einem weiteren interessanten Bildstock rollen wir bis Dirnsberg. Rechts neben der Kreuzung steht der Fritznhof mit Hofladen.

Richtung Hötzelsberg rollen wir lange bergab bis Gmein. An der Kreuzung mit Feldkreuz halten wir uns rechts und am Vorfahrtsschild links hinab ins Tal. Bis zum Ortseingang Rimsting strampeln wir noch einmal etwas bergauf. Am Stoppschild biegen wir rechts ab, danach gleich links Richtung „Kalkgrub 800 m". Auf der Anliegerstraße treten wir durch das Gewerbegebiet Nord und biegen beim Ortsschild rechts ab (grünes Schild: Rimstinger Chiemsee-Rundweg). Im Ortsteil Rimsting-Bahnhof fahren wir erst beim Vorfahrtsschild links („Chiemsee-Rundweg 6 km"), überqueren die Eisenbahn und biegen unmittelbar nach der Brücke links ab.

Vom ehemaligen Bahnhof Rimsting, der für Ludwig II. erbaut worden war, radeln wir lange durch den Wald Richtung Hemhof. Vor einem umzäunten Wasserschutzgebiet befindet sich der Abzweig nach Bad Endorf. Zum Baden fahren wir geradeaus weiter, beim Vorfahrtsschild rechts und etwa 500 m auf der viel befahrenen Straße. Beim Weiler Thal geht's nach rechts. Der beschilderte Bürgner Badeplatz liegt versteckt im Wald, es gibt eine hölzerne Liegeterrasse, Treppen führen ins glasklare Wasser des Langbürgner Sees. Nach der angenehmen Erfrischung radeln wir zurück zum Abzweig und dort nach rechts. Die Beschilderung „Mauerkirchen 2,3 km" hilft uns. Im Wald ist auch Bad Endorf ausgeschildert. Später folgen wir der Bahnstrecke München–Salzburg und überqueren sie nach links (Radweg E5). Durch Mauerkirchen bis zum Vorfahrtsschild, dann rechts auf den Radweg: Er führt uns zuverlässig bis zum Bahnhof Bad Endorf.

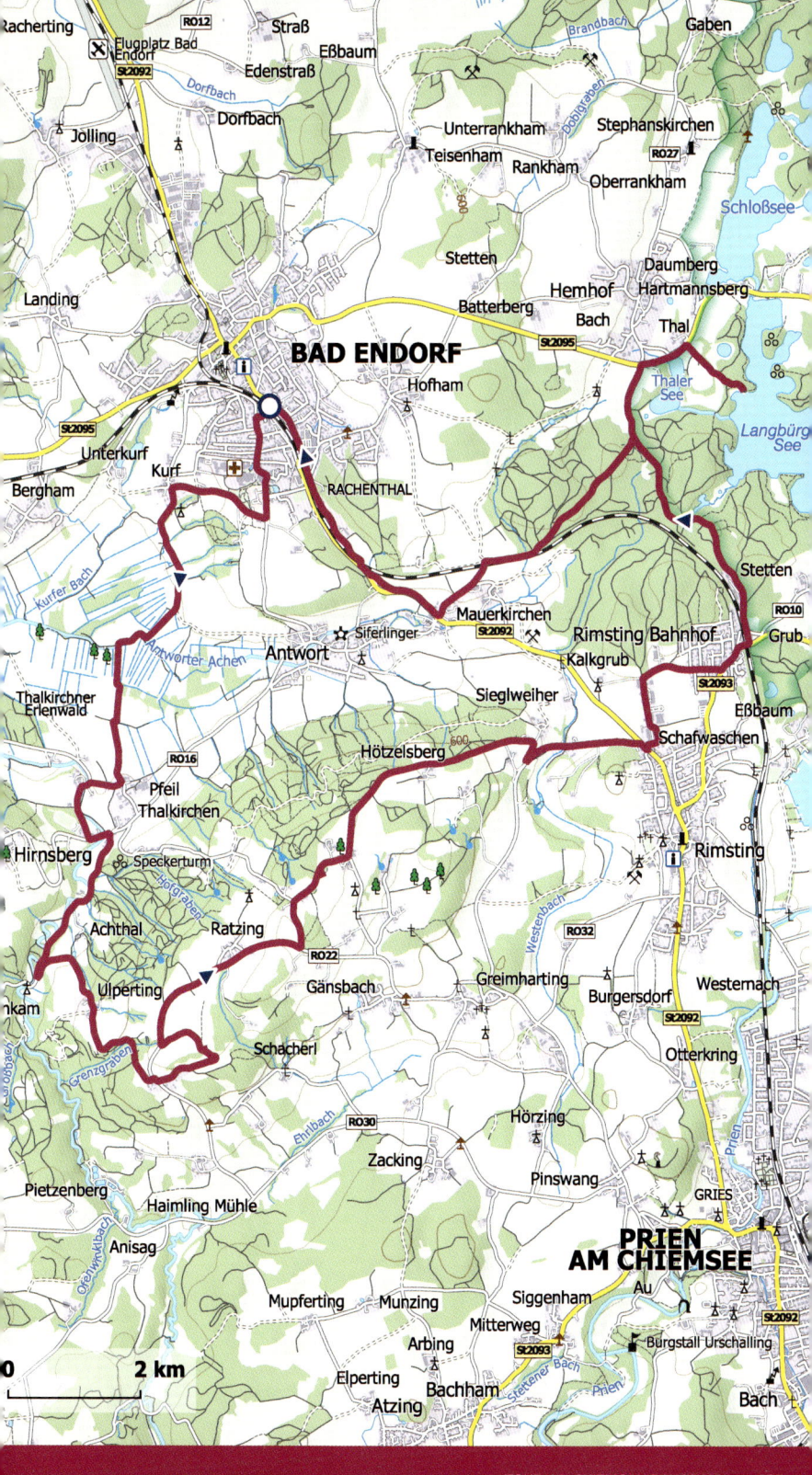

Die schönsten Plätze des Achentals: Von Grassau zur Streichenkirche

46 ENTLANG DER TIROLER ACHE

Start/Ziel
GRASSAU

37 Kilometer
510 Höhenmeter

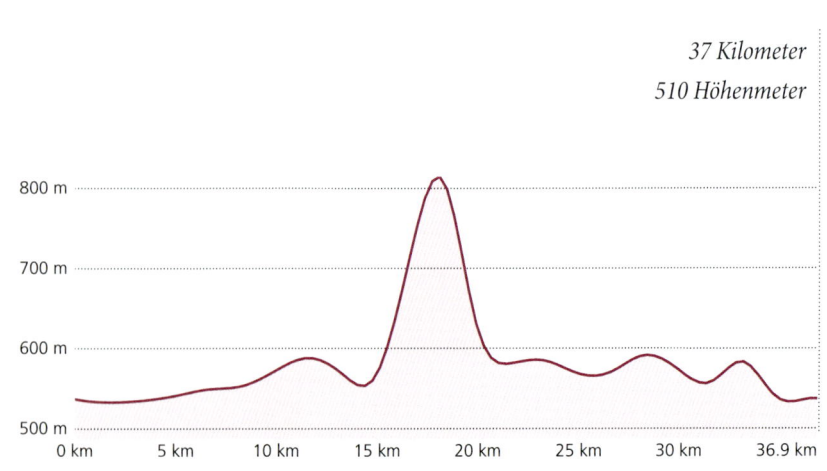

Ohne die Bergetappe zur Streichenkirche und den Abstecher zum Filzenblick eine leichte Rundfahrt, ansonsten eine MuskulaTour. Für die meisten Kinder dürfte jedoch auch die Talstrecke zu lang sein. Sportfreunde verlängern die Tour noch um die Wanderung zum Taubenseehaus.

Die Tiroler Achen versorgt den Chiemsee mit frischem Wasser aus den Alpen. Zwischen der bayerisch-tirolerischen Landesgrenze und den nördlichsten Alpengipfeln formte der Fluss ein malerisches Tal, in dem es sich bequem radeln lässt. Sportlich ist dagegen die Auffahrt zur Streichenkirche.

Die Rundfahrt im Tiroler Achental verläuft ohne nennenswerte Höhenunterschiede und eignet sich deshalb auch für Familien. Wer nicht zur Streichenkirche hinauffährt, spart 5,6 km Strecke und 240 Höhenmeter. Die Anstrengung lohnt sich jedoch. Unsere Radtour beginnt in der Ortsmitte von Grassau bei der ursprünglich gotischen und später barockisierten Pfarrkirche Mariä Himmelfahrt. Auf dem Kirchplatz befand sich früher ein Richtplatz, heute ziert ihn ein interessanter Brunnen mit einer Statue von König Ludwig II. von Bayern. In der Rechtskurve der Hauptstraße vor der Kirche halten wir uns links in den Birkenweg (keine Radwegzeichen). Hinterm Kindergarten fahren wir geradeaus in einen kombinierten Fuß- und Radweg. Wir folgen dem Schild „Wanderwege" und fahren erneut auf einem Fuß- und Radweg. Bei einer Bushaltestelle nutzen wir die Unterführung. Wir nehmen die Kramerstraße bis zum Ende, biegen links ab und fahren bei fünf Garagen gleich wieder rechts. Damit befinden wir uns auf dem markierten Salinen-Radweg. An der Hauptstraße folgen wir dem Radweg nach links zum Kreisverkehr und überqueren gleich anschließend die Tiroler Achen. Unmittelbar nach der Brücke biegen wir rechts ab und vertrauen den Radwegweisern nach „Unterwössen 5,5 km" und „Marquartstein 2,8 km". Bis Marquartstein rollen wir eben auf dem Hochwasserschutzdamm der Tiroler Achen dahin. Wenn du das kleine Zentrum des hübschen Orts erkunden willst, musst du über die Achenbrücke fahren und sofort rechts in die Staudacher Straße abzweigen.

Unsere Route verläuft vorerst weiter östlich der Tiroler Achen: Wir folgen der Alten Dorfstraße südwärts. Wenige Meter vor der B 305 weist uns die Radwegbeschilderung „Unterwössen 1,4 km" den Weg. Der Achentalradweg führt unter der Bundesstraße hindurch und begleitet dann den Fluss, bevor er entlang einer Baumreihe Richtung Unterwössen zieht. Kurz vor der Pfarrkirche St. Martin erreichen wir erneut die B 305. Direkt gegenüber der Kirche fahren wir rechts in die Alte Dorfstraße. Wir orientieren uns an der Radwegbeschilderung Richtung Schleching und überqueren am Ortsausgang Unterwössen die Tiroler Achen. Am Ende der Brücke geht es links nach „Schleching 4,4 km".

Bald führt der Achentalradweg entlang der Mettenhamer Filze. Versteckt hinter einem dichten Gürtel aus Latschenkiefern befindet sich ein echtes Naturparadies, das zurecht Naturschutzgebiet ist. Im Gegensatz zu vielen anderen Hochmooren blieben die Mettenhamer Filze von menschlichen Eingriffen weitestgehend verschont und sind bis heute Lebensraum für eine speziell angepasste Gemeinschaft von Pflanzen und Tieren.

Im nährstoffarmen Hochmoor gibt es zum Beispiel den Rundblättrigen Sonnentau, eine fleischfressende Pflanze. Sie verdaut Insekten, die an ihren Fangblättern kleben bleiben.

Bei einem Parkplatz kommen wir erstmals der B 307 nahe. Dort folgen wir dem Schild „Ettenhausen über Achendamm 4,5 km". Neben uns plätschert zuerst der Mühlbach und dann die Tiroler Achen. Nach mehr als 2 km Fahrt auf dem Achendamm erreichen wir die Brücke der B 307 über die Tiroler Achen. Wer nicht zur Streichenkirche hinauf will, kann nun gleich Richtung Ettenhausen weiterfahren.

Wir überqueren mit der Bundesstraße die Tiroler Achen und folgen der viel befahrenen B 307 noch ein Stück, bevor wir links abbiegen. Die Auffahrt zur Streichenkirche ist eindeutig beschildert. Nach den ersten 120 Höhenmetern hört der Asphaltbelag auf und wir strampeln auf einer breiten Schotterstraße noch einmal etwa 120 Höhenmeter bergan. Schließlich endet unsere Bergetappe am Berggasthof Streichen – dort beginnt die Wanderung zum Taubensee. Die letzten hundert Meter zur Streichenkirche, die auf über 800 m Seehöhe liegt, muss man zu Fuß gehen.

Von der Streichenkirche rollst du auf bekanntem Weg talwärts zur Tiroler Achen. Am westlichen Brückenende biegen wir rechts auf den Weg, den wir gekommen sind, und dann sofort links ab, sodass wir unter der Bundesstraße hindurch gelangen. Auf dem asphaltierten Achentalradweg geht es südwärts auf zwei Feldscheunen zu. Dort angekommen, halten wir uns rechts und später nochmals rechts. So erreichen wir am Ortsrand von Ettenhausen eine Kreuzung von fünf Wegen. Dort folgen wir der Radwegmarkierung, später dem Schild „Schleching 1,7 km". Achte auf die Kapelle Ettenhausen, bevor du auf dem gut gekennzeichneten Achentalradweg bis in den kleinen Urlaubsort Schleching.

In Schleching düsen wir nur kurz an der Bundesstraße entlang, bevor die Radwegbeschilderung nach Mühlau weist. Hinterm Mühlbach rechts und kurz darauf wieder links Richtung Mettenham. Dort halten wir uns an einer T-Kreuzung links in die Brandlstraße (der Radweg führt nach rechts zur B 307). Hinter dem letzten Haus am Waldrand geht es nach links bergauf zum Filzenblick (etwa 300 m einfache Strecke und rund 50 Höhenmeter). Die letzten Meter zum Aussichtspunkt musst du zu Fuß gehen. Nach dem Abstecher geht es beim letzten Haus geradeaus, vorbei am Campingplatz Zellersee erneut zur B 307.

Für die nächsten 1,4 km nutzen wir den Straßenradweg, anschließend führt uns der Achentalradweg nach Raiten. Gleich am Ortseingang erhebt sich die Wallfahrtskirche Raiten. Die Marienkirche „Unserer Lieben Frau zu den sieben Linden" ist im Kern ein romanischer Bau aus dem 12. Jahrhundert, der Chor stammt aus der Spätgotik um 1440. An Christi Himmelfahrt ist die Kirche alljährlich Ziel einer Wallfahrt aller Trachtenvereine des Achentals. Ab Raiten finden wir Radwegschilder Richtung Grassau und können uns nicht verfahren. Wir kommen noch an zwei sehenswerten Kapellen vorbei: Der St.-Wolfgang-Kapelle bei Süssen und der Hofkapelle nördlich von Piesenhausen. Zurück nach Grassau sind es noch gut 2 km.

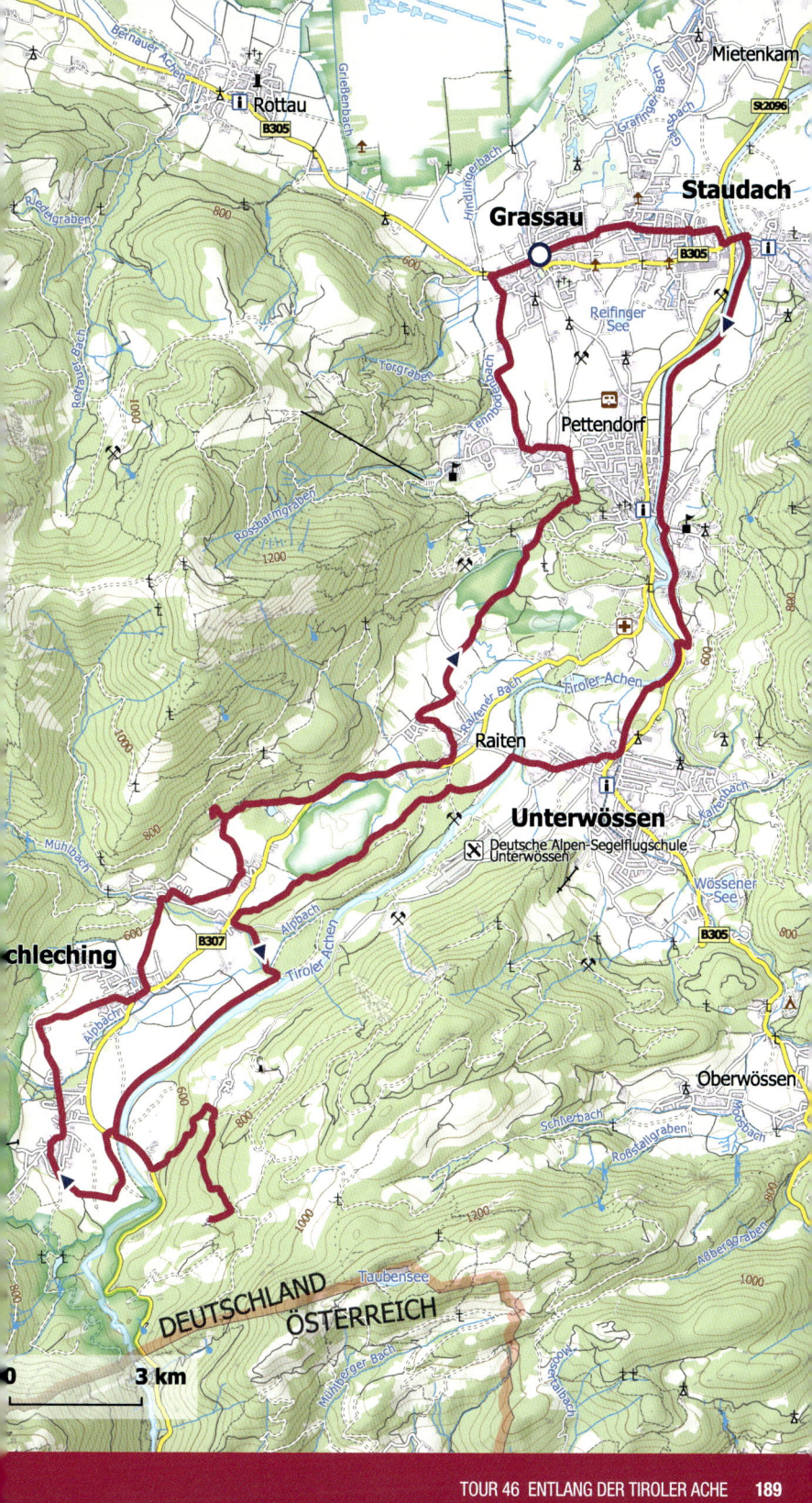

TOUR 46 ENTLANG DER TIROLER ACHE 189

Exkursion von Traunstein zum Chiemsee und Tüttensee

47 ZUM CHIEMSEE UND TÜTTENSEE

Start/Ziel
BAHNHOF TRAUNSTEIN

27 Kilometer
190 Höhenmeter

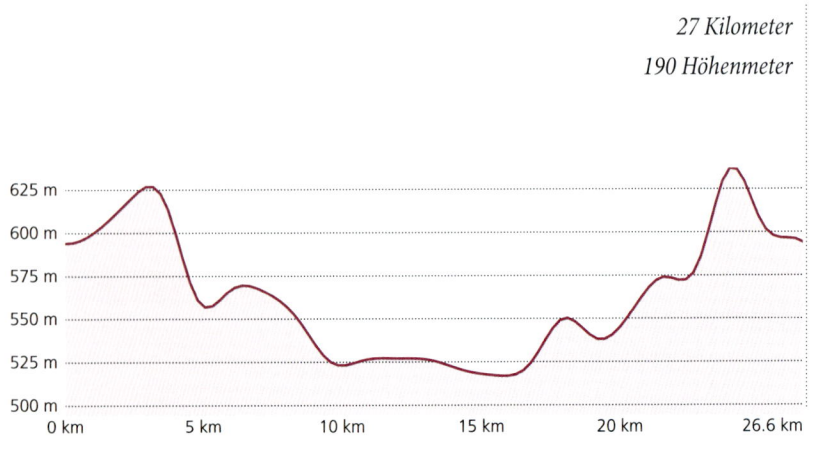

Diese leichte Feierabend-Tour schaffen nicht nur Erwachsene ohne Anstrengung, sie eignet sich auch für größere Kinder. Mit der Aussicht auf ein Bad im Tüttensee und eine gute Brotzeit dürfte die ganze Familie zufrieden sein.

Zweifellos waren es die Gletscher der letzten Eiszeit, denen wir den Formenschatz der Voralpenlandschaft verdanken. Das merken wir bei allen Radtouren: Es geht bergauf und bergab und immer wieder treffen wir auf Seen und Moore. Ist der Tüttensee auch ein Eiszeitrelikt?

Die vergleichsweise flache Runde führt uns vom quirligen Traunstein an den Chiemsee, danach zum Tüttensee und zurück nach Traunstein. Start und Ziel liegen an der Westseite des Bahnhofs Traunstein beim Gymnasium. Beim „Club Metro" fahren wir links in die Güterhallenstraße und lassen uns nicht vom Sackgassenschild irritieren. Die Güterhallenstraße ist zwar eine Einbahnstraße, darf von Fahrrädern jedoch in beide Richtungen benutzt werden. An ihrem Ende biegen wir links ab, überqueren die Bahnstrecke nach Traunreut und halten uns noch vor der zweiten Bahnbrücke, die über die Hauptstrecke München–Salzburg führt, rechts in die Chiemseestraße Richtung Rosenheim. Nach etwa 700 m biegen wir links ab Richtung Einham. Wir folgen den Radwegschildern Richtung Grabenstätt. Die hübsche Kapelle in der Kurve vor Einham lässt uns die Hektik der Stadt vergessen. In Einham trennen sich Hin- und Rückweg unserer Radtour: Wo wir jetzt rechts nach Langespach abbiegen, kommen wir später von links an.

Am Ortsende Erlbach fällt ein schönes Feldkreuz auf, danach weitet sich der Blick. Wir erkennen in der Ferne bereits den Chiemsee. Die Langenspacher Kapelle ist einen Halt wert. Sie beherbergt eine Mariengrotte aus Tuffstein. An der Straßenkreuzung hinter Langenspach fahren wir geradeaus in den Schotterweg und folgen dem Radweg Richtung Erlstätt. So kommen wir zur Brodeicher Kapelle, erbaut Mitte des 18. Jahrhunderts. Auf dem Kapellenradweg fahren wir am Anwesen Brodeich vorbei nordwärts. Beim steinernen Marterl für Florian Buchfellner biegen wir links ab und folgen weiter der Radwegbeschilderung nach Erlstätt.

Nun müssen wir uns konzentrieren, um den richtigen Weg zu finden. Wenige Meter hinter einer Scheune oberhalb von Kaltenbach steht eine Bank. Dort biegen wir rechts in den Schotterweg ein, der zum Wald führt. Gleich am Beginn des Waldes nehmen wir den rechten von zwei Wegen. Als breiter, hin und wieder etwas ausgefahrener und rutschiger Waldweg führt er uns nach Innerlohen. Dort halten wir uns auf der Asphaltstraße nach links. In Oberhochstätt mündet von rechts der Chiemsee-Rundweg ein, wir fahren geradeaus und treffen auf die viel befahrene Straße von Seebruck zur Autobahn A 8. Auf dem Chiemsee-Rundweg radeln wir Richtung Seebruck. In Unterhochstätt wechseln wir die Straßenseite. Beim „Strandcamping Chiemsee" biegen wir scharf links ab und folgen dem Uferweg durch einen Teil des Naturschutzgebiets „Mündung der Tiroler Ache" zum Vogelbeobachtungsturm Hagenau.

Vom Vogelbeobachtungsturm geht es zur in Sichtweite befindlichen Straße. Wir fahren auf dem Chiemsee-Rundweg parallel zur Straße südwärts und machen einen Abstecher zu einem zweiten Beobachtungsturm, dem Beobachtungsturm Hirschauer Bucht. Das bei Ausflüglern bekannte und beliebte Wirtshaus mit urigem Gastgarten bietet sich für eine Einkehr an (Fr–So 10–21 Uhr, www.hirschauer-bucht.de). Es gibt fangfrische Chiemsee-Fische und bayerische Spezialitäten, aber auch Kuchen und Eisbecher. Danach radeln wir zurück zur Straße und auf dem Straßenradweg noch ein Stück südwärts. Bei Hirschau biegen wir links ab und folgen der Radwegbeschilderung Richtung Traunstein. Von der kleinen Kapelle in Hirschau sind es laut Radwegschild 8,6 km bis zum Bahnhof Traunstein. Vor einem auffälligen Feldkreuz mit silberfarbener Jesusfigur schwenken wir nach rechts. In Marwang geht es beim Vorfahrtsschild geradeaus in den Ort hinein und bis zum östlichen Ortsende. Dort biegen wir rechts ab, der Beschilderung „Tüttensee 1,1 km" folgend. Tatsächlich sind es nur 700 m bis zum Parkplatz und von da wenige Meter zu Fuß zu drei kostenfreien Badestellen mit Stegen. Eine „richtige" Badeanstalt befindet sich am Südufer (Mai–Okt. tgl. ab 10 Uhr, Restaurant auch Dez.–April, Nov. geschlossen, www.tuettensee-seebad.de).

Der nahezu kreisrunde Tüttensee ist nicht nur als warmer Badesee bekannt, sondern auch durch eine wissenschaftlich umstrittene Theorie zu seiner Entstehung. Eine Gruppe von Wissenschaftlern und Hobbyforschern ist überzeugt, dass der Tüttensee das Ergebnis eines Kometen- oder Asteroideneinschlags in vorgeschichtlicher Zeit sei. Der sogenannte Chiemgau Impact habe ein ganzes Kraterfeld hinterlassen, allerdings seien viele kleinere Krater nicht mehr sichtbar. Funde von geschmolzenen Gesteinen werden von den Verfechtern der Impact-Hypothese als Beweismittel angeführt, ebenso die sogenannten Hirnsteine: Die Steine, deren Furchen an Gehirne erinnern, findet man am Chiemseeufer. Bei einem mutmaßlichen Kometen- oder Asteroideneinschlag könnten die Furchen durch das Aufschmelzen der Gesteine entstanden sein. Das Gros der Wissenschaft vertritt dagegen die Ansicht, dass Cyanobakterien für die Entstehung der Hirnsteine verantwortlich sind. Viele Wissenschaftler sind überzeugt, dass es keinen Chiemgau Impact gab. Auch das Bayerische Landesamt für Umwelt (LfU) lehnt die Theorie ab. Nach Untersuchungen des Tüttensees kamen die Wissenschaftler zu der Erkenntnis, dass es sich um einen typischen Schmelzwassersee handelt, der nach der letzten Eiszeit entstanden ist. Das LfU hat ihn sogar als eiszeitliches Geotop ausgewiesen. Dennoch: Feuer oder Eis – die Diskussion geht weiter.

Ganz gleich, wie der Tüttensee entstanden ist: Für eine Abkühlung ist er perfekt. Und an einem schönen Sommerabend wollen wir ihn am liebsten gar nicht mehr verlassen. Trotzdem geht es irgendwann zurück Richtung Marwang und dem Schild „Traunstein Bf. 6,4 km" nach. Mit schönen Ausblicken radeln wir bis Hiensdorf und weiter nach Wörglham. Hinter dem Ort erreichen wir eine größere Straße, halten uns am Vorfahrtsschild links und sofort wieder rechts. Wir erreichen die Kreuzung in Einham und fahren auf bekannter Route zurück zum Bahnhof Traunstein.

TOUR 47 ZUM CHIEMSEE UND TÜTTENSEE

Schöne Wege um den Waginger See

48 DER WAGINGER SEE

Start/Ziel
STRANDBAD SEETEUFEL

26 Kilometer
200 Höhenmeter

Eine leichte Rundtour für jede Art von Bike. Wegen eines kurzen holprigen Steilstücks mit Anhänger nicht empfehlenswert, es sei denn, man strengt sich richtig an. Badesachen sind ein Muss!

Badeurlaub am Waginger See: In den 1950er Jahren reisten die Urlauber mit Sonderzügen an. Heute gibt es ein gut ausgebautes Radwegenetz, das viele attraktive Ziele in der Umgebung erschließt. Ein paar lernst du auf dieser Tour kennen. Und natürlich darfst du öfters ins kühle Nass springen.

Falls du vorab eine Runde schwimmen willst oder nach unserer Tour: Ausgangs- und Endpunkt ist das Strandbad Seeteufel mit Imbiss (in der Badesaison tgl. 8–20 Uhr, www.waginger-see.de). Dort gibt es einen gebührenpflichtigen Parkplatz. Wir folgen der Radwegbeschilderung durch die Unterführung und dem neben der viel befahrenen Straße verlaufenden Radweg nordwärts. An der Ampelkreuzung halten wir uns rechts und fahren auf dem Straßenradweg Richtung Tettenhausen. So erreichen wir schnell die Brücke über die Engstelle zwischen Tachinger See im Norden und Waginger See im Süden. Dort bietet sich nicht nur ein wunderbarer Ausblick, es gibt auch einen Bootsverleih. Nicht übersehen kann man den kleinen Strand beim Boadwirt (in der Badesaison tgl. ohne Eintritt zugängl., Restaurant Fr–Di 11–22 Uhr, www.strandbad-tettenhausen.de). Falls du ein paar Tage am See bleiben willst: Der Boadwirt betreibt auch einen ordentlichen Campingplatz mit Kiosk.

Hinterm Boadwirt geht's kurz bergauf – wir folgen dem Radwegweiser „Petting 8,2 km" und befinden uns damit auf einem Teilstück des 450 km langen Mozart-Radwegs. Mit schönen Ausblicken radeln wir oberhalb des Waginger Sees südwärts bis zum Campingplatz Gut Horn. Dort halten wir uns links und orientieren uns weiter an der Radwegbeschilderung. So kommen wir ins Örtchen Wolkersdorf. Hinter dem beschaulichen Dorf verläuft unsere Route, die auch als Waginger See-Rundweg markiert ist, für kurze Zeit auf einem groben Schotterweg. Bei Kronwitt tangieren wir die Hauptstraße, dann geht es wieder auf einen Schotterweg. Wer diesen meiden will, kann den Radweg an der Hauptstraße nutzen. Hinter Kühnhausen führt eine kurze Stichstraße zum Strandbad Kühnhausen (in der Badesaison tgl. geöffnet, www.waginger-see.de). Der Wegpunkt markiert den Abzweig zum Strandbad. Ab da wechselt der Radweg auf die linke Straßenseite und folgt ihr bis Petting.

In Petting nehmen wir die Straße zur Ortsmitte (Beschilderung „Zum Rathaus"). Dort lohnt sich die Besichtigung der Pfarrkirche St. Johannes der Täufer. Die gotische Saalkirche mit aufwendiger neugotischer Innenausstattung – es gibt drei sehenswerte Flügelaltäre – fußt auf einem Vorgängerbau aus dem 12./13. Jh. Der Westturm ist bis zum Rundbogenfries am dritten Obergeschoss romanischen Ursprungs. Das Gotteshaus ist auch aus geologischer Sicht interessant: Es wurde aus Kalktuffquadern auf einem Sockel aus großen Nagelfluh-Blöcken erbaut. Kalktuff entsteht zum Beispiel als Ablagerung an kalkhaltigen Quellen, die im Alpenvorland häufig sind. Daher ist er ein typisches regionales Baumaterial vergangener Zeiten – genau wie der Nagelfluh. Dieses Gestein bildete sich im Alpenvorland durch Ablagerung und Verfestigung verschiedener anderer Gesteine. Als Bindemittel diente Kalk. Wegen seiner Festigkeit wird der Nagelfluh hierzulande manchmal als „Herrgottsbeton" bezeichnet.

Falls du dich noch stärken willst, bevor es auf der Hauptstraße südwärts weitergeht: Gegenüber der Kirche befindet sich ein italienisches Restaurant – bis zum Ende der Tour gibt es keine weitere Einkehrmöglichkeit. Ab den Sportplätzen am Ortsausgang Petting nutzt du den Radweg neben der Straße. Er führt zur Staatsstraße St 2104, dort folgen wir ihm nach links weiter. Wir radeln an einer Kapelle vorbei und biegen vor dem Bushäuschen rechts ab, „Seehaus 1 km" folgend. So umgehen wir ein Stück der stärker befahrenen Straße, auf der der markierte Radweg verläuft, und können einen Blick auf das in Privatbesitz befindliche Schloss Seehaus am Südende des Weidsees erhaschen.

Schloss Seehaus war ursprünglich eine Burg im Besitz der Grafen von Thann, denen die Ländereien im Jahr 1280 vom Salzburger Erzbischof Rudolf übereignet wurden. Die Burg diente dem Erzstift Salzburg als Wachposten an der mittelalterlichen Salzstraße, die von Salzburg über Waging und Altenmarkt an der Alz nach Wasserburg am Inn und weiter nach München führte. Von Seehaus konnte die Durchfuhr des Reichenhaller und Berchtesgadener Salzes gut überwacht werden. Die dafür erhobenen Mautgebühren waren für das Erzstift Salzburg wichtige Einnahmen.

Bei Ringham treffen wir wieder auf den markierten Radweg und biegen am Ortsende rechts ab Richtung Gallenbach. Wir folgen der für Motorverkehr gesperrten Straße zum und durch den Wald. Nach der Waldpassage überqueren wir den Gallenbach, auch als Eisgraben bezeichnet, und halten uns beim einsam gelegenen Haus Gallenbach 2 rechts bergan. Der Milchstraßenradweg verläuft an dieser Stelle auf schlecht befahrbarem Untergrund steil bergan – eventuell musst du dein Fahrrad ein kurzes Stück schieben. Nach dem Anstieg folgt bald wieder Asphalt. In Putzham vertrauen wir der Radwegbeschilderung nach rechts und erreichen bei Teichting eine breitere Straße. Wir orientieren uns an den Radwegweisern „Waging (über Nebenstraßen)" und folgen längere Zeit der Straße nordwestwärts. Hinter Kleeham geht es leicht bergab, dann folgen wir der Radwegbeschilderung „Waging 3,6 km". Wir bleiben auf dem ebenen Radweg links der Straße, bis wir den Abzweig zur Wallfahrtskirche Maria Mühlberg erreichen (braunes Hinweisschild). Hinter Hirschhalm biegen wir links ab Richtung Mühlberg. Nach einem kurzen kräftigen Anstieg kannst du dich auf den Ruhebänken vor der Wallfahrtskirche Maria Mühlberg niederlassen und den herrlichen Ausblick genießen.

Von der Wallfahrtskirche radeln wir zurück bis zur abbiegenden Hauptstraße, auf der wir nach links mit zehn Prozent Gefälle hinab Richtung Waging rollen. In der Kurve hinter Egg ignorieren wir den abzweigenden Rad- und Fußweg. Stattdessen folgen wir den Schildern „Zum See" und „Wellness-Garten" bis zu einer großen Kneipp-Anlage. Von dort geht es auf dem gut beschilderten Benediktradweg nordwestwärts bis zum Strandbad Seeteufel.

Von Tittmoning nach Laufen und entlang der Salzach retour

49 STILLENACHTKAPELLE HALLO SALZBURGER LAND

Start/Ziel

MARKTPLATZ TITTMONING

52 Kilometer
170 Höhenmeter

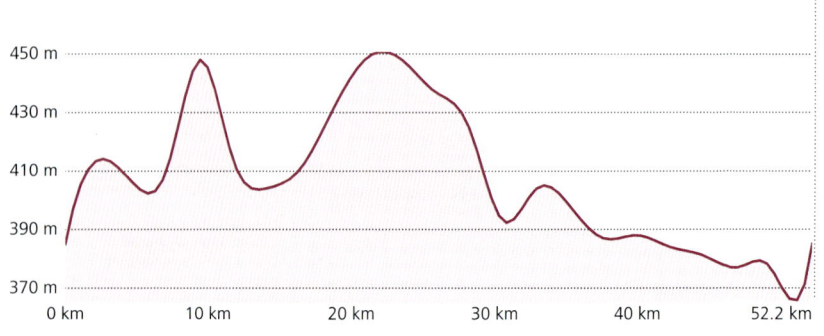

Zweifelsfrei eine Tagestour. Der Besuch der Städte Tittmoning, Laufen und Oberndorf steht im Mittelpunkt. Du solltest aber auch etwas Zeit für den Abtsdorfer See einplanen. Für Kinder ist die Strecke zu lang.

Wir erleben die schicken Städte Tittmoning und Laufen, besuchen die Nachbarn in Österreich und radeln an dem Fluss entlang, der die Region prägt: die Salzach. Durch den jahrhundertelangen Salzhandel entstanden bemerkenswerte Kulturdenkmäler.

Startpunkt ist der Marktplatz von Tittmoning. Er zeigt die für die Salzachstädte typische Bebauung. Blendfassaden erzeugen ein besonders harmonisches Stadtbild: Hinter den hohen Giebeln der barocken und klassizistischen Häuser versteckt sich allerdings meist nur Luft. Das kann man besonders gut von oben erkennen, zum Beispiel von der 1234 erstmals erwähnten Burg aus, die sich über der Stadt erhebt. Ein besonders sehenswertes Gebäude am Markt ist das im 15. Jh. erbaute Rathaus mit seiner Prunkfassade aus dem 17. Jh. In den Nischen stehen nach italienischem Vorbild goldgefasste Porträtbüsten römischer Herrscher. Auf dem Marktplatz sehenswert sind außerdem der Floriansbrunnen aus dem 18. Jh., die Mariensäule sowie eine Statue des heiligen Johann von Nepomuk. Die Form des Platzes ist einzigartig. Er ist 300 m lang und trapezförmig: Am südlichen Laufener Tor ist der Markt 30 Meter breit, am nördlichen Burghauser Tor 120 Meter. Der motorisierte Zugang zum Marktplatz ist bis heute nur durch die beiden Tore möglich.

Wir verlassen den Marktplatz an der schmalen Seite durch das Laufener Tor und fahren vor der Friedhofsmauer rechts in die Traunsteiner Straße. Hinterm Sportplatz halten wir uns links und folgen den Radwegschildern Richtung Trostberg und Waging (Bahnhof). Nach hinten bietet sich ein schöner Blick auf Stadt und Burg. Wir radeln an einem Gewerbegebiet entlang und dann rechts bergan Richtung Kay. Bei einem gusseisernen Feldkreuz halten wir uns links und folgen weiter den Wegweisern nach Waging (Bahnhof). So fahren wir durch Gramsam, Mayerhofen und Holzhausen und kommen zur sehenswerten, um 1500 erbauten Filialkirche St. Nikolaus im Weiler Hof. Leider ist sie meist verschlossen, doch links am Turm gibt es ein Fenster, durch das du einen Blick riskieren kannst.

Wir bleiben noch ein Stück auf der Route nach Waging. Nach Querung eines Baches biegen wir links ab in den Benediktweg nach „Bf. Götzing 4,9 km". Vor Harmoning überqueren wir die Eisenbahngleise, nach dem Ort geht es bei einem Rettungstreffpunkt nach links („Bf. Götzing 3,0 km"). Hinter Gierling fahren wir unter der Eisenbahn hindurch und folgen ihr bis zum Bahnhof Götzing und weiter bis zum Vorfahrtsschild, an dem wir zuerst links und sofort rechts nach „Kirchanschöring 4 km" (Straßenschild) abbiegen. Damit haben wir den Radweg verlassen und radeln auf einer wenig frequentierten Landstraße. Bei einer Bushaltestelle geht es links nach Neunteufeln. Wir passieren ein Betriebsgelände und einen Bach, fahren leicht bergan und halten uns hinter Karlachöd Richtung Breitwies. Damit befinden wir uns auf dem Radweg Salzhandelsweg, der in dieser Gegend leider unzureichend beschildert ist. Wir ignorieren alle Abzweige und fahren stets geradeaus – die Wanderwegmarkierung „K5" hilft bei der Orientierung. Vor der Bannmühle, beim Schild „Mühlenstraße", biegen wir links ab und fahren zu einer breiteren Straße. Auf dem Straßenradweg geht es nach rechts, beim Opel-Autohaus zweigen wir links ab. Nach Kirchanschöring orientieren wir uns wieder an Radwegschildern: „Bf. Laufen 8,4 km" ist unsere Richtung. So erreichen wir den Weiler Hof mit dem kleinen Bauernhofmuseum. Von Hof sind es auf dem Salzhandelsweg laut Schildern 7,3 km bis zum Bahnhof Laufen. Wir machen jedoch noch einen Abstecher zum Abtsdorfer See. Im malerisch vor der Alpenkulisse gelegenen Leobendorf folgen wir am ersten Vorfahrtsschild der Radwegmarkierung nach links. Beim zweiten Vorfahrtsschild nutzen wir den Straßenradweg nach rechts und kurz darauf halten wir uns links zum Abtsee. Eine kleine Badestelle gibt es beim Restaurant Seeterrasse. Weiter ostwärts erreichen wir das große Freizeitgelände des Landkreises Berchtesgadener Land, über den Parkplatz gelangen wir ans Seeufer.

Wir folgen der Straße über Oberheining nach Laufen – außer im Ort gibt es immer einen Straßenradweg. In Laufen fahren wir unter der Eisenbahnstrecke hindurch, beim Vorfahrtsschild rechts und bis zur Bundesstraße B 20. Sie führt uns bis vors Obere Stadttor, durch das wir in die Altstadt von Laufen kommen. Für einen ausführlichen Stadtrundgang solltest du dein Rad an einer sicheren Stelle abschließen. Die Altstadt liegt vollständig auf einer von der Salzach umflossenen Halbinsel. Steile Gassen und Treppenwege führen hinunter zum Fluss. Bei Niedrigwasser kannst du auf den Kiesbänken an der Spitze der Halbinsel spazieren und die vielen verschiedenen Steine bewundern, die durch Gletschereis und Fluss dahin verfrachtet wurden. Unbedingt sehenswert ist die Stiftskirche „Zu unserer Lieben Frau". Das älteste Gotteshaus der Stadt war eine herzogliche Eigenkirche des Erzherzogs Gerfried von Melk an der Donau.

Nach unserem Stadtrundgang verlassen wir Laufen und radeln über die historische Länderbrücke nach Oberndorf. Sie wurde 1901–1903 während der Herrschaft von Kaiser Franz Joseph I. und Prinzregent Luitpold von Bayern erbaut. Die Wappen und Verzierungen an der Brücke kann man als eine Machtdemonstration beider Herrscher deuten. Am Salzburger Brückenende halten wir uns links und rollen bequem auf dem Hochwasserschutzdamm die Flussschleife entlang. Ungefähr am nördlichsten Ende der Schlaufe nach etwa 600 m Fahrt führt rechts ein Treppenweg zum Stille-Nacht-Platz mit der berühmten Stille-Nacht-Kapelle. Wenn du mehr über die Geschichte des Lieds und der Region wissen willst, besuchst du am besten das Stille-Nacht-Museum, das gleich ums Eck liegt.

Kurz darauf, wo der 2006 errichtete Europasteg auf den Flussradweg trifft, können wir die Treppen hinauf zur Kalvarienbergkapelle mit schöner Aussicht auf Laufen erklimmen. Wir verlassen Oberndorf bei der historischen Schifferkapelle. Es folgt eine lange, aber einfache Fahrt entlang der Salzach: Der Tauernradweg führt immer am Fluss dahin. Nach etwa 22,5 km erreichen wir die Salzachbrücke bei Tittmoning, überqueren den Fluss und radeln an der Hauptstraßenkreuzung links auf den Marktplatz Tittmoning.

Auf den Spuren der Wittelsbacher ab Burghausen

50 DER SALZACH ENTLANG

Start/Ziel

BURG BURGHAUSEN

14 Kilometer

90 Höhenmeter

Eine sehr leichte Rundfahrt, auch für Kinder sehr gut geeignet und mit Anhänger machbar. Genügend Zeit für die Sehenswürdigkeiten einplanen. Wenn du die Burg und die Altstadt Burghausen richtig genießen willst, kannst du diese Tour als Anreiz für ein Tagesprogramm nehmen.

Die Burg Burghausen galt als die stärkste Festung im Lande und verkörpert wie keine andere den Machtanspruch der bayerischen Herzöge. Wir radeln von der längsten Burganlage der Welt zum Kloster Raitenhaslach, wo die Wittelsbacher des 15. Jahrhunderts ihre letzte Ruhestätte fanden.

Der große Parkplatz am Zugang zur Burg Burghausen (www.burg-burghausen.de) ist Ausgangs- und Endpunkt unserer Radtour. Für eine Besichtigung der Burg inklusive Museum solltest du mehrere Stunden einplanen. Mit einer längeren Pause in Raitenhaslach und einem Stadtrundgang in Burghausen wird aus der Feierabendtour leicht ein Tagesprogramm. Viele Informationen über Burghausen bietet die Tourist-Info, die sich am Zugang zur Burganlage unweit vom Parkplatz befindet. Vom Parkplatz fahren wir die Zufahrtsstraße wenige Meter entlang und biegen links in den Friedensweg ab. Am Ende der Einbahnstraße halten wir uns beim Vorfahrtsschild links und folgen dem Straßenradweg entlang der Unghauser Straße. An der Ampelkreuzung bei der Tankstelle fahren wir links und folgen der schmalen Straße parallel zur Berchtesgadener Straße. Sie geht in einen kombinierten Rad- und Fußweg über. Wir folgen der Radwegbeschilderung Richtung Tittmoning nach rechts in den Dannerweg und biegen links in die Robert-Koch-Straße ab. Sie führt geradewegs zum Waldpark Lindach. Der kleine Sport- und Erlebnispark ist ein beliebtes Freizeitziel für die Burghausener, auch wenn er nicht viel mit Wald zu tun hat. Es gibt einen Skatepark, ein Beachvolleyballfeld und einen großen Kinderspielplatz. Ein kleiner Pfad führt unter Obstbäumen von einem Insektenhotel zu einer „Eidechsenburg" und einem Tümpel, in dem Amphibien ein Zuhause gefunden haben. Infotafeln erklären Wissenswertes zu Flora und Fauna.

Vom italienischen Restaurant beim Waldpark folgen wir der Beschilderung nach Marienberg, rollen vorbei am Wohnmobilstellplatz und verlassen Burghausen Richtung Pirach. Bei einem Rettungstreffpunkt führt der Radweg nach rechts – wir halten uns jedoch links und sofort wieder links. So rollen wir bergab. Jetzt bitte aufpassen: Bevor die schmale Asphaltstraße durch eine Unterführung führt, folgen wir dem Weg, der links zwischen dem Geländer hindurchführt. Wir befinden uns auf der alten Bahnstrecke von Burghausen nach Mühldorf am Inn, die nach 1940 durch die heutige Streckenführung ersetzt wurde. Auf dem ehemaligen Bahndamm radeln wir bequem bis zur Wallfahrtskirche Marienberg. Wir steigen die 50 Stufen zum Eingang der Rundkirche hinauf und betreten das Gotteshaus, dessen Grundriss ein griechisches Kreuz beschreibt. Der überreich ausgestattete, mehr als 20 m hohe Kirchenraum ist ein Gesamtkunstwerk des Rokokos. Der Münchner Maler Martin Heigl, ein Schüler Johann Baptist Zimmermanns, ist der Meister der Fresken. Den wertvollen Hochaltar mit dem Gnadenbild aus dem 17. Jh. schuf der

Burghausener Bildhauer Georg Lindt. Fürsterzbischof Sigismund von Salzburg weihte die Kirche im Jahre 1765.

Noch vor dem Vorfahrtsschild, beim ehemaligen Kirchenwirt Marienberg, folgen wir der Radwegmarkierung rechts bergan zur kleinen Pestkapelle Marienberg. Nach dem üppigen Prunk der Wallfahrtskirche bringt uns die Feldkapelle gewissermaßen ein Stück Realität zurück: Wie viele kleinere Baudenkmäler müsste sie dringend renoviert werden. Auf der Höhe blicken wir zurück auf die Wallfahrtskirche und folgen beim Vorfahrtsschild der Radwegbeschilderung „Tittmoning 19,0 km". Durch den Weiler Stadl hindurch und an den Häusern von Pfaffing vorbei. Danach geht es links nach „Raitenhaslach 1,8 km". An der Bundesstraße B 20 folgen wir weiter den Radwegschildern und kommen wenig später zum ehemaligen Kloster Raitenhaslach. Im Klostergasthof mit großem Biergarten kann man gut einkehren (www.klostergasthof.com). Es gibt auch eine Ladestation für E-Bikes.

Bei der Bushaltestelle finden wir die Radwegbeschilderung nach Burghausen, der wir nachfahren. Beim „Mitfahrerbankerl" in Scheuerhof biegen wir rechts ab in die Scheuerhofstraße, auch wenn die Radwegschilder geradeaus leiten. Wir folgen der Straßenbeschilderung Richtung Tiefenau und erreichen bald das Gasthaus Tiefenau. Es ist ein beliebtes Ausflugslokal mit Biergarten beinahe direkt an der Salzach. Ab dem Gasthof verläuft unser Radweg immer an der Salzach entlang – wir können bis Burghausen gar nicht falsch fahren. Beachte die Hochwassermarken am ehemaligen Eisenhammer.

Hinter der Salzachbrücke in Burghausen, im sogenannten Bräugärtl, halten wir uns links und folgen den Radwegzeichen. Nach etwa 200 m führt der Benediktweg rechts in die Mautnerstraße. Bei der Heilig-Geist-Kirche treffen wir auf die Fußgängerzone In den Grüben. Wir schieben unsere Fahrräder durch die bunte Kulisse der größtenteils spätgotischen Häuser und genießen die faszinierende Mischung aus Architektur, Kunst und Gastronomie. In den Grüben war seit dem Mittelalter ein Handwerkerviertel. Ein Teil der Fußgängerzone ist ein „Walk of fame" der Jazzwelt: Dort haben sich Musiker verewigt, die bei der alljährlichen Burghauser Jazzwoche (www.b-jazz.com) auftraten. Am Ende der Fußgängerzone kommen wir zur Kirche St. Jakob. Ihr 79 m hoher Turm überragt die gesamte Altstadt. Wir radeln über den sehenswerten Marktplatz mit seinen schönen Wohn- und Geschäftshäusern im Inn-Salzach-Baustil. Hinterm Marienbrunnen, nicht ganz am nördlichen Ende des Platzes, zweigt links die Straße Hofberg ab, über die wir zur Burg Burghausen hinaufschnaufen. Die Burg war vom 12. bis 15. Jh. Zweitresidenz der niederbayerischen Herzöge, die ihren Stammsitz in Landshut hatten. Weil sie der sicherste Familienbesitz war, verwahrten die Wittelsbacher ihren Gold- und Silberschatz auf der Burg. Bekannteste Bewohnerin des mehr als einen Kilometer langen Bollwerks war die polnische Königstochter Hedwig, an deren Heirat mit dem bayerischen Herzog Georg bis heute die Landshuter Hochzeit erinnert. Burg Burghausen besteht aus fünf großen Höfen, die durch Gräben und Toranlagen untereinander gesichert sind. Die mächtige Kernburg befindet sich auf der Südspitze des Burgbergs.

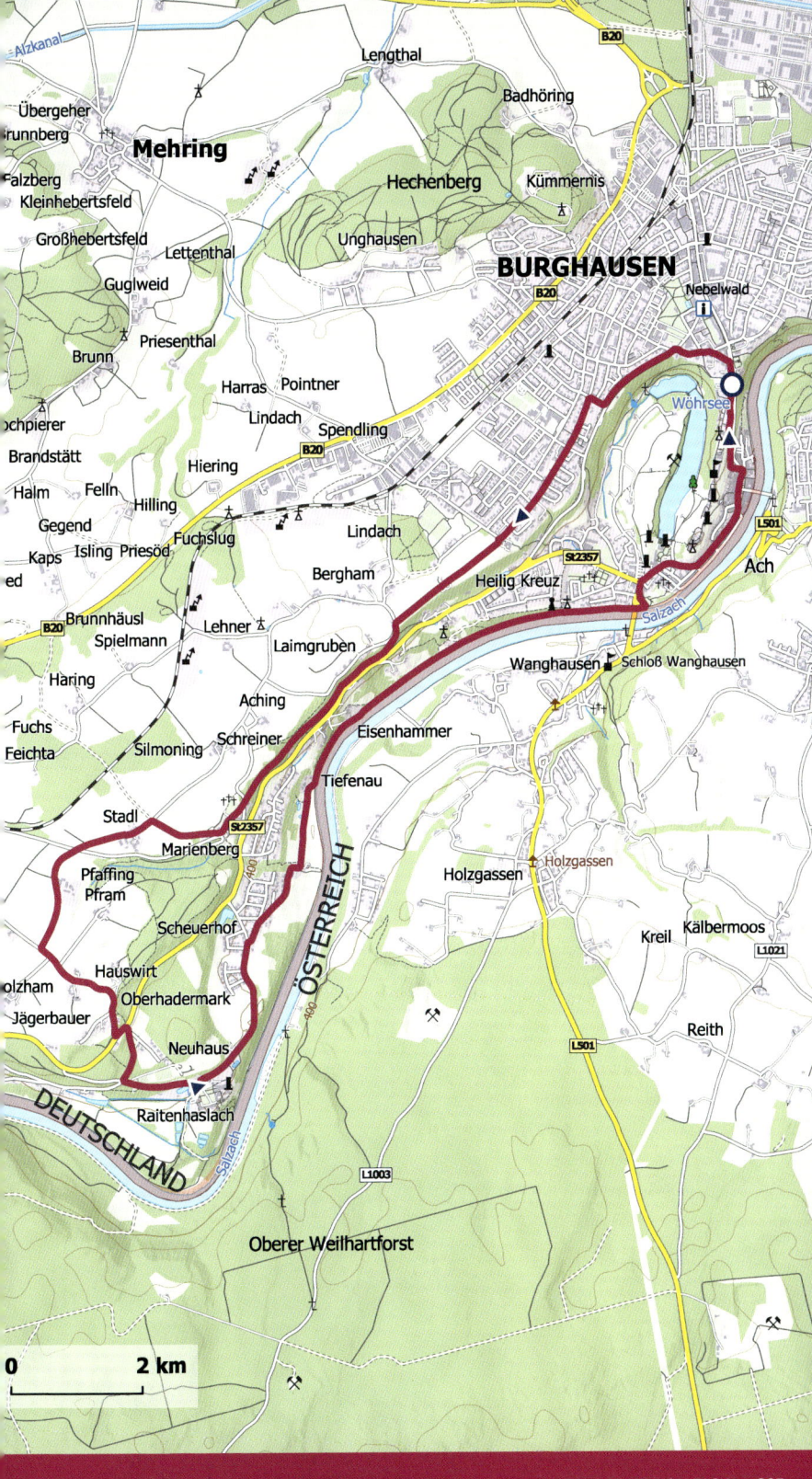

GPX-TRACKS

Die Route für unterwegs
GPX-Tracks zum Downloaden

Du planst und navigierst lieber digital? Für das Navigationsgerät deiner Wahl haben wir alle Touren auf unserer Website für dich.
www.kompass.de/gpx

Damit kommst du direkt zum Download-Bereich. Einfach das richtige Produkt auswählen, herunterladen und auf das Zielgerät oder in die gewünschte App importieren.

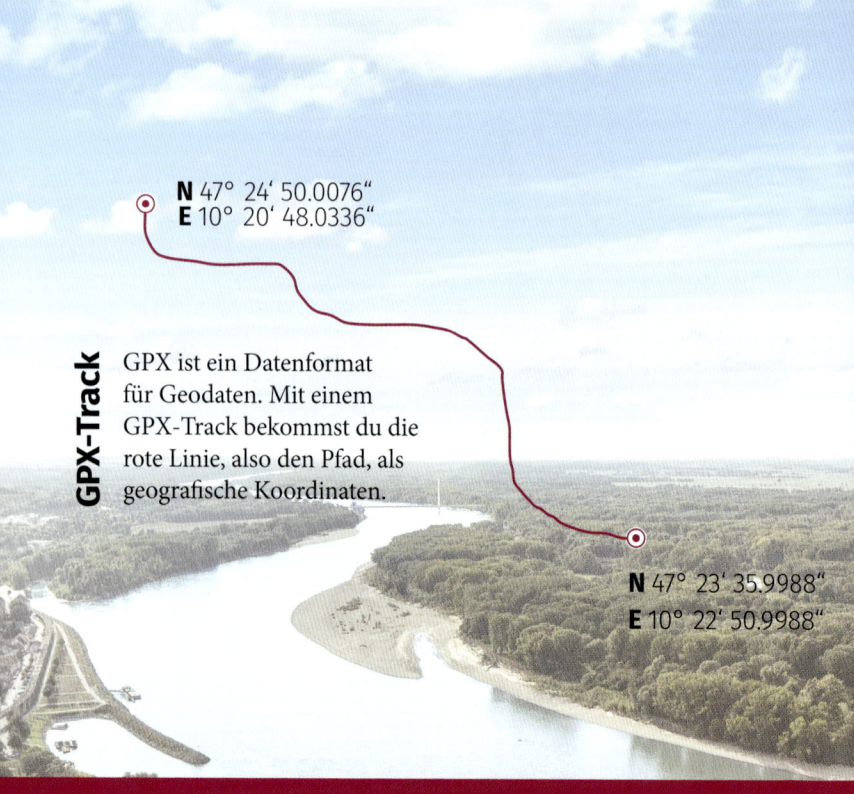

GPX-Track: GPX ist ein Datenformat für Geodaten. Mit einem GPX-Track bekommst du die rote Linie, also den Pfad, als geografische Koordinaten.

N 47° 24' 50.0076"
E 10° 20' 48.0336"

N 47° 23' 35.9988"
E 10° 22' 50.9988"

IMPRESSUM

© KOMPASS-Karten GmbH
Karl-Kapferer-Straße 5, A-6020 Innsbruck

1. Auflage 2024 (24.01)
Verlagsnummer: 6103
ISBN: 978-3-99154-158-5

Konzept & Ausarbeitung: Thomas Kargl
Tourentexte geschrieben von: Ralf Enke, Kai Glinka, Sarah Bioly, Maria Hager, Elisabeth Odendahl, Bernd Schadowski, Thomas Machoczek, Robert Gerlings, Ulrich Gerbing, Nikolai Wystrychowski, Jörn Berding, Heinz Wüppen, Kay Tschersich, Juliane Schumacher, Meik Unterkötter, Sven Hähle (Tour 43-50). Ihnen allen herzlichen Dank!
Grafische Herstellung: © KOMPASS-Karten GmbH
Kartografische Herstellung und Tourenkarten: © KOMPASS-Karten GmbH,
Übersichtskarten: © KOMPASS-Karten GmbH
unter Verwendung OpenStreetMap Contributors (www.openstreetmap.org)
Covergestaltung: Mirjam Salzburger
Illustrationen: © Maria - AdobeStock_354297005

Bildnachweis:
S. 3 © encierro - stock.adobe.com; S. 6 © Meik Unterkötter; S. 10 © Ruud Morijn - stock.adobe.com; S. 14 © Meik Unterkötter; S. 18 © Meik Unterkötter; S. 22 © DR pics - stock.adobe.com; S. 26 © Kay Tschersich; S. 30 © Lawiesen - stock.adobe.com; S. 34 © andreasdumke - stock.adobe.com; S. 38 © Juliane Schumacher; S. 42 © Juliane Schumacher; S. 46 © Kay Tschersich; S. 50 © Bumann - stock.adobe.com; S. 54 © Kopterdienstleistung - stock.adobe.com; S. 58 © Heinz Wüppen; S. 62 © Heinz Wüppen; S. 66 © Stephan Sühling - stock.adobe.com; S. 70 © Jörn Berding; S. 74 © Ulrich Gerbing; S. 78 © cevahir87 - stock.adobe.com; S. 82 © Harald - stock.adobe.com; S. 86 © Winfried Rusch - stock.adobe.com; S. 90 © Frank Ebert - stock.adobe.com; S. 94 © makrozyt - stock.adobe.com; S. 98 © Thomas Machoczek; S. 102 © Bernd Schadowski / Radreiseglück; S. 106 © Bernd Schadowski / Radreiseglück; S. 110 © Bernd Schadowski / Radreiseglück; S. 114 © Tom Bayer - stock.adobe.com; S. 118 © Adrian72 - stock.adobe.com; S. 122 © Aquarius - stock.adobe.com; S. 126 © Tobias - stock.adobe.com; S. 130 © waechter-media.de - stock.adobe.com; S. 134 © Sarah Bioly; S. 138 © Sarah Bioly; S. 142 © David Hajnal - stock.adobe.com; S. 146 © Volker Loche - stock.adobe.com; S. 150 © fotoluk1983 - stock.adobe.com; S. 154 © ThomBal - stock.adobe.com; S. 158 © Angelika Beck - stock.adobe.com; S. 162 © Frank Lambert - stock.adobe.com; S. 166 © Sylvia Bentele - stock.adobe.com; S. 170 © Larue-Fotografie - stock.adobe.com; S. 174 © Mario - stock.adobe.com; S. 178 © mw-luftbild.de - stock.adobe.com; S. 182 © ARochau - stock.adobe.com; S. 186 © rudiernst - stock.adobe.com; S. 190 © mw-luftbild.de - stock.adobe.com; S. 194 © LW-photoart - stock.adobe.com; S. 198 © designnatures - stock.adobe.com; S. 202 © mRGB - stock.adobe.com; S. 208 © allessuper_1979 - stock.adobe.com

Alle Angaben und Tourenbeschreibungen wurden nach bestem Wissen gemäß unserer derzeitigen Informationslage gemacht. Die Radtouren wurden sehr sorgfältig ausgewählt und beschrieben. Es können jedoch Änderungen an Wegen und im aktuellen Naturzustand eintreten. Radfahrer und alle Kartenbenützer müssen darauf achten, dass sich aufgrund ständiger Veränderungen die Wegzustände bezüglich Befahrbarkeit nicht mit den Angaben in der Karte decken müssen. Bei der großen Fülle des bearbeiteten Materials sind daher vereinzelte Fehler und Unstimmigkeiten nicht vermeidbar. Die Verwendung dieses Radreiseführers erfolgt ausschließlich auf eigenes Risiko und auf eigene Gefahr, somit eigenverantwortlich. Eine Haftung für etwaige Unfälle oder Schäden jeder Art wird daher nicht übernommen. Für Berichtigungen und Verbesserungsvorschläge ist die Redaktion stets dankbar: www.kompass.de/service/kontakt

*#folgedeinem***KOMPASS**

Auf zu den schönsten Zielen Deutschlands.

Vielseitig, so könnte man Deutschland am besten beschreiben: Naturschönheiten, historische Schätze und eine Kultur, die das Land geprägt hat. Die schönsten Ziele haben wir für dich zusammengestellt, damit du sie gemütlich mit dem Fahrrad entdecken kannst. Worauf wartest du noch?